Voorbij de dood,

hoe het leven verder gaat

door
Dolores Cannon

Vertaling: Ellemiek Joos en Riet Okken

Previously published by Uitgeverij Astarte

Dutch Translation - 2003 and Permissions given to Ozark Mountain
Publishing, Inc. by: Uitgeverij Astarte

Voor toestemming, serialisatie, condensatie, adaptatie, of voor onze catalogus, wend u zich naar: Ozark Mountain Publishing Inc, P.O. Box 754, Huntsville, AR 72740, Attn: Permissions Dept.

Library of Congress Cataloging-in-Publication Data
Cannon, Dolores, 1931-2014

Voorbij de dood door Dolores Cannon
Oorspronkelijke titel: Between death and life
    Wat er gebeurt tussen dood en leven, zoals onthuld door tal van onderwerpen door middel van hypnotische regressie naar vorige levens.
1. Hypnose 2. Reïncarnatie 3. Therapie uit vorige levens 4. Leven na de dood
1. Cannon, Dolores, 1931-2014 II. Reïncarnatie III. Titel

Library of Congress Catalog Card Number: 2021947972
ISBN# 978-1-950608-56-0

Ontwerp omslag door Victoria Cooper Art
Illustraties door Joe Alexander
Boek in Times New Roman
Boekontwerp: Nancy Vernon
Vertaald door - Ellemiek Joos en Riet Okken
Gepubliceerd door:

OZARK
MOUNTAIN
PUBLISHING

P.O. Box 754
Huntsville, A R 72740
WWW.OZARKMT.COM
Amerikaanse uitgave geprint in de Verenigde Staten

Dood, wees niet trots, want ook al lijkt jij

Machtig en geducht, je bent het niet.

Zij die, naar jij denkt, door jouw werk verloren gaan,

Gaan 't, om den drommel niet. ook mij dood je niet.

John Donne
(1573-1631)

Inhoudsopgave

1. De ervaring van de dood

Ik ben ervan beschuldigd met geesten van overledenen te communiceren, wat in religieuze kringen niet door de beugel kan. Ik had het nog nooit op die manier bekeken, maar je zou het inderdaad zo kunnen noemen. Met het verschil dat de doden met wie ik communiceer niet langer dood, maar vandaag de dag weer springlevend zijn. Ik ben namelijk regressietherapeut. Dit is een populaire naam voor een hypnotiseur die gespecialiseerd is in regressie naar vorige levens en historisch onderzoek.

Veel mensen hebben nog altijd moeite met het idee dat ik terug in de tijd kan gaan en met mensen kan praten wanneer zij vorige levens herbeleven. Zelf was ik er snel aan gewend en ik vond het fascinerend. Ik heb een aantal boeken geschreven over enkele van deze avonturen in dit boeiende vakgebied.

De meeste hypnotiseurs wagen zich absoluut niet aan vorige levens. Ik begrijp niet waarom. Wellicht zijn ze bang voor wat ze aan zouden kunnen treffen en houden het daarom liever op bekende situaties die ze aankunnen. Eén van deze therapeuten vertrouwde me eens het volgende toe: 'Ik heb een paar regressies geprobeerd en ben er zelfs in geslaagd iemand mee terug te nemen naar zijn babytijd', alsof hij een echte doorbraak had gemaakt.

Hij meende het zo serieus dat ik mijn lachen bijna niet kon inhouden toen ik zei: 'O? Daar begin ik altijd mee'.

Van regressietherapeuten die regelmatig op therapeutische basis met herinneringen aan vorige levens werken zijn er velen die bang zijn hun gehypnotiseerde cliënten door de ervaring van de dood te begeleiden. Of ze zijn bang om de periode tussen levens te verkennen als de cliënt zogenaamd 'dood' is. Ze zijn bang dat er fysiek iets gebeurt met het lichaam van hun cliënt die in trance is. Dat ze op een of andere manier schade zouden ondervinden aan het herbeleven van

1

deze herinneringen, vooral als deze traumatisch zijn. Na honderden cliënten door deze ervaring begeleid te hebben, weet ik dat de cliënt geen fysieke problemen ondervindt, zelfs als de persoonlijkheid in regressie op gruwelijke wijze om het leven kwam. Ik neem natuurlijk wel altijd speciale voorzorgsmaatregelen om fysieke klachten te voorkomen. Het welzijn van mijn cliënt staat altijd voorop. Ik weet dat de cliënt altijd volledig veilig is met mijn techniek, anders zou ik dit soort onderzoek niet doen.

Voor mij is de ruimte tussen levens, de zogenoemde toestand van 'dood', het meest inspirerende bestaansniveau dat ik ben tegengekomen, omdat ik denk dat het toegang biedt tot veel informatie die voor ons mensen van groot nut kan zijn. Mensen zouden zich kunnen realiseren dat de dood niets is om bang voor te zijn. Als hun tijd gekomen is, kunnen ze zien dat het geen nieuwe ervaring is, maar een die hun welbekend is. Ze hebben het zelf al vele malen meegemaakt. Ze gaan niet over naar het grote en beangstigende onbekende, maar naar een bekende plek die ze al vele, vele keren eerder bezocht hebben. Een plek die velen 'thuis' noemen. Ik hoop dat mensen geboorte en sterfte als evolutionaire cycli kunnen zien die ieder vele malen doorloopt en die een natuurlijk onderdeel uitmaken van de groei van onze ziel. Na dood is er leven en bestaan op andere niveaus die net zo echt zijn als de fysieke wereld die we om ons heen zien. Misschien is het zelfs echter.

Ik praatte eens met een vrouw die zichzelf als 'verlicht' beschouwde en ik probeerde haar een aantal van mijn ervaringen uit te leggen. Ik vertelde haar dat ik onderzocht hoe het was om te sterven en waar men daarna naar toe gaat. Opgewonden vroeg ze: 'Waar gaan we naartoe... de hemel, de hel of het vagevuur?'

Ik was teleurgesteld. Als dit voor haar de enige mogelijkheden waren, dan was ze duidelijk niet zo verlicht als ze wel dacht.

Ik werd geïrriteerd en zei: 'Geen van drieën!'

Ze was geschokt. 'Bedoel je dat we in de problemen blijven?'

Hierdoor realiseerde ik me dat ik voor dit boek terug moest gaan naar de tijd dat bij mij de poort naar dit weten voor het eerst openging, en me moest proberen te herinneren wat daarvóór mijn gedachten en overtuigingen waren. Geen gemakkelijk karwei, maar wel noodzakelijk om diegenen te begrijpen die nog altijd op zoek zijn naar dit weten. Ik wil met hen praten in begrippen die ze begrijpen en hen voorzichtig meenemen op het pad van bewustzijn. Dan kunnen ze hun leven volledig leven zonder angst voor wat de dag van morgen brengt. Voor veel mensen lijkt het woord 'dood' onheilspellend, zo definitief en hopeloos. Een zwart gat vol mysterie en verwarring, omdat het afgesneden zijn van de fysieke wereld betekent, de enige plek waarvan ze zeker zijn dat hij bestaat. Zoals zoveel dingen in het leven is de dood een onbekende, omgeven door mysterie, folklore en bijgeloof. En dat wekt angst op. Toch is het iets waarvan we weten dat we het allemaal moeten ervaren. Hoe graag we het ook willen negeren, we weten dat ons lichaam sterfelijk is en het vroeg of laat begeeft. Wat gebeurt er dan? Zal de persoonlijkheid, die we als onszelf zien, verdwijnen samen met het fysieke omhulsel? Is dit leven al wat er is? Of is er meer, iets zeldzaams en moois buiten wat we als het leven kennen? Misschien hebben de kerken wel gelijk als ze preken over de hemel voor de goeden en de vromen en de hel voor de slechten en verdoemden. Met mijn onverzadigbare nieuwsgierigheid ben ik altijd op zoek naar antwoorden en ik denk dat ik daarin niet de enige ben. Het zou het leven zoveel gemakkelijker maken als we onze tijd gelukkig en liefdevol zouden kunnen doorbrengen zonder bang te hoeven zijn voor het einde.

Toen ik aan mijn regressieonderzoek begon, wist ik nog niet dat ik de antwoorden op dergelijke vragen zou vinden. Als liefhebber van geschiedenis genoot ik ervan terug te gaan in de tijd en met mensen in verschillende tijdperken te praten. Ik wilde boeken schrijven over hun versies van deze perioden in de geschiedenis omdat ieder van hen zonder het te weten in trance de verhalen van de andere proefpersonen bevestigde. Ik zag patronen die ik niet verwacht had. En toen gebeurde er iets onverwachts dat de deur opende naar een hele nieuwe wereld. Ik ontdekte de periode tussen de levens in, de zogenaamde toestand van de 'dood', de plaats waar mensen naar toe gaan na hun fysische leven hier op aarde.

Ik herinner me de eerste keer dat ik deze poort tegenkwam en tegen een 'dode' praatte. Dit was tijdens een regressie naar een vorig leven. Het gebeurde zo snel en spontaan dat ik erdoor verrast werd. Ik wist niet wat er zou gebeuren als iemand de dood zou herbeleven. Maar zoals ik al zei, het gebeurde zo snel dat er geen tijd was om het tegen te houden. De persoon in kwestie keek neer op zijn lichaam en zei dat het eruit zag als ieder ander dood lichaam. Ik was verbaasd dat de persoonlijkheid zo overduidelijk intact was gebleven, het was niet veranderd. Dit is belangrijk. Daar zijn sommige mensen bang voor: dat de doodservaring op een of andere manier henzelf of hun geliefden in iets anders, iets vreemds of onherkenbaars, verandert. Nogmaals, dit is de angst voor het onbekende. Waarom zijn we anders zo bang voor spoken en geesten? We denken dat het proces van overgaan hen zal veranderen van de geliefde persoon die we kenden in iets kwaadaardigs en beangstigends. Alhoewel de ziel soms tijdelijk verwarring ervaart, blijft het in feite dezelfde persoon.

Toen ik de schok en verwondering over het kunnen praten met iemand na zijn overlijden te boven was, werd ik nieuwsgierig en kwamen er vragen naar boven waar ik altijd al mee had rondgelopen. Vanaf dat moment maakte ik er een gewoonte van om cliënten in diepe trance, die voor dit soort onderzoek nodig is, steeds dezelfde vragen te stellen. Religieuze overtuigingen lijken geen invloed uit te oefenen op hun antwoorden. De antwoorden waren in feite altijd identiek. Alhoewel ze verschillend verwoord werden, zeiden ze allemaal hetzelfde. Op zichzelf is dit al opzienbarend.

Vanaf het moment dat ik in 1979 met mijn werk begon, heb ik honderden mensen in de herbeleving van de dood begeleid. Ze stierven op alle mogelijke manieren: ongelukken, schietpartijen, steekwonden, brand, ophanging, onthoofding, verdrinking en er was zelfs iemand die omkwam bij een ontploffing van een atoombom, waarvan ik in mijn boek A Soul Remembers Hiroshima verslag doe. Andere cliënten stierven een natuurlijke dood door hartaanvallen, ziekten, ouderdom of sliepen rustig in. Ondanks de grote verscheidenheid kwamen er duidelijke patronen naar voren. De manier van sterven mag dan verschillend zijn, wat er daarna gebeurt, is altijd hetzelfde. Ik ben daarom tot de conclusie gekomen dat er geen enkele reden is om bang te zijn voor de dood. Onbewust weten we wat er gebeurt en wat er daarna komt. Dat kan ook niet anders: we hebben het al zo vaak geoefend. We hebben het al ontelbare malen eerder meegemaakt. In mijn onderzoek over de dood heb ik de vreugde van het leven gevonden. Het is dus absoluut geen zwartgallig onderwerp, maar een bijzonder fascinerende wereld.

De dood brengt wijsheid. Bij het losmaken van het fysische lichaam opent zich een hele nieuwe dimensie vol kennis. De mens lijkt beperkt en gehinderd te worden door het fysieke bestaan. De persoonlijkheid of geest die verdergaat wordt niet op deze manier gehinderd en is daarom ontvankelijk voor veel meer dan we ons zelfs maar voor kunnen stellen. Door dus te praten met mensen nadat ze 'overleden' waren, kreeg ik antwoorden op vele raadselachtige en complexe vragen. Vragen die de mensheid al vanaf den beginne hebben beziggehouden. Wat iemand meedeelde hing af van zijn of haar persoonlijke spirituele groei. De een had meer kennis dan de ander en was in staat dingen op een manier uit te leggen die voor ons sterflijken beter te begrijpen was. Ik zal proberen door te geven wat zij ervoeren door henzelf aan het woord te laten. Dit boek is een compilatie van wat vele mensen me vertelden.

De meest voorkomende beschrijving die ik tegenkwam van het moment waarop de dood intreedt, is een gevoel van kou, waarna de ziel plotseling naast het bed (of waar dan ook) staat en naar zijn lichaam kijkt. Ze begrijpen meestal niet waarom andere mensen in de kamer zo verdrietig zijn omdat ze zichzelf goed voelen. Het algemene gevoel is er een van vreugde in plaats van vrees.

Het volgende is een beschrijving van het moment van loslaten door een vrouw in de tachtig die stierf van ouderdom. Het is een typisch voorbeeld dat telkens weer terugkomt.

D: (Dolores) Je hebt lang geleefd, hè?
C: (Cliënt) Eh, ja. Ik beweeg langzaam, het duurt zo lang. (kreunend) Er is niet veel vreugde meer. Ik ben zo moe.

Ik kon aan haar zien dat ze pijn had en daarom nam ik haar mee vooruit in de tijd tot na haar overlijden. Toen ik klaar was met aftellen, schokte haar lichaam en glimlachte ze plotseling. Haar stem was levendig en leek in niets op de uitgeputte toon van even ervoor. 'Ik voel me vrij! Ik ben licht!' Ze klonk zo blij.

D: Kun je je lichaam zien?
C: (vol afkeer) O, dat oude ding? Het is daar beneden! O, ik had geen idee dat ik er zo slecht uitzag! Ik was zo gerimpeld en gekrompen. Ik was helemaal uitgeleefd. (ze maakt opgewonden geluiden.) O, ik ben zo blij dat ik hier ben!

Ik kon bijna mijn lachen niet inhouden. Haar gezichtsuitdrukking en intonatie waren zo anders.

D: *Geen wonder dat het gekrompen was: dat lichaam heeft lang geleefd. Daarom is het waarschijnlijk gestorven. Je zei dat je 'hier' bent, waar ben je?*
C: Ik ben in het licht, en... het voelt zalig! Ik voel me helder... vrede... rust. Ik heb helemaal niets nodig.
D: *Wat ga je nu doen?*
C: Ze vertellen me dat ik rust moet nemen. O, ik zou liever niet rusten nu ik zoveel te doen heb.
D: *Moet je perse rusten als je het niet wilt?*
C: Nee, maar ik heb geen zin meer om me verkrampt te voelen. Ik wil groeien en leren.

Hierna beantwoordde ze geen vragen meer en zei alleen dat ze dreef. Ik zag aan haar gezichtsuitdrukking en ademhaling dat ze in de rustplaats was. Als iemand hier naartoe gaat lijkt het alsof men in diepe slaap is en niet gestoord wil worden. Het heeft dan geen zin om vragen te stellen, omdat de antwoorden dan altijd onsamenhangend zijn.

Deze speciale plaats zal verderop in het boek uitgelegd worden.

Een ander voorbeeld was dat van een vrouw die de thuisgeboorte van een baby herbeleefde. Aan haar ademhaling en bewegingen van haar lichaam zag ik dat ze de lichamelijke symptomen van een geboorte ondervond. Dit gebeurt vaak als men zich iets herinnert. Om ervoor te zorgen dat ze geen ongemak ondervond, bracht ik haar een stukje verder in de tijd tot waar de geboorte achter de rug was.

D: *Is de baby geboren?*
C: Nee. Het was erg moeilijk. De baby wilde er niet uit. Ik was uitgeput en ik ben dus uit mijn lichaam gegaan.
D: *Wist je of het een jongen of meisje was?*
C: Nee. Het maakt niet uit.
D: *Kun je je lichaam zien?*
C: Ja en iedereen is verdrietig.
D: *Wat ga je nu doen?*

C: Ik denk dat ik ga uitrusten. Uiteindelijk zal ik terug moeten, maar ik blijf hier een tijdje. Ik ben in het licht. Het is rustgevend.

D: Kun je me vertellen waar dat licht is?

C: Waar alle kennis is en waar je alles weet. Alles is puur en eenvoudig. Er is hier meer zuivere waarheid. Er zijn hier geen verwarrende wereldse dingen. Er is waarheid op aarde, maar die zie je gewoonweg niet.

D: Maar je zei dat je op een gegeven moment terug zou komen. Hoe weet je dat?

C: Ik was zwak. Ik had beter tegen de pijn moeten kunnen. Ik moet leren er beter tegen te kunnen. Ik had kunnen blijven als ik niet zo zwak was geweest. Ik ben blij dat ik me de pijn niet kan herinneren. Ik weet dat ik terug moet gaan en heel moet worden. Pijn is iets waar ik overheen moet komen. Ik moet pijn overwinnen.

D: Maar pijn beleven is menselijk en is altijd moeilijk in een lichaam. Vanaf waar je nu bent is het gemakkelijker er anders tegenaan te kijken. Denk je dat dat een les is die je wilt leren?

C: Ja, inderdaad. Het duurt soms even bij mij, maar ik kan alles. Ik denk dat ik sterker had moeten zijn. Ik had het beter gekund, maar ik denk dat ik erg bang ben geworden doordat ik als kind ziek ben geweest. Ik was bang dat dit net zo erg zou zijn. En… ik gaf het op. Pijn… als je op een hoger bewustzijnsniveau bent en naar het licht en de zuivere gedachten gaat, verdwijnt de pijn. Pijn is slechts een les. Bij pijn op het menselijke niveau raken we buiten onszelf en kunnen we ons alleen daar nog maar mee bezighouden. Door jezelf ervan te scheiden, je te concentreren, dieper te gaan en geduld te hebben, kun je erbovenuit stijgen.

D: Heeft pijn een doel?

C: Pijn is een leermiddel. Het wordt soms gebruikt om bepaalde mensen nederig te maken. Soms kan een hooghartige ziel door pijn leren vriendelijker te zijn. Pijn kan je leren dat je uiteindelijk boven de pijn uit moet stijgen en zo leer je ermee om te gaan. Soms wordt pijn minder als je hem begrijpt en weet waarom je hem hebt.

D: Maar, zoals je zei, mensen raken buiten zichzelf en denken dat ze het niet aankunnen.

C: Ze zijn teveel op zichzelf gericht. Ze moeten boven hun eigenbelang uitstijgen, boven wat ze op dat moment voelen, en naar een hoger geestelijk niveau gaan. Zo kunnen ze ermee leren omgaan. Mensen wekken soms pijn op, omdat ze het als schuilplaats gebruiken. Ze gebruiken pijn bijvoorbeeld als excuus of vluchtweg en dat is dan het doel. Het is voor iedereen verschillend. Wat is pijn? Het kan je niet deren als je het niet toelaat. Als je toegeeft dat je pijn hebt, dan geef je macht aan de pijn. Geef het geen macht. Het is niet nodig pijn te voelen. Het is allemaal verbonden met menszijn. Ga naar je geest, je hoger bewustzijn, en het heeft geen greep op je.

D: *Kun je je afscheiden van pijn?*

C: Natuurlijk, als je dat wilt. Niet iedereen wil dat. Men wil medelijden of zichzelf bestraffen, dat soort dingen. Mensen zijn raar. Iedereen kan het, als je maar wilt leren. Je moet er zelf een weg in vinden, want je gelooft vaak niet dat er een gemakkelijker manier is. Je moet het zelf uitzoeken. Dat is een deel van de lessen.

D: *Mensen zijn vaak zo bang voor de dood. Kun je me vertellen hoe het is om te sterven?*

C: Nou, als ik in het lichaam ben, voelt het zwaar. Het trekt aan me. Het is gewoon ongemakkelijk. Maar als je doodgaat, wordt het gewicht opgeheven. Het is ontspannend. Mensen dragen zoveel problemen met zich mee. Het is alsof ze een gewicht met zich meedragen, omdat ze zwaar zijn en met van alles beladen. Als je doodgaat is het net alsof je de ballast uit het raam gooit en dat voelt goed. Het is een overgang.

D: *Ik denk dat mensen vooral bang zijn omdat ze niet weten wat ze kunnen verwachten.*

C: Ze zijn bang voor het onbekende. Ze zouden gewoon vertrouwen moeten hebben.

D: *Wat gebeurt er wanneer je doodgaat?*

C: Je gaat gewoon omhoog en laat alles achter. Je gaat naar boven. Naar het licht.

D: *Wat doe je als je daar bent?*

C: Allerlei dingen verbeteren.

D: *Waar ga je heen als je weg moet gaan van het licht?*

C: Terug naar de aarde.

D: *Hoe is het voor je om vanuit onze tijd met je te praten?*

8

C: Tijd heeft geen betekenis. Op dit niveau bestaat geen tijd, alle tijd is één.

D: *Dus je vindt het niet vervelend dat we met je praten vanuit een andere tijd of een ander bestaansniveau?*

C: Waarom zou ik dat vervelend vinden?

D: *Nou, ik dacht dat, en ik wilde je niet lastig vallen.*

C: Ik merk dat het jou meer stoort dan mij.

Een ander voorbeeld gaat over een meisje dat doodging toen ze negen jaar was. Toen ik voor het eerst met haar praatte, ging ze met de hooiwagen naar een schoolpicknick aan het eind van de negentiende eeuw. Er was een kreek vlakbij de picknickplaats en de anderen zouden gaan zwemmen. Ze kon niet goed zwemmen en had watervrees, maar wilde niet dat andere kinderen dit wisten omdat ze bang was dat ze haar zouden pesten. Omdat een paar andere kinderen hengels hadden, had ze besloten net te doen of ze viste, zodat niemand er achter zou komen dat ze niet kon zwemmen. Het meisje maakte zich daar zorgen over en kon niet van de rit op de hooiwagen genieten. Ik vroeg haar vooruit te gaan in de tijd naar een belangrijke dag waarop ze ouder was. Toen ik klaar was met tellen, antwoordde ze, heel gelukkig, 'Ik ben er niet meer. Ik ben in het licht.' Dit kwam als een verrassing. Ik vroeg haar dus wat er gebeurd was.

C: (bedroefd) Ik kon niet zwemmen. Het werd ineens helemaal donker om me heen. Ik voelde mijn borst branden. En toen ging ik gewoon naar het licht en maakte het niet meer uit.

D: *Denk je dat de kreek dieper was dan je dacht?*

C: Ik denk niet dat het diep was. Ik werd heel bang. Ik denk dat mijn knieën gewoon inklapten en ik niet op kon staan. Ik was gewoon bang.

D: *Weet je waar je bent?*

C: (haar stem klonk nog steeds kinderlijk) Ik ben in altijd.

D: *Is er iemand bij je?*

C: Ze zijn aan het werk. Ze hebben het allemaal druk… ze denken na over wat ik moet doen. Ik probeer het allemaal te begrijpen.

D: *Denk je dat je hier al eens eerder geweest bent?*

C: Ja, het is hier erg vredig. Maar ik ga terug. Ik moet angst overwinnen. Angst is iets wat je oproept en het is verlammend. Ik denk niet dat het water diep was. Ik denk dat ik ineenkromp vanwege de angst. Het ergste wat er kan gebeuren is meestal niet half zo erg als wat we vrezen. (haar stem klonk nu meer volwassen) Angst is een monster in de geest van mensen en beïnvloedt alleen mensen op aarde. De ziel wordt er niet door beïnvloed.

D: *Denk je dat als mensen ergens bang voor zijn dat ze het dan naar zich toe trekken?*

C: O, ja! Je trekt die dingen naar je toe. Gedachten zijn energie; ze zijn creatief en zorgen ervoor dat dingen gebeuren. Je kunt gemakkelijk zien hoe de angsten van iemand anders vreemd en onbelangrijk lijken. Je denkt, 'Waarom zijn ze daar nu bang voor?' Maar als het je eigen angst is, is het zo diep, zo persoonlijk en zo echt dat het je overspoelt. Dus als ik naar de angsten van anderen kan kijken en kan proberen hen te helpen hun angsten te begrijpen, denk ik dat ik daardoor mijn eigen angsten beter kan begrijpen.

D: *Dat klinkt heel logisch. Eén van de grootste angsten is van veel mensen is de angst om dood te gaan.*

C: Zo erg is het niet. Het is het gemakkelijkste dat ik ooit gedaan heb. Het is als het einde van alle verwarring, tot je opnieuw begint en dan is er weer verwarring.

D: *Waarom blijven mensen dan steeds terugkomen?*

C: Je moet de cyclus voltooien. Je moet alles leren en verwerken, zodat je de volledigheid van het eeuwige leven kunt binnengaan.

D: *Dat klinkt als een flinke klus, alles leren.*

C: Ja, het kan soms erg vermoeiend zijn.

D: *Zo te horen duurt het lang.*

C: Van hieruit lijkt het allemaal eenvoudig. Ik heb de leiding. Zo kan ik bijvoorbeeld angst en andere gevoelens begrijpen. Het is alsof het me niet kan raken. Maar als mens overspoelt het je. Het wordt een deel van je en raakt je, en dat maakt het niet gemakkelijk om erbuiten te blijven en objectief te zijn.

D: *Nee, dat is omdat je er dan emotioneel bij betrokken bent. Voor een ander is het altijd gemakkelijk om ernaar te kijken en te zeggen, 'wat eenvoudig'.*

C: Het is hetzelfde als wanneer je naar de angsten van iemand anders kijkt. Ik moet leren vol te houden, erbij te blijven, niet te vluchten, totdat ik zoveel mogelijk van dat leven geleerd heb. Ik denk dat als ik in één leven kon blijven om veel mee te maken, het veel gemakkelijker zou zijn dan zo veel korte levens te hebben. Ik verspil zo veel tijd. Ik zal dus in het vervolg zorgvuldig kiezen, zodat ik een leven op aarde krijg waarin ik veel dingen kan ervaren, zodat ik niet zo vaak op en neer hoef te gaan. Maar ik denk ook dat het moeilijker zal zijn. Er zijn bepaalde zaken die je in een langdurige relatie moet uitwerken. Je oogst wat je zaait.

Men zegt vaak dat tijdens het sterven 'je leven aan je voorbij flitst'. Dit was ook in een aantal van de gevallen die ik onderzocht heb het geval. Na overlijden kijk je terug op je leven en analyseer je het om te kijken wat je ervan hebt geleerd. Dit gebeurt meestal met behulp van gidsen aan de andere kant die het objectiever kunnen bekijken. Eén van mijn cliënten evalueerde haar vorig leven op een ongebruikelijke manier. Het is echter lastig te zeggen wat gebruikelijk of ongebruikelijk is op het gebied van hypno- regressieonderzoek. De vrouw had zojuist via regressie een vorig leven herbeleefd en was aangekomen bij haar overlijden in dat leven. Ze stierf vredig als oude vrouw en keek hoe haar lichaam naar een bergtop vlakbij haar huis werd gebracht om bijgezet te worden op een familiebegraafplaats. Toen, in plaats van verder te gaan aan de andere kant, besloot ze terug naar haar huis te gaan om een aantal onaffe zaken af te maken. Ze was verbaasd zichzelf daar als geest te zien, en te merken dat ze door muren kon lopen. Ze zag zichzelf als een mist in de vorm van een persoon, maar ze was verbluft om te ontdekken dat meubels en voorwerpen door haar heen gezien konden worden, alsof ze doorzichtig was. Het was heel interessant voor haar om zichzelf in deze vreemde toestand te zien. Ze liep door het huis en ontdekte wat ze allemaal kon doen. Op een bepaald moment ving ze een opmerking van één van de kamermeisjes op dat de oude vrouw in het huis rondspookte, omdat ze haar hoorden rondlopen.

Na een tijdje werd het saai om een spook te zijn, omdat ze wist dat niemand haar kon horen of zien en ze niet in staat was te communiceren. Ze ontdekte al gauw dat het niet lukte waarvoor ze naar huis terug was gegaan, omdat ze geen vaste vorm had. Op het moment dat ze dit doorhad, was ze uit het huis en stond op een heuvel die uitkeek op een vallei. Haar overleden echtgenoot was haar komen

11

begroeten en hij stond naast haar. In die dimensie waren ze weer jong en zagen ze er net zo uit als op hun trouwdag. Toen ze daar zo arm in arm stonden en over de vallei uitkeken, werd het een 'vallei van het leven'. Later beschreef ze dit alsof er een felgekleurd verfpalet of quilt over de vallei heen gedrapeerd was, en leek het een collage van gebeurtenissen en situaties van het leven dat ze zojuist verlaten had. In plaats dat haar leven in een rechte lijn, de ene gebeurtenis na de andere, aan haar voorbijflitste, was alles als één beeld voor hen uitgespreid.

Ze zei: 'We kunnen de begraafplaats zien, de stad, het huis en de bergen. Het is alsof we alles wat we ooit gekend hebben allemaal tegelijk kunnen zien. Zo van: dit was ons leven, en dit is wat we samen hadden. En we kunnen zien dat we het gedeeld hebben en dat we er samen doorheen zijn gegaan. We zijn blij dat we zo ons leven hebben geleid. Het is vredig. Alsof je een paar hele grote velden hebt waar verschillende dingen in groeien. Je kunt je herinneren wat je deed om de tuin klaar te krijgen en hoe dingen groeien en zich ontwikkelen. En dit was als eindresultaat voor me uitgespreid. Je kijkt uit over deze levensvallei, wijst naar bepaalde gebieden, en zegt: 'Nou, daar hadden we het echt naar onze zin, en dat was fantastisch wat we daar samen deden.' Je bewondert alle onderdelen van de tuin en je ziet het allemaal tegelijk. Alle verschillende scènes van je leven liggen voor je en je kunt ze bijna aanraken. Het was letterlijk alsof we een plakboek doorbladerden en naar ons leven keken'.

Het was heel fijn voor haar om naar deze scènes te kijken, ook al waren de moeilijke perioden van haar leven lastiger om naar te kijken. Er was geen oordeel bij betrokken. Het leek op een mentale aantekening om haar eraan te herinneren wat ze de volgende keer anders wilde doen. Het is ongetwijfeld niet de enige manier om het leven te evalueren, maar het is wel een mooie manier.

Een andere keer praatte ik met een man die herbeleefde dat hij in een lawine omgekomen was. Ik vroeg hem hoe het was om dood te gaan.

C: Ben je ooit wel eens in een diep zwembad gedoken … naar waar het donker is en troebel op de bodem? Als je naar boven gaat, naar de oppervlakte van het water, wordt het steeds lichter. En als je de oppervlakte van het water doorbreekt, is er rondom je zonlicht. De dood was net zo.

D: Denk je dat het zo was vanwege de manier waarop je gestorven bent, omdat er rotsen op je vielen?

C: Nee, het was zo omdat ik van het fysische naar het spirituele niveau overging. Als je overlijdt door een ongeluk, ervaar je lichamelijke pijn vlak voor je het bewustzijn van je lichaam verliest, omdat je lichaam gewond is. Maar nadat je het bewustzijn hebt verloren, is het heel gemakkelijk en natuurlijk. Het is net zo natuurlijk als al het andere in het leven: vrijen, lopen, rennen, zwemmen. Het maakt gewoon deel uit van het leven. Sterven bestaat niet. Je gaat gewoon verder met een ander deel van je leven. Doodgaan is fijn. Als mensen er bang voor zijn, zeg hen dan naar een plaats in een rivier te gaan waar het diep is. Zeg hen naar de bodem te duiken en zich krachtig met hun voeten af te zetten en naar de oppervlakte te schieten. Zeg hen dat de dood net zo is.

D: Ik denk dat veel mensen bang zijn dat doodgaan pijn doet.

C: Doodgaan doet geen pijn, tenzij pijn ervaren voor jou van nut is. Meestal is er geen pijn, tenzij pijn gewenst is. Het kan zeer pijnlijk zijn als je dat wilt, of als je voelt dat je het nodig hebt om een bepaalde les te leren. Maar je kunt jezelf er ten allen tijde van afschermen. En dit is mogelijk ook al heb je verbinding met wat er gebeurt. Iedereen kan lichaam en geest scheiden in dat moment van pijn.

D: Maar de feitelijke dood zelf, het verlaten van het lichaam, doet dat pijn?

C: Nee. De overgang zelf is gemakkelijk. Pijn komt van het lichaam. De ziel voelt geen pijn behalve spijt. Dit is de enige pijn die de ziel kan voelen. Een gevoel dat je iets meer had kunnen doen. Dat doet zeer. Maar fysieke pijn betekent niets meer, omdat je dat samen met het lichaam achterlaat.

D: Is het mogelijk het lichaam te verlaten voordat de feitelijke dood intreedt en de pijn aan het lichaam over te laten?

C: Ja. Je hebt de keuze of je in je lichaam wilt blijven en het wilt ervaren of dat je weg wilt gaan en alleen wilt toekijken vanaf de andere kant.

D: Ikzelf denk dat dat gemakkelijker zou zijn, vooral in geval van een traumatische dood.

13

C: Dit kan iedereen voor zichzelf bepalen.

In mijn werk ben ik dit verschillende malen tegengekomen. Tijdens een regressie herbeleefde een jonge vrouw dat ze vanwege haar geloof op de brandstapel werd gegooid, terwijl het hele dorp toekeek. Ze was doodsbang, maar ook heel erg boos op de onverdraagzaamheid van de mensen die hiervoor verantwoordelijk waren. Toen de vlammen hoger kwamen, besloot ze hen niet langer het plezier te gunnen haar te zien lijden. Ze verliet haar lichaam en keek van boven op de situatie neer. Daar zag ze tot haar eigen afgrijzen en irritatie haar lichaam schreeuwen, terwijl het een pijnlijke dood op de brandstapel stierf. In dit geval is het overduidelijk dat lichaam en geest verschillend zijn.

Ik denk dat het heel geruststellend en troostend is voor mensen die geliefden hebben verloren door geweld, te weten dat ze waarschijnlijk het meest traumatische deel van de dood niet hebben meegemaakt. Het lijkt logisch dat de geest niet in het lichaam wil blijven om al die pijn te ervaren. Daarom gaat de geest uit het lichaam en reageert het louter automatisch. Net zoals wanneer we ons per ongeluk in de vinger prikken of onze handen aan iets branden. We schreeuwen en trekken onze hand terug. Dit is geen bewuste reactie maar een reflex. Het lijkt er dus op dat tijdens een gruwelijke dood het lichaam slechts reageert terwijl de persoonlijkheid het lichaam heeft verlaten en vanaf de zijlijn toekijkt.

Een andere beschrijving van overlijden:

C: Stel jezelf naakt voor, koud en bebloed, terwijl je door een donker bos vol doornstruiken, wilde dieren en vreemde geluiden loopt. Je weet dat achter elke struik een beest schuilgaat die je zo in stukken kan rijten. En dan kom je plotseling uit bij een open plek in het bos waar gras groeit en vogeltjes fluiten. Je ziet een paar wolkjes in de lucht en hoort een vrolijk kabbelend beekje. Zo verschilt ook leven en dood van elkaar.

D: *Maar er zijn veel mensen op aarde bang voor de dood.*

C: Veel mensen zijn bang in het bos, dat klopt. Als ze echter eenmaal het bos uit zijn is er geen angst meer. De angst zit in het bos.

D: *Dus de overgang zelf is niet iets om bang voor te zijn?*

14

C: De ene overgang is wenselijker dan de andere. Ik wil daar eerlijk over zijn. Maar een deur is een deur. Hoe vaak je hem ook open doet, het blijft gewoon een deur.

Nog een andere beschrijving:

C: Mensen zouden niet bang moeten zijn om dood te gaan. Net zoals je niet bang hoeft te zijn om adem te halen, hoef je ook niet bang te zijn om dood te gaan. Doodgaan is zo natuurlijk en pijnloos als... met je ogen knipperen. En daar lijkt het ook veel op. Het ene moment ben je in de ene bestaansdimensie en dan knipper je bij wijze van spreken even en dan ben je in een andere dimensie. Zo voelt het lichamelijk ook, zo pijnloos is het dus. Pijn die je in dit proces voelt komt van lichamelijke schade, maar geestelijk is er geen pijn. Je geheugen is intact en je voelt je hetzelfde, alsof het leven doorgaat. Soms duurt het even voor je merkt dat je niet langer verbonden bent met je fysische lichaam, maar meestal merk je het direct omdat je waarneming vergroot is tot waar je de spirituele dimensie ongesluierd waarneemt. Eerst is er een periode van oriëntering. Je bent je nog steeds bewust van de fysische wereld, maar je verkent en absorbeert de gewaarwordingen van de spirituele dimensie, tot je eraan gewend bent dat je echt in de geestelijke wereld bent en er vertrouwd mee bent.

D: *Kun je me vertellen of je geest de ziel omvat wanneer hij het lichaam verlaat?*

C: Je geest is je ziel. Het begrip ziel bevat de energie die jij geest of spirit zou noemen, je identiteit, je realiteit. Dit is inderdaad je ware zelf. Je kunt het je geest of je ziel noemen, wat je wilt.

D: *Er wordt vaak gesproken over het zogenaamde 'zilveren koord'. Bestaat er zoiets?*

C: Dit is een verbindingslijn met je lichaam die echt bestaat. Op energieniveau vormt dit koord een verbinding met de energieën van je lichaam.

D: *Op het moment van overlijden wordt dit koord dus doorgesneden?*

C: Inderdaad.

D: *Sommige mensen zijn bang voor een buitenzintuiglijke ervaring omdat ze bang zijn permanent van hun lichaam gescheiden te geraken.*

C: Dat is onmogelijk. Het wordt echter bewust gedaan en niet per ongeluk.

D: *Bedoel je dat wanneer je uit je lichaam gaat, het zilveren koord je verbindt, zodat je niet kunt verdwalen?*

C: Ja, inderdaad. Angst voor astrale reizen is niet nodig, want als het niet de bedoeling is, gebeurt het ook niet.

D: *Maar er zijn gevallen waarin het niet wordt gepland, maar spontaan gebeurt.*

C: Exact, het gebeurt spontaan.

D: *Bestaat het gevaar dat iemand te lang uit zijn lichaam is tijdens zo'n reis?*

C: We zien geen gevaar. Want als je niet terug zou keren, zou dat je eigen keuze zijn en niet omdat een kwaadwillende energie het koord doorsnijdt.

D: *Je kunt dus niet verdwalen?*

C: Nee.

D: *Je bent dus verbonden met het lichaam tot het moment van sterfte en dan wordt het koord doorgesneden? Net als bij de navelstreng?*

C: Ja.

D: *Als de dood tijdens een buitenzintuiglijke ervaring zou intreden, wat zou dan de doodsoorzaak zijn? Is dat bijvoorbeeld een hartaanval?*

C: Je vraagt wat de lichamelijk symptomen zouden zijn. Wiegendood wordt hier vaak aan toegeschreven. Er zijn ook mensen die vanwege hun leeftijd er voor kiezen om niet terug te keren. Die sterven dus in hun slaap.

D: *Is er dan sprake van een hartaanval?*

C: Nee, want bij een hartaanval treedt de dood in door een echte lichamelijke kwaal, en daar hebben we het hier niet over. Je sterft in de slaap en men noemt het een 'natuurlijke dood'.

D: *Als er dus een autopsie zou worden gedaan, zou men geen oorzaken vinden?*

C: Dat is juist.

D: *Hoe zit het met mensen die in groepen lijken te sterven? Er zijn veel gevallen van treinongelukken, bloedbaden of aardbevingen waarbij veel mensen tegelijkertijd doodgaan. Kozen ze er allemaal voor om op hetzelfde moment dood te gaan of hadden ze er niets over te zeggen?*

C: Je bent bekend met het concept van individueel karma. Daarnaast bestaat er ook groepskarma. Eeuwenlang zijn er voorbeelden van zielen die als groep samenkomen om samen bepaalde taken uit te voeren of veranderingen teweeg te brengen, of om leven in een groep te ervaren. Deze 'groepssterften' zijn niets anders dan individuele zielen die op bepaalde momenten in hun leerervaring van sterven samenkomen. Door dit te doen komen ze op een kruispunt waarop het voor hen het meest gepast is om tegelijkertijd te vertrekken.

D: *Hadden ze hier een afspraak over voor ze in dit leven kwamen?*

C: Ja, want deze groepsovergang geeft steun. Men deelt de ervaring omdat men niet alleen is tijdens deze overgang. In veel gevallen heeft men al veel levens met elkaar gedeeld en is het dus niet ongebruikelijk om samen te sterven.

D: *Was dit ook het geval bij de astronauten die omkwamen tijdens het ongeluk met de Challenger?*

C: Dit was inderdaad een voorbeeld waarbij er van tevoren een afspraak was dat de dood samen beleefd zou worden.

D: *Maar er was veel lijden voor de familie en in het land. Als het hun bestemming was, waarom zijn we daar dan niet blij mee?*

C: Misschien zijn mensen kortzichtig bij dit soort gebeurtenissen. Men denkt alleen aan de mensen die zijn vertrokken. Er zijn veel andere factoren bij betrokken. In een geval als deze komen de overlevenden samen en delen een ervaring. Als je ziet dat iemand anders het verdriet deelt, is het veel gemakkelijker, omdat je weet dat anderen precies hetzelfde meemaken als jij. Dit was dus een groepservaring op vele niveaus.

Veel cliënten beschrijven de ervaring na het verlaten van het aardse lichaam als een reis naar een helder verblindend licht aan het eind van een tunnel. Deze beschrijving vind je ook in verslagen van Bijna -Dood –Ervaringen. (BDE) Eén van mijn cliënten zei eens dat dit witte licht een intens energieveld was dat diende als grens tussen de fysische en de geestelijke wereld. Bij BDE nader je het licht en wordt dan naar het lichaam teruggehaald voor je het licht binnengaat. Je hebt een bijna -dood -ervaring meegemaakt, maar hebt de overgang niet voltooid. Je bent niet ver genoeg gegaan. Als mijn cliënten de dood herbeleven, gaan ze in hun beleving opnieuw door het witte licht, de grens, heen. Op dat moment is de energie zo intens dat het 'zilveren koord', de navelstreng die de geest aan het fysische lichaam verbindt, wordt doorgesneden. Als dit gebeurt kan de ziel de grens niet meer oversteken en niet meer in het lichaam terugkeren. De geest is voor altijd van het lichaam gescheiden. Zonder deze verbinding met haar levenskracht (ziel of geest) verslechtert de toestand van het lichaam snel. In de herbeleving is dit alles veilig om te exploreren en is er geen enkel gevaar voor het huidige lichaam van de cliënt.

2. Zij die komen begroeten

Het lijkt erop dat sommige zielen na overlijden een periode van verwarring doormaken. Dit is niet bij iedereen het geval. Het is erg afhankelijk van de doodsoorzaak, of het een natuurlijke dood was of dat men plotseling en onverwacht stierf. Ik kan echter met zekerheid zeggen dat niemand alleen is tijdens en na de doodservaring.

C: Soms is er een periode waarin je niet helemaal zeker weet waar je bent, of je in de fysische of geestelijke wereld bent, omdat, hoewel verschillend, sommige gewaarwordingen soortgelijk zijn. Je probeert erachter te komen wat er gebeurt en waar je bent. Het is een periode van oriëntatie en heroriëntatie en die kan voor sommigen verwarrend zijn omdat ze niet precies weten waar ze heen moeten. Maar ze hoeven zich geen zorgen te maken want er komt onmiddellijk hulp. Meestal komen er een stuk of vijf zielen met wie je in vorige levens een hechte karmische band hebt gehad. Er zijn altijd minstens één of soms meerdere beschikbaar die op dat moment zelf niet geïncarneerd zijn. Zij zijn er om je te begroeten. En je zult hen herkennen dankzij de verbinding die je met hen had in het leven dat je zojuist achter je hebt gelaten. Iets anders dat verwarring schept als je de spirituele dimensie binnengaat, is dat je herinneringen aan vorige incarnaties en aan je hele karmische geschiedenis terugkomen. In het begin van de relatie herken je hen van het leven dat je zojuist hebt verlaten. Later herinner je je ook de relatie die je in andere levens met hen had. Dat is een deel van het proces van herinneren van je hele karma in deze dimensie, zodat je begrijpt wat je zojuist hebt beëindigd en wat je nog moet leren wanneer je terugkeert naar de aarde.

D: *Het is dus waar dat er altijd iemand komt, als je sterft?*

C: Ja, zo mogelijk is dat iemand met wie je een speciale band had tijdens je leven, als die tenminste niet opnieuw geïncarneerd is. Iemand waarmee je je kunt identificeren. Bovendien helpt de kracht van aantrekking je door de overgangsperiode heen.

D: *Maar veel mensen gaan plotseling dood of overlijden door geweld. Als ze niet weten dat ze dood zijn, is er dan meer kans op verwarring?*

C: Ja, dat is waar. En de aanwezige helper moet hen vertellen wat er gebeurt en helpen dit te verwerken.

D: *Nadat de ziel na overlijden door andere zielen begroet is, waar gaat hij dan meestal naartoe?*

C: De ziel gaat naar een niveau waar een soort school is. Hier is geen centrale locatie voor, het is een bewustzijnstoestand. Meestal vindt er in deze periode communicatie plaats met veel andere zielen. Nadat je geleerd hebt wat je nodig hebt voor het volgende leven, raadpleeg je je spirituele leraren en begin je de volgende incarnatie voor te bereiden. Je bepaalt samen met je leraren wat voor soort situatie het beste is om in terug te keren. Er wordt ook gekeken welke andere zielen er het beste in je leven kunnen komen, zodat het voor iedereen klopt.

D: *Heb je ooit van de rustplaats gehoord?*

C: Ja, als je het tenminste hebt over hetgeen ik voor me zie. Dit is een speciale plaats voor beschadigde zielen die uitrusten en zichzelf genezen voor ze weer gezelschap met andere zielen aankunnen en voor ze weer incarneren.

D: *Sommige mensen geloven dat Jezus' geest contact met je opneemt om je te leiden op het moment dat je ziel je lichaam verlaat.*

C: Dat is heel goed mogelijk, maar is echter niet altijd het geval. Het gebeurt soms als je verlangt om de energie van Jezus te zien en dan manifesteert deze energie zich. Hij heeft namelijk gezegd dat Zijn hulp onderdeel van dit proces zou vormen en dat betreft iedereen die ervoor kiest zich te openen voor deze energie of je nu geïncarneerd bent of niet. Hetzelfde geldt voor mensen met andere overtuigingen of religies. Als je een diep verankerd geloof hebt in een bepaalde entiteit, zal die zielsenergie er voor je zijn om de overgang te vergemakkelijken, als je dat wilt.

D: *Er wordt ook wel gedacht dat er een plaats is in de geestelijke wereld waar zielen slapen omdat ze stierven met het idee dat ze*

moeten rusten tot Jezus voor de tweede keer komt en hen doet
opstaan.
C: Hetgeen je verwacht tegen te komen, zul je inderdaad aantreffen.
Als je bijvoorbeeld verwacht wakker te worden midden in een
feest, dan is dat wat er gebeurt. Alles is mogelijk als je erin
gelooft. Er zijn zoveel verschillende dingen die er kunnen
gebeuren na de dood van het fysische lichaam. Als een lichaam
een zachte dood sterft – de ziel sterft nooit – is er een gevoel van
opluchting, van verwondering en van vrijheid. Over het algemeen
is het zo dat wat je verwacht ook daadwerkelijk gebeurt. Als je
verwacht onderweg gidsen of vrienden tegen te komen om je naar
het licht te brengen, dan zul je dat zien. Als je geloofde in
verdoemenis en hellevuur en als je dacht dat je dit verdiende, dan
zul je dit ook ervaren. Dit is grotendeels gebaseerd op de houding
en opvatting van de individuele ziel vóór de dood. Maar meestal
word je begeleid door degenen met wie je tijdens je leven een
goede band hebt gehad. Vaak komt er een andere ziel die je naar
een plaats van genezing brengt, waar je je verwarring kwijtraakt
en leert te begrijpen wat er is gebeurd. Wellicht is de ziel in de
war omdat het lang geleden is dat hij aan deze kant was. Zij die je
komen begroeten helpen je duidelijkheid te scheppen en te
bepalen waar je naar toe wilt en naar toe moet. Op deze manier
hoef je, als het iemand is die je hebt gekend, niet bang te zijn. Een
toestand van shock wordt immers veroorzaakt door angst.
Sommige mensen maken bijvoorbeeld na een traumatisch dood
een periode van diepe rust door, tot ze het aankunnen te weten dat
hun lichaam niet meer bestaat. En dat besef zal heel langzaam tot
hen doordringen. We willen voorkomen dat mensen verward
ronddwalen, omdat ze zichzelf en anderen schade kunnen
toebrengen.
D: *Gebeurt dat wel eens?*
C: Ja, dat komt wel eens voor. Ze weten niet waar ze zijn. In hun
paniek kunnen ze zichzelf schade toebrengen met de gedachte 'Ik
moet terug. Ik moet terug.' En dan binden ze zichzelf door twijfel
vast aan de plek waar ze zijn gestorven.
D: *Is het beter dat ze uit gaan rusten?*

C: Ja, want dan kunnen ze langzaam ontwaken in de wetenschap dat wat gebeurd is, goed is en natuurlijk. Dan zijn ze de shock en het trauma kwijt.

D: *Komen hun geliefden ook als de dood traumatisch is?*

C: Ja, soms nemen zij hen gewoon mee naar een plaats waar ze kunnen uitrusten. Maar iets wat jij een traumatische dood zou noemen, wordt aan deze kant niet altijd als zodanig beschouwd. Je zou misschien denken dat veel soldaten een traumatische dood gestorven zijn, terwijl zij toch de dood soms gemakkelijker accepteren dan bijvoorbeeld iemand die tijdens de geboorte gestorven is.

D: *Het hangt dus van de omstandigheden af en van de individuele ziel?*

C: Ja, voor een groot deel wel.

Het leek erop alsof er een vaste cyclus was van steeds terugkeren naar de aarde, nadat men aan de andere kant was geweest. Het leek mij logisch dat als je op een plek was waar je niet kon sterven, dat je daar dan altijd zou willen blijven. Ik moest hierbij denken aan hoe wij mensen hier op aarde altijd op zoek zijn naar onsterfelijkheid.

C: Nee, je zou je al snel vervelen. Waarom zou je, als de les van de derde klas is afgelopen, voor de rest van je leven in de derde klas willen blijven? Je zou je op je gemak voelen, maar je zou niets leren.

D: *Het zou geen uitdaging zijn.*

C: Inderdaad. De dood is nodig om vooruitgang te boeken. Je zou stagneren als er geen dood zou zijn om je naar het rijk van de geest te brengen. Dit is een voortdurend proces dat het meest geschikt is om veel lessen te leren. Alles in deze is zoals het moet zijn. Als je klaar bent met je lessen, worden de ervaringen ervan overbodig en krijg je nieuwe ervaringen en lessen met een hogere moeilijkheidsgraad. Het is net als het beklimmen van een ladder, waarbij je op elk hoger ervaringsniveau meer bewust bent dan op dat eronder. Dus de omgeving die de katalysator is voor deze ervaringen wordt afgedankt als er nieuwe ervaringen nodig zijn. Zou jij bijvoorbeeld nog in je klaslokaal van de derde klas willen blijven als je lessen volgt van de vierde of de zesde klas? Of zou het beter zijn om in een nieuwe omgeving te zijn en met een nieuwe gemoedsgesteldheid te beginnen? Als je in hetzelfde klaslokaal zou blijven, zou je meer geneigd zijn op dezelfde manier te blijven denken.

D: *Ik denk dat dat voor veel mensen op aarde geldt. Soms is groei onmogelijk als je in dezelfde omgeving blijft. Is dat wat je bedoelt?*

C: Ja..

D: *Je hebt de uitdaging van iets nieuws nodig, een nieuwe plek, een nieuwe omgeving.*

C: Een nieuwe omgeving is uiterst belangrijk om vooruitgang te kunnen boeken. Herinneringen aan het verleden belemmeren een blik op de toekomst.

C: Sommige mensen denken dat er geen leven na de dood is. (ze lachte even) Maar als iets eenmaal bestaat, kan de energie ervan niet vernietigd worden. Waarom is het zo moeilijk om aan te nemen dat het bestaan voortgaat, nadat het aardse lichaam is gestorven? Je kunt bijvoorbeeld iets als elektriciteit niet vernietigen, omdat de energie er altijd is, ook al is de vorm veranderd. Waarom denken mensen dat een menselijke ziel vernietigd kan worden, terwijl energie niet verloren kan gaan? Dat is namelijk wat de menselijke ziel is: niets meer en niets minder dan energie. De ziel is simpelweg niet een ding dat in het fysische lichaam verblijft. Het is een energie. En als energie kan het zich verspreiden, zoals energieën gewoonlijk doen. De juiste manier om naar je persoonlijkheid te kijken is dat het energie is, want dat is de essentie van de waarheid van de schepping: dat alles energie is. Sommige vormen bevinden zich op lagere niveaus, zoals de fysische wereld om je heen. Alle materie is in werkelijkheid energie. Het wordt simpelweg gemanifesteerd in een lagere, meer basale vorm. Je kunt jezelf dus zien als zuiver energiewezen, niets meer en niets minder. Materie bestaat niet. Dit is slechts een bijbetekenis die het gekregen heeft om te beschrijven wat zichtbaar is in de fysische wereld.

C: De dood roept vele angsten op. De dood is echter de grootste ontkenner, de grootste onwaarheid. Het is hetgeen waar het minst over gesproken wordt en waar het meeste over nagedacht wordt.

Je hoeft niet bang te zijn voor de dood, want hij brengt nieuw leven dat veel verdergaat dan wat er op deze planeet is. Degene die dit leven echter ontkennen willen we waarschuwen dat door onjuist gebruik, dat wil zeggen door zelfmoord en dergelijke, je energie genereert die aan de andere kant verdergaat. Het is niet gepast om een levend lichaam voortijdig af te danken. Dat is verspilling die niet getolereerd wordt.

D: *Ik probeer dit allemaal duidelijk te maken, zodat mensen niet zo bang voor dit soort dingen blijven.*

C: Ja. Het grootste probleem dat je zult tegenkomen is niet de angst maar het filosofische dogma.

D: *Bedoel je de manier van uitleg ervan?*

C: Mensen gebruiken filosofische dogma's om hun ogen te sluiten voor wat er is. Mensen die bijvoorbeeld bepaalde geloofsovertuigingen hebben, zullen moeite hebben een deel van wat ik heb uitgelegd te bevatten.

D: *Doel je op mensen die opgegroeid zijn met het geloof in hemel en hel?*

C: Bijvoorbeeld. En mensen die zijn opgegroeid met het idee dat je ziel maar één keer incarneert. Het is onzin, maar dat geloven sommige mensen.

D: *Ja, ze denken dat ze maar één keer leven en dat het dan afgelopen is. Sommige mensen hebben moeite met het idee dat ze al vaker geleefd hebben.*

C: Is het moeilijker om aan te nemen dat je één keer in een lichaam geboren kunt worden in plaats van twee keer of meerdere keren?

D: *Sommige mensen geloven het niet.*

C: Alleen mensen aan jouw kant. Dat is één van de redenen waarom zoveel mensen depressief zijn en andere klachten hebben. Omdat ze denken dat ze hun enige kans verpesten. Als ze zich realiseren dat ze heel veel kansen hebben, zouden ze elke keer hun best kunnen doen en zich niet zo rot voelen over fouten die ze maken. Ze kunnen het de volgende keer beter doen.

D: *Ze zouden gewoon in dit leven hun best moeten doen. Dat klinkt heel logisch, maar veel mensen zullen het niet begrijpen.*

C: Veel mensen willen het niet snappen. Ze durven niet na te denken over een ander bestaan na dit bestaan, misschien omdat het heden zo pijnlijk is, dat ze denken dat volgende levens slechts een verlenging van hun lijdensweg is. Veel kerken willen niet dat mensen geloven in vorige of volgende levens omdat zij dan de greep op de angst verliezen en niet langer de controle hebben. De leiders van alle grote spirituele scholen wisten van eerdere en volgende levens, maar deze kennis werd niet doorgegeven uit angst om de macht kwijt te raken. Zelfs het Hindoeïsme gebruikt deze controle. Ze zeggen namelijk: 'Deze persoon heeft in een vorig leven iets fout gedaan en daarom moet hij nu lijden. Waarom zou ik hem dan moeten helpen? Hij heeft iets fout gedaan, dat hij dit verdient.' Zo gebruiken ze dezelfde tactieken als het Christendom of andere godsdiensten. Vergeet niet dat niet iedereen die zegt aan de kant van het geloof te staan, dat ook doet. Hun gedachten zijn misschien verwrongen door de schaduwzijde van het leven zonder dat ze dit zelf in de gaten hebben. Er zijn veel zaken uit de Bijbel geschrapt en naar believen toegevoegd. Het maakt hen niet uit, ze denken 'Ik wil dat er dit staat, en dan staat het er ook.'

D: *Mensen worden vaak bang als dergelijke onderwerpen worden aangesneden en als je hen probeert duidelijk te maken dat de Bijbel door de geschiedenis heen heel vaak veranderd is.*

C: Dit soort dingen zet hen aan het denken en dat is voor veel mensen beangstigend. Als je de overtuigingen die mensen hun hele leven hebben gehad omvergooit door te zeggen dat ze niet waar zijn, of dat hun ouders onbedoeld tegen hen hebben gelogen, kom je aan de fundering van hun geloof. Een mens kan niet overleven zonder in iets te geloven, al is het maar het geloof dat er niets is. Je moet ergens in geloven.

D: *Ze zijn met andere woorden bang voor een andere gedachtegang.*

C: Over Jezus werd destijds hetzelfde gezegd, toen Hij zei dat Hij was gekomen om de profetieën te vervullen. Ze zeiden dat Hij ongelijk had, dat Hij gek was, dat Hij niet wist waar Hij over praatte. Telkens als iemand iets ter sprake brengt wat ongebruikelijk of anders is, worden mensen bang en praten er negatief over. Deze kennis moet geleerd worden, omdat je moet leren onbevreesd te zijn om te kunnen zijn wat je kunt zijn. Sommige mensen moeten deze dingen horen. En het zal een vonk in hen doen ontsteken en ze zullen het als waarheid herkennen. Het helpt hen wellicht hun weg te vinden naar wat ze willen en moeten worden. Zij zijn belangrijk, want ze zullen uiteindelijk meer mensen overtuigen. Let wel, het waren maar een handjevol mensen die de boodschap van Jezus geloofden. En kijk nu maar eens naar de wereld. Een groot deel ervan beweert, voor de buitenwereld in elk geval, christen te zijn. De waarheid wordt al vele eeuwen lang onderdrukt en het wordt tijd dat ze boven tafel komt.

3. Een bijna-dood-ervaring

Niet al mijn informatie over de ervaring van de dood komt via hypnose. Mensen vertellen me soms over bijna-dood-ervaringen (BDE's) die ze gehad hebben. Deze term werd bekend door het werk van Dr. Raymond Moody en Dr. Elisabeth Kübler-Ross. Het verwijst naar herinneringen als men letterlijk gestorven is en de drempel naar de andere kant is gepasseerd en men daarna door de kennis van de medische wetenschap teruggebracht is naar onze wereld. De verhalen die mensen me vertellen hebben meestal hetzelfde patroon als andere onderzoekers al hebben ontdekt. Ze lopen ook parallel met de informatie die ik verzameld heb, met het verschil dat deze mensen zijn teruggekeerd om over hun ervaringen te vertellen, terwijl mijn cliënten in de spirituele dimensie bleven tot ze in hun huidige leven incarneerden. Mijn cliënten dragen de herinnering met zich mee, maar deze bevindt zich diep in hun onderbewuste en is enkel toegankelijk door regressiehypnose.

De sessies waar ik over ga vertellen bevatten veel klassieke elementen. Een vriend stelde me voor aan Maja die een opmerkelijk verhaal met me wilde delen. Maja had het nog niet aan veel mensen verteld uit angst dat er grappen over gemaakt zouden worden. Het was te persoonlijk en ze dacht dat de meeste mensen niet zouden begrijpen hoe belangrijk het voor haar was. Maja was er erg door veranderd en haar leven was niet meer hetzelfde. Ze meende dat dit de reden was dat ze zich de gebeurtenis mocht herinneren. Het was een cadeau waar ze op momenten van besluiteloosheid en stress op terug kon vallen. Ze legde uit dat hypnose niet nodig was om het geheugen uit haar onderbewuste op te frissen omdat de gebeurtenis voor altijd in haar geheugen gegrift stond. Maja mag dan onzeker zijn geweest over enkele details, ze wist dat ze de gebeurtenis nooit zou vergeten en dat niemand haar ooit ervan zou kunnen overtuigen dat het niet echt gebeurd was. Het was een keerpunt in haar leven. Maja was een volwassen vrouw van achter in de veertig. Ze was getrouwd en had kinderen. Ze had niets gelezen over BDE's en had nog nooit van mijn werk gehoord. Ze leidde een actief leven en had diverse hobby's, maar alles na deze gebeurtenis was van minder belang. Het kleurt nog altijd haar hele leven. We ontmoetten elkaar bij een vriend waar we rustig met elkaar konden praten. Ik was onder de indruk van haar behoefte aan accuraatheid en de zorgvuldige manier waarop ze vermeed het gebeuren mooier af te schilderen dan het was. Ze wilde haar verhaal correct vertellen en ze herinnerde zich alles zeer nauwkeurig. Maja gaf me toestemming haar verhaal te publiceren op voorwaarde dat ze anoniem zou blijven.

Dit is haar verhaal in haar eigen woorden.

'Het gebeurde toen ik in 1978 geopereerd werd. Ik zou in juni een boekwinkel openen, maar het toeval wilde dat bij een routineonderzoek iets op mijn long ontdekt werd. Ze konden niet vaststellen of het goed- of kwaadaardig was en dus moest ik een longoperatie ondergaan. Ik moet erbij zeggen dat ik vóór de operatie instinctief aanvoelde dat ik geen kanker had, maar ik maakte me toch zorgen. Ik had er geen goed gevoel over. Ik kan het niet anders omschrijven.

Ik heb een vrij gewone jeugd gehad. Ik heb eerst verschillende kerken bezocht en ging toen een tijd niet meer ter kerke. Toen we naar het platteland verhuisden ging ik met de buurvrouw naar de Baptistenkerk. Maar ik heb van huis uit geen fundamentalistische achtergrond. Het was eerder een vrije christelijke opvoeding, vrij in de zin dat we niet zo vaak naar de kerk gingen. Toen ik getrouwd was, ging ik met mijn man mee naar de Episcopaalse kerk. Ook dit was een vrije relatie en dat is nog steeds zo. Ik was ondertussen tot de conclusie gekomen dat ik bijna een agnost was, misschien zelfs wel een atheïst. Maar ik denk dat ik door de gewoonten uit mijn jeugd het niet durfde om echt helemaal atheïst te worden. Voor het geval dat.. (ze lachte)

Ik wil dat je deze achtergrond weet als ik je vertel over die avond voor de operatie. Ik was er echt van overtuigd dat ik het misschien wel niet zou overleven. Ik bad en dacht dat het misschien wel mijn laatste gebed zou zijn. Ik fluisterde in het donker: 'Ik weet niet of U er bent,

maar als U er bent: dit is het beste wat ik van mijn leven kon maken.'
Ik probeerde alles in mijn leven te overzien en na te gaan of er nog
onaffe zaken waren. Toen zei ik: 'Ik geloof niet echt dat U er bent,
maar als U er wel bent: ik heb echt hulp nodig. Het spijt me dat ik niet
geloviger ben, maar eerlijk gezegd lukt me dat niet.'

De operatie verliep goed, maar erna voelde ik me slecht. Ik had
zoveel pijn dat ik alleen maar kon denken aan de volgende
pijnstillende injectie. Ik vertel dit omdat ik vind dat ik eerlijk moet
zijn. Ik kreeg Demerol, een pijnstiller die van heroïne wordt gemaakt.
Sceptici kunnen dus zeggen: 'Aha, ze was dus onder invloed van
verdovende middelen'. Het maakt niet uit. Sceptici zeggen toch wel
wat ze willen. Op de derde dag van mijn verblijf op de intensive care
viel ik in slaap. En plotseling daalde ik af in een lange, donkere kloof.
Het voelde heel warm en veilig, maar het was de donkerste kloof die
ik ooit had gezien. Het leken rotswanden die eerst vrij ver weg leken
en daarna ineens dichtbij bleken te zijn. Op een bepaald moment keek
ik naar de rotswanden en in plaats van zwart leken ze bijna oranje te
zijn met donkere, flikkerende lichten. Het had te maken met zielen,
maar ik herinner me niet meer wat het was. Maar het was een heel
warm, veilig gevoel.

Terwijl ik in de kloof liep, zag ik een mistige plek vlak voor me.
Toen ik de mist bereikte, zag ik dat er een soort rotsbarrière was die
de hele ingang van de kloof versperde. Ik kon niet verder, maar er was
net genoeg ruimte om er langs te glippen. Er was overal mist.

En toen zag ik mensen staan. Er waren twee mannen en een
schaduwachtige figuur. Plotseling herkende ik die persoon, en toen
was het niet langer een schaduwachtige figuur. Hij had prachtig
krullend haar en droeg een pak met witte biezen. Mijn eerste gedachte
was: 'Wat is dit?' En toen realiseerde ik me plotseling dat ik aan het
doodgaan was. Ik ervoer toen een moment van angst.

Toen zei de man in het pak: 'Je bent bij de dood.' Dat waren de
woorden: 'Je bent bij de dood.' Toen realiseerde ik me dat hij de 'engel
des doods' was. Hij zei het niet, maar ik wist het. Hij boezemde me
angst in. Maar toen hij zei: 'Je bent bij de dood,' was hij zo vriendelijk
dat ik niet bang was. Ik was gewoon helemaal niet bang meer. Hij was
zo vriendelijk. Het was ongelooflijk.

Ik dacht erover na, knikte toen met mijn hoofd en zei: 'Ik weet
het'. Daarna kreeg ik de informatie tegelijk door. Het is dus lastig te

zeggen in welke volgorde alles precies gebeurde. Het waren allemaal indrukken. Ik zal precies herhalen wat er gezegd werd. Mijn eerste gedachte was: 'Er is dus echt iets na de dood! Er is echt iets!' Ik was zeer verbaasd. Ik bleef maar zeggen: 'Maar de dood is zo gemakkelijk. Het is zo gemakkelijk. Het is als opstaan uit deze stoel en gaan zitten in die stoel.'

Die mannen knikten. En één van hen zei: 'Ja, maar het is moeilijk om hier te komen.' Ik begreep het niet, maar dat zei hij. Toen zei de man in het pak: 'Je krijgt een keus.' Toen dacht ik aan verschillende dingen. Eén ervan was: 'De dood is een danser.' Het was een vreemde gedachte, maar ik probeer zo nauwkeurig mogelijk te vertellen wat er op dat moment door me heenging. Ik kreeg de indruk dat ik niet altijd een keuze gekregen zou hebben. Ik kreeg ook de indruk dat niet iedereen een keuze krijgt. Dat dit nu alleen zo was. Toen kreeg ik ook de indruk dat deze 'engel des doods' niet altijd deze functie had. Ik voelde dat hij deze opdracht had gekregen en dat hij dit werk niet altijd deed.

Er waren nog een paar andere schaduwachtige figuren en ik voelde dat ze er waren om me te helpen. Hij zei: 'Wil je blijven of wil je gaan?' Blijven betekende in dit geval bij hen blijven en gaan betekende teruggaan. Het is niet wat je normaal gesproken zou denken. Het was omgekeerd. 'Wil je blijven of wil je gaan?' En ik wist dat het daar geweldig was en ik wilde blijven. (opgewonden) En dus zei ik: 'Ik wil blijven.'

Ik weet zijn exacte woorden niet meer, maar hij zei: 'Er zijn een paar dingen die je moet weten voor je je beslissing neemt.' Toen kreeg ik mijn moeder te zien. Ze huilde en jammerde. En hij zei: 'Je moeder zal er kapot van zijn. En in haar verdriet zal zij degenen om haar heen kapot maken.' En ik weet zeker dat hij hiermee mijn vader bedoelde. Ik begreep dat haar leven op dat moment voorbij zou zijn. En dat, om zijn liefde voor haar, zijn leven ook voorbij zou zijn. Maar ik zei: 'O, maar ik wil blijven.' Omdat het op dat moment leek dat de tijd daar (in die andere dimensie) zo snel ging, stelde het niets voor. Ze zouden hier ook snel zijn en ze zouden het begrijpen, wanneer ze hier waren. Ik begreep nog iets anders. Dat wat ik ook besloot, het de juiste beslissing zou zijn. Er was absoluut geen oordeel of censuur, maar de beslissing die ik zou nemen zou de juiste zijn. Toen kreeg ik mijn man te zien. Hij huilde en zei: 'Ik heb nooit geweten dat ik van haar hield.'

Dit past bij hoe ons huwelijk op dat moment was. Ik zag dat het voor hem erg moeilijk zou zijn, maar ik zei: 'Ik wil blijven.' Omdat ik wist dat iedereen hier snel zou zijn en dat ze het allemaal zouden begrijpen. Toen zei hij: 'Je kinderen redden zich wel, maar ze zullen niet zo ver komen als zou kunnen.' Maar ik bleef zeggen: 'Ik wil blijven.' Ik wist dat mijn kinderen goed terecht zouden komen. Misschien wel niet zo goed als wanneer ik er zou zijn, maar ze zouden er niet aan onderdoor gaan. Blijven was nog steeds de meest aantrekkelijke optie. En toen zei de Dood: 'Je zult dicht bij je kinderen moeten blijven, aan de rand.' En ik kreeg te horen dat ik als een gids moest zijn voor mijn kinderen. Ik was verbaasd, want dat was niet wat ik wilde. Ik wilde naar die fijne plaats gaan om er te leren. Ik weet niet hoe ik wist dat ik daar kon leren. Het kwam gewoon in me op, ik wist het. Ik had het niet gezien, maar het moment dat deze mensen hun mond open deden wist ik dat dit de plaats was waar ik wilde blijven. Ik wist gewoon dat hier antwoorden waren. Dé antwoorden, denk ik. Er was studie, antwoord, groei. Dit was instinctief, maar ik wist dat het een plaats was waar ik wilde blijven. Ik wilde er zeker niet weggaan en teruggaan naar deze problemen. Ik wilde daar zijn. Maar op dat moment zei ik vol tegenzin: 'Als ik dichtbij de rand moet blijven, kan ik net zo goed teruggaan. Ik heb nu eenmaal deze verantwoordelijkheid. En ik kan die beter op me nemen vanaf die kant dan wanneer ik enkel probeer dichtbij hen te blijven om ze te beïnvloeden.' En dus zei ik: 'Oké, ik zal teruggaan.' En ze leken allemaal blij dat ik die beslissing genomen had, ook al was er geen censuur of oordeel geweest.

Het voelde alsof ik begonnen was me terug te trekken. En ik hoorde die andere minder belangrijke wezens fluisteren: 'Ze gaat. Ze gaat.' Ik kan me niet herinneren of ze verdwenen of dat ze bij de grens waren. Ik denk dat ze bij de grens waren. En ik voelde dat ze waren gekomen om me te helpen erover te gaan. Maar aangezien ze niet nodig waren, verdwenen ze. Toen begon ik me terug te trekken, alsof ik wegging. Eén van de mannen zei: 'Vóór je gaat, zijn er nog een paar dingen die je moet weten.'

Ik was onmiddellijk op een andere plaats. Ik was niet langer in de tunnel. Het was een soort achtertuin en er waren mensen. Sindsdien heb ik geprobeerd me te herinneren hoeveel mensen er daar in een kring op een stoel zaten. Ik denk dat er misschien acht of tien mannen en vrouwen waren. Ik voelde dat het mijn adviesraad was. En ik wist

31

dat iedereen een adviesraad heeft die verantwoordelijk is voor de ziel hier beneden. Ze herinnerden me een beetje aan de plattelandszondagschool waarbij mensen zich 's middags bij de kerk verzamelen. Ik zag de gezichten niet duidelijk, maar er was iemand die me een beetje leidde. Ik herinner me zijn blote armen en opgerolde mouwen van zijn witte overhemd, zoals mannen dat doen op een warme zomermiddag tijdens een les van de Bijbelschool. Hij nam me mee naar een meisje dat onder een boom zat. Ze had een donker gekleurde huid. Hij gaf een paar kleine kneepjes in haar arm. (ze maakte een knijpbeweging in haar onderarm met haar duim en wijsvinger) En hij zei: 'Dit is zo onbelangrijk, deze huid. Het is zo onbelangrijk. Het is slechts een omhulsel. Het is zo onbelangrijk dat het lachwekkend is,' en toen lachten ze allebei. En ik dacht, 'waarom vertelt hij me dit? Ik weet dat al.'

Het volgende wat ik zag was... we stonden op een weg en er was tenminste één van mijn gidsen bij me. Er liepen twee jonge mannen met een Indisch uiterlijk op de weg. Ze waren er om mij mezelf te laten zien. Toen ik daar stond, stond plotseling mijn zelf naast me. Ik zag een prachtig schitterende, doorzichtig glanzende bol waarvan ik wist dat ik het was. Ik liep eromheen en stapte toen in mezelf, in deze bol van licht. (ze maakte met haar hand de beweging van het binnengaan aan de bovenkant van de bol en in een neerwaartse beweging er uitgaan aan de onderkant) En ik wist dat ik al mijn antwoorden zou hebben wanneer ik eruit zou komen. En dat ik mezelf zou kennen. En dat was ook zo. En toen ik de bol inging, ging ik naar beneden. Het was alsof ik in melkachtig wit werd gebaad, erg prettig. En ik dacht: 'Elk moment kan ik in het midden aankomen.' En al snel was ik er helemaal doorheengegaan en kwam ik er aan de andere kant uit, een beetje met een neerwaartse hoek. Ik wist wanneer ik in het midden was, hoewel het midden hetzelfde was als de periferie. En toch kon ik voelen wanneer ik door de randen ging, door het midden ging en wanneer ik er weer uitging. Maar het midden was precies hetzelfde als de periferie. Ze waren hetzelfde. Toen ik eruit kwam kende ik mezelf. En ik stond daar en was verlegen. Ik voelde me bloot omdat ik mezelf kende, mijn goede en slechte kanten zag en niet oordeelde over mezelf. En ik zei: 'Daar moet ik aan werken.' En zij zagen wie ik was. Ze kenden me helemaal. En ze glimlachten en knikten. En het fijne was dat er geen oordeel was. Absoluut niet. Geen oordeel.

Vanaf hier laat mijn geheugen me wat in de steek. Ik weet niet wat er daarna kwam. Ik keek omhoog en de lucht was ineens donker en vol sterren. Sommige waren enorm, anderen middelgroot en anderen piepklein en de schittering varieerde, maar er was geen enkele ster die meer schitterde dan de andere. Zelfs als er een hele kleine ster vlak bij een enorme, schitterende ster stond, zag je ze alle twee even duidelijk. En ik wist dat de sterren zielen waren. Ik zei: 'Waar is de mijne?' En iemand zei: 'Daar is ie .' Ik keek achter me en daar was mijn ster. Hij was zojuist boven de horizon verschenen. En plotseling was ik daar, op de plaats waar mijn ster was. En het voelde alsof ik in een lap stof ermee verweven was. En op dat moment wist ik dat we allemaal volledig met elkaar verbonden zijn en dat wat er ook gebeurt, we nooit verloren kunnen gaan. Zelfs als iemand de stof zou verscheuren, zou de stof het houden. Ik wist dat ik niet vernietigd kon worden en ieder ander ook niet. Dat ik was zoals ik was zoals ik ben.

Toen was ik weer terug op de wei en stond ik naast die weg. Ik keek uit over de prachtige, zonnige weide en zag een groep bomen. Het was symbolisch voor me dat het een groep bomen was, maar ik begreep dat de levensboom er middenin stond. En plotseling kwam uit deze groep bomen een enorme vuurbal. Ik keek er naar terwijl hij over de wei vloog. Hij raakte me hier. (ze legt haar hand op haar hart) Het was alsof de adem uit me werd geslagen. Het was alsof alles uit me werd gezogen en ik werd opgegeten. En wat er in me kwam was volledige, zuivere, onvoorwaardelijke liefde. Het was ongelooflijk. Liefde stroomde in elke cel en ik kon nauwelijks ademhalen. Er was niets dat ik kon geven behalve liefde, want dat is alles waar ik uit bestond. Zij had elke cel overgenomen. Toen begon ik terug te gaan. En iemand riep naar me, misschien was het een van mijn gidsen: 'Blijf getrouwd. Het is de bedoeling dat je getrouwd blijft.' En dat heb ik gedaan. (op berustende toon)

Ik kwam terug. Ik werd wakker en zag de verpleegster van de intensive care over me heen gebogen met een hele bezorgde blik in haar ogen. Ze keek naar me. En ik dacht: 'Maak je geen zorgen. Het gaat prima met me. Ik ga niet dood. En ik zal niet meer weggaan.' En ik dacht ook: 'Goh, je hebt er geen idee van waar ik geweest ben.' Ik heb het een paar dagen lang aan niemand verteld.'

Later bespraken we de mogelijkheid dat Maja stervende was en dat de verpleegster iets op de apparatuur had gezien of iets aan haar had gemerkt. Toen Maja werd geraakt door de vuurbal schokte haar lichaam misschien wel om het leven te herstellen. Ze keerde naar haar lichaam terug direct nadat ze door de vuurbal was geraakt. Het kan het effect hebben gehad als van elektrische schokken die worden toegediend om iemand te reanimeren als het hart niet meer klopt.

Men zal zich ongetwijfeld afvragen of dit voorval echt is gebeurd of dat het een door drugs opgewekte fantasie is. Maar Maja is er heel zeker van. Ze weet dat het echt was. Er is geen twijfel in haar stem te bespeuren wanneer ze over deze gebeurtenissen vertelt. Ze weet het omdat het haar leven voor altijd heeft veranderd.

Zoals Maja zegt: 'Misschien moet iemand zijn leven eerst bijna verliezen om het te vinden.'

4. De scholen

Ik zou de fascinerende spirituele wereld vele malen betreden. Dit is het gebied dat voor ons mensen het meest beangstigend is en die de eeuwige vraag oproept: 'waar gaan we heen wanneer we sterven?' Iedereen vraagt zich af wat er met hen zal gebeuren, of er totale vergetelheid zal zijn, of continuering van de persoonlijkheid. Zelfs bij de meeste gelovigen bestaat hier onzekerheid over. Ik heb ook niet alle antwoorden, maar denk dat de informatie die ik tijdens mijn onderzoek heb verzameld kan helpen. Ook iemand in diepe trance kan je niet vertellen wat hij of zij niet weet. Maar wanneer je van veel verschillende mensen dezelfde beschrijvingen krijgt, moet je wel aannemen dat er een kern van waarheid in zit. Misschien heeft het de weergalm van waarheid, omdat de meerderheid echt wil geloven dat het hiernamaals een plaats is van vrede en tevredenheid.

Persoonlijk vind ik het idee van in de aarde blijven tot de verrijzenis of de 'dag des oordeels' weerzinwekkend. En het idee van rondzweven op een wolk en harp spelen tot in eeuwigheid past ook niet bij het beeld dat ik van de hemel heb. Ik denk dat dat al snel zou vervelen. Misschien trekt het idee van een school me aan vanwege mijn onverzadigbare nieuwsgierigheid en mijn constante zoektocht naar kennis.

Ik denk hoe dan ook dat dit ons de beste beschrijving biedt. En misschien beantwoordt het zelfs wel enkele van de brandende vragen die ons allemaal achtervolgen.

Het is heel vaak zo dat cliënten zich in regressie niet bezighouden met een bepaald leven. Uit hun antwoorden blijkt dan dat ze zich tussen levens in bevinden, op verschillende spirituele niveaus en op verschillende plaatsen. De meest genoemde plek was een school. Ik vroeg om een beschrijving.

C: Het is de school der kennis. Ik zie de hal. Er zijn hoge pilaren en alles is wit. Echt licht... hoe leg ik het uit? Het licht komt van binnen en van buiten en het schijnt gewoon.

D: *Bedoel je net als zonlicht?*

C: Niet zo fel.... Het is heel vredig, rustgevend, kalm. Het is fijn om er te zijn.

D: *Waar is deze school van kennis?*

C: Ze is er gewoon. Ze is op een ander niveau dan het aardse bestaan, in een aparte dimensie van bestaan.

D: *Is er geen verbinding met de aarde?*

C: We leren van wat we gedaan hebben en op die manier is ze verbonden met de aarde, maar verder niet.

D: *Je zei dat het leek op een grote hal. Worden alle lessen in de hal gegeven?*

C: Nee, aangrenzend aan de hal zijn klaslokalen. Dit zal een soort aula zijn, denk ik. Je kunt hier alles zien wat je wilt. Als je iets visualiseert, zie je het. Je kunt het zo mooi of lelijk maken als je wilt. Als je je schuldig voelt en jezelf wilt laten lijden, kun je dat ook doen. Je kunt de omgeving er zo uit laten zien als je wilt of zoals je het jezelf hebt voorgesteld. In sommige dimensies, zoals de dimensie waar ik nu ben, is het alsof je op een hogere niveau van de aarde bent. De topografie lijkt dus op die van de aarde, maar het heeft een verfijnder energieniveau. Ik bedoel, er zijn heuvels, bergen en valleien, maar ze bevinden zich niet altijd op exact dezelfde plaats als op de aarde. Er zijn planten, maar de kleuren zijn intenser en zuiverder. Je hebt hier ook gebouwen en dergelijke, maar meestal is hun energie zodanig beïnvloed dat ze een bepaald beeld uitstralen.

D: *Zouden andere mensen dezelfde dingen zien als die jij nu ziet?*

C: Ja, bergen en planten zijn algemene kenmerken van deze dimensie die iedereen ziet. Het is de aarde, maar dan op een ander energieniveau. En omdat het een ander energieniveau is, zijn de wetten omtrent energie ook anders. De grond is massief en de heuvels zijn massief en de bomen en de dieren bestaan echt. Het is als in het geïncarneerde bestaan waar ik weer naartoe ga. Maar omdat de energiewetten verschillen, zijn er andere dingen mogelijk met kunstmatige constructies.

D: *Moet iedereen dit zelf manifesteren of is het er gewoon altijd?*

C: Het is er altijd. Het is slechts een kwestie van persoonlijke waarneming of je het wel of niet ziet.

D: *Bedoel je dat er mensen komen die niet dezelfde dingen als jij zien?*

C: Nee, ik heb het over mensen in het geïncarneerde, aardse bestaan. Zij zouden het niet zien omdat ze dingen vanuit een lagere dimensie waarnemen.

D: *Is deze dimensie gelijk aan wat sommige mensen de 'hemel' noemen?*

C: Nee. Het is waarschijnlijk wat ze het 'paradijs' zouden noemen. Ik maak onderscheid tussen de hemel en het paradijs, omdat paradijs vervolmaakte aarde betekent. Soms net zo als de aarde, maar zonder verwoesting en bederf zoals op aarde. Hemel verwijst naar de hogere bewustzijnsdimensies die de ziel instinctief kent, alhoewel hij daar geen duidelijk beeld van kan hebben met het ontoereikende vocabulaire en beperkte begrippenkader van het geïncarneerde bestaan. Hemel verwijst naar de hogere dimensies waar alles energie is. Paradijs verwijst naar deze zogenaamde 'lagere' dimensies die nog op de aarde lijken, omdat je slechts op een hogere dimensie van de aarde bent.

D: *Als iemand dus praat over 'naar de hemel gaan', dan gaan ze naar een hogere dimensie waar er geen beelden zijn. Het is allemaal energie of zijn er ook landschappen?*

C: Het is grotendeels energie en manipulatie van energie. Maar als mensen het hebben over doodgaan en naar de hemel gaan, dan gaan ze feitelijk naar het paradijs, omdat alles in de juiste volgorde moet gebeuren en moet worden waargenomen en begrepen. Voor de hogere niveaus moet je voorbereid zijn, zodat je er beter kunt assimileren.

D: *Maar in het gebied dat de hemel genoemd wordt, is het daar helemaal leeg of zijn er bijvoorbeeld landschappen en gebouwen en dergelijke?*

C: Nee, er zijn geen gebouwen. Je waarneming is anders en je ziet energieën. Het ziet er bijvoorbeeld uit als prachtig noorderlicht. Je bent zelf energie en je kunt energieën manipuleren om diverse dingen te bereiken en te laten gebeuren. Als je in de hogere dimensies bent die de hemel genoemd wordt, kun je heel gemakkelijk naar de lagere dimensies kijken en zien wat er op het fysieke niveau gebeurt. Het is geen probleem om dingen te zien;

wát je ziet hangt af van naar welk niveau je kijkt. Maar er is geen omgeving omdat er geen horizonnen zijn.

D: Maar je zei dat mensen daar niet meteen naartoe gaan.

C: Dat klopt. Meestal is er als je sterft een overgangsperiode zodat je kan wennen aan het feit dat je niet langer in het geïncarneerde bestaan bent. Wanneer je daaraan gewend bent, heb je de vrijheid om tussen die dimensies te bewegen waar je toegang toe hebt, en dat is afhankelijk van hoe ver je ziel gevorderd is.

D: Is er iemand anders bij je op school?

C: Er zijn ongeveer vijftig mensen in mijn klas. Er zijn ook anderen, maar daar hebben we niet zoveel mee te maken. Zij zijn met andere problemen bezig. Zij leren andere lessen die ze zelf moeten verwerken. Ik beschouw het als wachten. Ik weet dat ik terugga. Ik leer hier en ik kan de dingen die op aarde zijn gebeurd bekijken en evalueren omdat ik niet gehinderd word door invloeden van de wereld.

D: Wanneer je leert, doe je dat dan helemaal alleen of is er iemand die je helpt?

C: Nee. Ik krijg hulp als ik dat nodig heb. Als ik zoek of een vraag stel, komt alles naar me toe.

D: Wie geeft je les?

C: De leraren. Elke klas heeft er verschillende. Ze leren je om jezelf te bestuderen.

D: Hoe zien de mensen eruit? Ik bedoel dragen ze kleren?

C: Ze dragen hier gewaden, maar niet altijd. De manier waarop we er hier uit zien is in feite ectoplasma in verscheidene vormen. Soms hebben mensen de vorm van een lichaam en lijkt het of ze kleding dragen, maar dan zien ze er nogal wit en transparant uit. Als ze er graag meer massief uit willen zien, dan kan dat ook. En het soort kleding dat ze willen dragen, hangt af van het imago dat ze op dat moment willen uitstralen.

D: Dus ze zien er niet allemaal hetzelfde uit?

C: Nee. Elk individu ziet er niet noodzakelijkerwijs altijd hetzelfde uit. Het hangt er vanaf wat ze willen bereiken. Maar nu op deze plaats dragen ze gewaden.

D: Wat leer je op de school?

C: Ik bestudeer levenservaringen en de effecten ervan. Ik groepeer de stukjes van mijn ervaringen en vat ze samen om de zin van mijn bestaan te doorgronden. Ik vraag mezelf af wat voor invloed deze gebeurtenissen op mij hebben gehad? Hoe ben ik ermee omgegaan? Het is hier heel vredig en rustig, ik heb dus veel tijd voor mezelf in alle eenzaamheid. Ik denk over deze dingen na en verwerk ze. Soms beleef ik de ervaringen opnieuw om te proberen ze te begrijpen. Weet je, tijdens mijn leven stemde ik mijn oordeel af op de omstandigheden, om wat voor reden dan ook, meestal om mijn daden goed te praten. En hier kan ik ze analyseren, dus herbeleef ik de situatie om een reëler zicht te krijgen op wat er echt gebeurde. Ik probeer te begrijpen waarom ik handelde en reageerde zoals ik deed, zodat ik eerder gemaakte fouten niet zal herhalen. We vergaren hier veel kennis over de lessen die geleerd moeten worden, over karma dat we uit moeten werken. We leren over de menselijke aard en over de problemen waar we mee te kampen hadden en ook over de problemen die we tegen zullen gaan komen en de beslissingen die we hierover moeten nemen. En zo leren we te groeien.

D: *Ga je deze problemen aanpakken terwijl je daar bent?*

C: Nee, de volgende keer dat ik geboren word. Ik ben me aan het voorbereiden om weer af te dalen.

D: *Hebben ze je verteld wat voor soort problemen je tegen gaat komen?*

C: Ze hebben me wat verteld, maar niet veel. We bekijken nu wat ik moet beslissen en we praten over het werk dat ik wil doen en welke problemen ik aan wil pakken.

D: *Bedoel je dat je gaat bekijken welke problemen je aan wilt pakken of zijn er enkele problemen die je op moet lossen?*

C: Die je moet oplossen. Maar nu is het een leersituatie.

D: *Denk je dat je de volgende keer veel problemen tegen zult komen?*

C: Dat hangt ervan af wat je problemen noemt. Vaak zijn het gewoon beslissingen en hoe je jezelf gedraagt, ook in relatie tot anderen. Als je iets op aarde beleeft, of het nu goed of slecht is, is je houding het belangrijkste, hoe je het accepteert. Hoe ga je om met tegenslag? Hoe ga je om met je overwinningen? Hoe ga je om met bepaalde situaties en problemen? Hoe accepteer je je fouten? Ben je barmhartig voor jezelf? Je levenssituaties. Al die dingen maken het totaal uit van wie en wat je bent. En zelfbedrog is ook belangrijk. Veel mensen kunnen gewoon niet eerlijk naar de dingen kijken. Ze verzinnen smoezen over waarom ze dingen doen en proberen ze goed te praten en te verdraaien, totdat ze de waarheid uit het oog zijn verloren.

D: Zijn er bepaalde lessen waar je moeite mee hebt?

C: Ik moet leren voor mezelf op te komen. Ik moet leren veeleisender te zijn en me niet zo door anderen te laten manipuleren. Dit komt deels omdat ik er al zo lang ben en me bewust ben dat dingen vaak niet zo belangrijk zijn. Ik ga dan soms ergens te snel overheen. Mensen hebben me kunnen manipuleren, omdat ik dacht dat het niet zo veel verschil voor mij zou uitmaken. Dus ik moet leren beslissingen te nemen. Dat doe ik niet graag.

D: Trek je dit soort situaties naar je toe, zodat je ervan kunt leren? Of plan je dat lang van tevoren?

C: Ik denk dat je veel situaties zelf creëert. Waar je aan denkt, gebeurt soms ook. Je ziel weet wat je moet leren en creëert situaties zonder dat je zelf bewust bent van wat er gebeurt. Maar alles heeft een reden. Als ik daar op aarde ben, zal ik het niet weten en zal ik niet echt besluiten nemen. Ik zal gewoon denken dat die dingen toevallig gebeuren. Maar over alles is nagedacht en alles is om bepaalde redenen gepland.

D: Helpt iemand je bij het maken van deze plannen?

C: Ja, soms vraag ik anderen hier om hulp. Er is een vrouw die me vaak helpt. Ze zorgt voor me. Soms word ik me zelfs tijdens een aards leven als volwassene bewust van haar bestaan. Andere keren, als ik nogal opga in mijn dagelijkse bezigheden, ben ik me niet zo bewust van haar aanwezigheid. Hier laat ze me soms zien hoe bepaalde handelingen me in een leven zullen beïnvloeden. Ze laat het zien als een film. En dan zegt ze dingen als: 'Dit is wat er gebeurt als je dat doet en dit is het probleem waar je mee te maken krijgt'. Ze legt dingen uit waar ik me niet bewust van was. In het leven waren er soms problemen waarbij ik wist dat er iets niet klopte, maar dan zag ik niet wat. Ze zorgt er soms ook voor dat ik dingen te weten kom die ik moet weten.

D: Weet je hoe lang je hier nog blijft?

C: Niet lang. Ik weet dat ik aan de slag moet. Ik wil zoveel mogelijk leren. Ik probeer zo goed mogelijk verder te gaan met mijn lessen. Soms denk ik dat ik het door heb en dan gebeurt er altijd weer iets waar ik nooit eerder aan gedacht had. (peinzend) Je snapt het nooit helemaal, denk ik. Maar je kunt het verbeteren en proberen. Het is net alsof je iets in de oven legt en het verder afbakt.

D: Vind je het fijn om op aarde te zijn?

C: Zelfs als ik denk dat ik niets nieuws meer kan leren, leer ik telkens weer bij. Ik heb de neiging soms in verzet te gaan. Ik weet dat ik daar nog niet van af ben, alhoewel ik dat wel graag denk.

D: Is het verplicht om naar de aarde terug te keren en weer een lichaam te bewonen of heb je een keuze?

C: Nee, er is geen moeten. Er is geen regel die zegt dat men moet incarneren, want aan wie is het om er iets van te zeggen, wanneer iemand nooit meer wil reïncarneren? Dat is aan de betrokken levenskracht zelf. Ik kan hier blijven om te leren of ik kan teruggaan. Ik ga waarschijnlijk terug. Als ik me vredig voel, denk ik dat ik klaar ben voor nieuwe uitdagingen.

D: Beslis je zelf wanneer je terugkomt?

C: Als ik iemand als moeder vind die bij mijn behoeften past, dan heb ik een keuze. Je raakt bij anderen betrokken. Je bouwt een emotionele band op. Je opent je, voelt, ervaart... en hun leven beïnvloedt het jouwe.

D: Wordt het allemaal van tevoren gepland?

C: Dat moet wel, want er zijn zoveel die terug willen keren en er zijn maar weinig lichamen om in terug te keren.

D: Neem je al deze beslissingen zelf?

C: Nee, alleen de kleinere beslissingen. De leraren en gidsen helpen ons bij grote beslissingen en gebeurtenissen.

D: Dat klinkt ingewikkeld.

C: Ja, maar het werkt wel. Het zou te ingewikkeld zijn om het allemaal zelf te bepalen. Bovendien zou je de dingen dan veel te gemakkelijk voor jezelf kunnen maken en problemen kunnen vermijden en dan groei je niet.

D: Kun je kiezen wat voor soort persoon je zult zijn?

C: Je hebt bepaalde karakteristieken. Je bent de optelsom van alles wat je ooit bent geweest of hebt gedaan. Je bent een individu. Je bent misschien in je jeugd wat beïnvloed door mensen om je heen, maar dat is meer iets wat toegevoegd is. Het verandert je niet echt. Je bent wat je bent, wat je hebt gedaan, gezegd, gedacht, hoe je hebt geleefd en hoe je met situaties om bent gegaan. Je bent een optelsom van al deze dingen.

41

D: Hoe zit het dan met de vrije wil?

C: Een deel ervan is dat elke ziel een persoonlijkheid heeft. Daarom bestaat er vrije wil in die zin dat we weten welke beslissing je in bepaalde situaties zult nemen, omdat je die en die persoon bent. Gebaseerd op wat we in vorige levens hebben gedaan, is de persoonlijkheid zeer voorspelbaar. We kunnen voorkomen dat bepaalde dingen gebeuren, simpelweg door te veranderen of door iets te doen dat we normaal niet zouden doen, maar het gebeurt niet vaak dat iemand zo drastisch verandert.

D: Ik dacht dat je bedoelde dat deze dingen geregeld waren en dat ze zo moesten zijn. Dat je er zelf niets over te zeggen had.

C: Je zou niets leren tenzij je zelf beslissingen zou nemen. Je moet zelf je eigen fouten oplossen.

D: Dus onze theorie van predestinatie, van voorbeschikking, is juist?

C: In zoverre dat het lot dat je kent je eigen lot is en niet wordt bepaald door een God in de hemel die zegt: 'Je zult dit en je zult dat.' De bestemming die je wellicht in de toekomst ziet, is helemaal van jezelf omdat jij zelf hebt gekozen welk pad je zult gaan. Het is misschien relevant te vermelden dat de 'jij' waar ik het hier over heb een veel groter bereik heeft dan waar je zelf toegang toe hebt. In elk van ons is een veel groter deel waar we ons niet bewust van zijn. We zijn allemaal topjes van onze eigen ijsberg en het is deze ijsberg die ons lot bepaalt. Daarom is het zo gemakkelijk om 'onplezierige' ervaringen toe te wijzen aan een onzichtbare godheid in de wolken. Iemand die zegt: 'Jij zult kruipen, jammeren en knarsetanden en de persoon naast je zal genieten van een leven in alle luxe.' Zo is het helemaal niet. We praten allemaal vanuit ons eigen zeer beperkte perspectief.

D: Alles is dus niet 'voorbestemd'?

C: Alleen tot op zekere hoogte. Dingen zijn voorbestemd in de zin dat als je iemand kent, je weet welke beslissing hij of zij uiteindelijk zal nemen. De persoonlijkheid blijft feitelijk dezelfde. Ze verandert enkel door groei.

D: Je hebt dan een idee wat voor soort situaties je tegen zult komen? Sommige mensen zeggen dat je in bepaalde dingen geen keuze hebt.

C: Dat zeggen ze alleen omdat ze bedoelen: 'Waarom zouden we ons druk maken over wat er gebeurt, aangezien we hierover toch geen enkele inspraak hebben, want het gebeurt toch.' Zulke mensen zijn gewoon erg lui en willen niet groeien.

D: *Wij mensen hebben dus blijkbaar veel inspraak. Denk je dat het allemaal uitgedokterd is wie je tegenkomt en met welke mensen je een verbinding krijgt?*

C: Tot op zekere hoogte, want met de meeste mensen die je in je leven tegenkomt heb je vroeger een bepaalde band gehad. Je hebt met twee of misschien meerdere mensen dingen uit te werken. Soms kom je met zijn drieën samen, soms in een hele groep om dingen samen uit te werken. Soms word je bij hen geboren, dat maakt het gemakkelijker. Dit is ook de reden waarom sommige ouders en kinderen elkaar niet kunnen uitstaan, omdat ze elkaar ooit hebben gehaat. Ze hebben tenminste besloten te proberen iets op te lossen, maar het gaat ze niet zo goed af.

D: *Maar wanneer je teruggaat naar een fysisch lichaam, herinner je je deze dingen niet meer.*

C: Dat is tot op zekere hoogte zo. Er zijn echter altijd manieren om contact te maken met je bewustzijn. Dit kost tijd en oefening.

D: *Veel mensen vragen me waarom we onze vorige levens niet herinneren. Ze denken dat het enorm zou helpen als we ons bewust zouden zijn van deze karmische verbindingen.*

C: Dat is niet het geval; het zou de zaken ingewikkeld maken. Kun je je voorstellen hoe moeilijk het zou zijn om in het dagelijks leven te functioneren, als je je voortdurend dingen van een ontelbaar aantal vorige levens zou herinneren? Je zou je niet kunnen concentreren op de lessen die je in dit leven te leren hebt. Soms herinneren kinderen zich vorige verbindingen omdat ze er nog dichtbij zijn. Maar de ervaringen die ze in de jaren daarna opdoen, doen deze herinneringen ondersneeuwen. Zo worden ze vergeten, alhoewel ze nog altijd in het onderbewuste zijn. Dus als je het gevoel hebt dat je iets moet doen in plaats van iets anders en als je naar dat gevoel luistert, komt dat meestal omdat je onderbewuste je subtiel herinnert aan een bepaald aspect van je karma.

D: *Iets dat je eerder niet goed hebt gedaan.*

C: Ja. Dat is de reden waarom er karmisch gezien toestemming is om hypnose en andere technieken te ontwikkelen om meer te weten te komen over vroeger karma, zodat mensen met behulp van die technieken sneller kunnen groeien. Dit heeft deels te maken met het begin van het Aquarius-tijdperk.

D: Het is een versnelling. Maar veel mensen denken dat ze in staat zouden moeten zijn om deze dingen zelf te herinneren. Ze denken dat het hen zou helpen bij het oplossen van hun problemen.

C: Ze verwachten te veel van zichzelf. Zo werkt het meestal niet.

D: Het lijkt makkelijker als je je de problemen die je met deze mensen had zou herinneren.

C: Maar het zou ook moeilijker zijn omdat je de vooroordelen uit het verleden met je mee zou dragen. Dat is nu net wat we proberen te voorkomen. Soms helpt het echter wel. De ene mens kan het beter aan dan de andere. Maar voor de meeste mensen werkt het niet. Als je nog steeds boos bent vanwege gevoelens uit het verleden, breng je alleen de boosheid mee zonder dat je alle feiten weet. Het helpt dus niet altijd.

D: Maar mensen zeggen: 'Als ik me zou herinneren wat er vroeger gebeurd is, zou ik het beter begrijpen en er beter mee om kunnen gaan.'

C: Dat is niet altijd waar. Want als ze nu volwassen genoeg zijn om met hun gevoelens om te gaan, zou ik zeggen dat ze waarschijnlijk ook toen volwassen genoeg waren. Maar als ze nu problemen hebben met de acceptatie van hun gevoelens, dan kunnen ze het probleem van de vorige keer er niet bij hebben.

D: Dus je denkt dat het beter is dat sommige mensen zich dingen niet herinneren?

C: Over het algemeen wel ja. Maar op elke regel is een uitzondering.

D: De persoonlijkheid van sommige mensen is trouwens toch niet ver genoeg ontwikkeld om deze dingen te begrijpen.

C: Inderdaad.

D: Weet je wat karma is?

Een algemene definitie van karma is: de universele wet van balans, van oorzaak en gevolg, waar alles, zowel goed als slecht vergolden of uitgebalanceerd dient te worden.

C: Ik denk dat het woord zelf... diverse mensen hebben er hun eigen betekenis aan gegeven. Het is moeilijk om het exact te zeggen, maar heel in het algemeen betekent het liefhebben. Bijvoorbeeld:

je weet dat als je iemand doodt, je dit opnieuw zult tegenkomen. Als je bijvoorbeeld iemand dood maakt om geld, zul je hetzelfde ervaren tot je eroverheen bent. Situaties worden vaak omgedraaid en dan wordt jij dus gedood om geld.

D: *O, een volledige omkering.*

C: Ja, of je leidt een prettig leven waarin alles fijn en goed is. Je breekt het voortijdig af. Daarom moet je het verlies van iets ervaren. Zo komt alles bij je terug.

D: *Ik heb gehoord dat er ook andere manieren zijn om het goed te maken. Het hoeft niet perse een leven voor een leven te zijn.*

C: Nee. Stel dat je bijvoorbeeld iemand groot onrecht aandoet. Dan kan het zijn dat je in een ander leven bij die persoon terugkomt en hem dan dient. Je moet dan bijvoorbeeld voor hem of haar zorgen en beschermen om het onrecht goed te maken dat je eerder hebt gedaan. Soms gaat het dus om toewijding. Het jezelf opofferen voor die ander. Wat je doet is altijd op een bepaalde manier gerechtvaardigd.

D: *En jij dan? Ben je een jonge ziel of een oude ziel? Met andere woorden, ben je hier al lang?*

C: Alle zielen zijn er op een bepaalde manier allang. Een aantal van ons heeft ervoor gekozen met onze eigen redenen om vaker dan anderen in een lichaam te incarneren. Daar komt de term 'oude of jonge ziel' vandaan. Sommige zielen zijn jong qua ervaring op aarde. Ik doe graag wat ik kan op een concrete manier om niet alleen mezelf, maar ook anderen te helpen. Ik ben dus geneigd steeds terug te komen.

D: *Dus een jonge ziel is een ziel die niet veel ervaring op aarde heeft opgedaan?*

C: Ja, of alleen ervaring in andere dimensies, want de aarde is niet de enige bewustzijnsdimensie.

D: *Je zei dat je naar de scholen ging, dat je daar lessen leerde. Als je ook lessen kunt leren in de spirituele dimensie, waarom is het dan nodig om in fysieke vorm te incarneren?*

C: We hebben dit allemaal heel erg nodig omdat … het is net als het lezen van een boek. Als je een boek hebt gelezen, heb je de kennis, maar je hebt de kennis niet gebruikt. En als je deze kennis niet gebruikt, heeft hij geen waarde. Je kunt jezelf niet zonder reden veranderen. Het is sterker en persoonlijker als je de problemen ervaart of leeft. Je voelt dingen niet zo sterk als je er alleen over leest. Je kunt leren hoe je iets moet doen door het boek te lezen, maar als je de praktische ervaring niet hebt, heb je er helemaal niets aan.

D: Ze zeggen dat het moeilijk is om op aarde in een lichaam te zijn. Dat het een moeilijke manier is om lessen te leren. Ben je het daarmee eens?

C: Het is een moeilijke manier om lessen te leren, maar de lessen blijven beter hangen. Als je een les leert door vallen en opstaan, blijft de les je bij.

Ik denk dat we wel een analogie kunnen gebruiken en dit met een scheikundecollege kunnen vergelijken. Door het boek te lezen kun je leren hoe je diverse proeven moet uitvoeren, maar totdat je daadwerkelijk de chemische stoffen hebt gemengd, zelf de aanwijzingen hebt gevolgd en de resultaten hebt gezien, blijven de experimenten slechts woorden in een boek. Door praktijkervaring begrijp je de procedure en de resultaten vollediger. Er zijn veel mensen met een diploma van de universiteit die alleen boekenkennis hebben die ze niet in hun leven kunnen toepassen. Daarom hebben we praktijkervaring nodig. Dit voorbeeld kan ook worden gebruikt voor mechanica en andere soortgelijke beroepen waar uit een boek geleerd wordt en men in de praktijk leert door met het materiaal te werken.

D: Weet je hoeveel levens je hebt gehad?
C: Ik heb geen idee. Misschien honderd, misschien wel meer. Ik ben de tel kwijt.
D: Is het moeilijk om dit allemaal bij te houden?
C: Na de eerste vijftig wel ja.

Ik kon me dit wel indenken omdat ik een jaar lang met een vrouw had gewerkt waarin we zesentwintig levens waren tegengekomen. De levens waren op een gegeven moment moeilijk uit elkaar te houden. Ik zag hoe ze elkaar beïnvloedden en dat ze net als puzzelstukjes onderdelen waren van de hele persoonlijkheid.

D: Wordt er ergens een lijst bijgehouden?
C: Ja, maar dat is niet belangrijk. De ervaring zelf is belangrijk.

D: Heb je ooit gehoord van de Akashakronieken?
C: Ja, de verslagen van het leven. Er zijn entiteiten die de bewaarders zijn van de verslagen en zij mogen ze lezen. Sommige zielen die jaren hebben gestudeerd en geoefend mogen kleine delen ervan zien. Maar er zijn er maar heel weinig, en er is niemand die ik op aarde ken, die volledige toegang heeft tot deze verslagen.

Een andere ziel zag dat deze verslagen veel toegankelijker waren.

D: Heb je ooit gehoord van de Akashakronieken? (ze aarzelde) Misschien noem je het anders. Denk je dat er ergens een verslag is van alle keren dat je hebt geleefd?
C: O ja. Als ik het een naam zou moeten geven zou ik het het Levensboek noemen – een verslag van alles wat je hebt gedaan. Het staat hier. Het is heel groot.
D: Is dat alleen jouw verslag of dat van iedereen?
C: Iedereen kan er naartoe gaan en erin zoeken. Je bladert erin en als ik erin kijk, geeft het weer waar ik naar zoek. Als iemand anders erin kijkt, dan weerspiegelt het waar die persoon naar zoekt. Het is een soort magisch boek.
D: Ik vraag me af hoe de verslagen van iedereen in een boek kunnen staan. Het zou een heel groot boek moeten zijn.
C: Waar je naar zoekt, is er gewoon.

Een andere entiteit probeerde de Akashakronieken op een meer persoonlijke manier uit te leggen.

C: De Akashakronieken bestaan naar je eigen overtuigingen en kunnen geraadpleegd worden voor persoonlijke informatie die je zoekt. Dit idee van Akashakronieken wordt wellicht niet helemaal begrepen. Ik wil dit graag uitleggen. Ik gebruik daarvoor de analogie van kluisjes in een bankgebouw. De persoonlijke eigendommen zijn in de afzonderlijke kluisjes opgeslagen, maar elk kluisje bevat enkel wat voor die persoon relevant is. Jij bent dus de enige die dingen kunt bewaren, in feite ben jij het kluisje voor je eigen energie. We openen simpelweg ons eigen kluisje en halen er de informatie uit die we nodig hebben. Je bent zelf echter de ontvanger van deze informatie.

47

D: Bevatten deze kluisjes alle informatie over onze toekomst en onze vorige levens?

C: Ze bevatten alleen wat nu voor jou relevant is. Er zijn natuurlijk vragen waarvan het niet goed zou zijn dat je de antwoorden zou krijgen en daarom zou je zoiets niet in je kluisje vinden.

D: Hoe wordt de informatie in het kluisje gestopt? Is het door het leven dat we leiden, door onze gedachten of iets anders?

C: Alles wat je ervaart, wordt automatisch in het kluisje gestopt tijdens de ervaring. Het is net alsof er een video van je leven wordt gemaakt. En die opname kan later opnieuw bekeken worden.

D: Hebben anderen ook toegang tot die opnamen?

C: Ja, dat kan, zoals je al weet door je werk.

D: Is dat wat er gebeurt in wat we een parallel leven noemen?

C: Het is inderdaad mogelijk jezelf tegen te komen in de Akashakronieken van anderen en impressies door te krijgen van ervaringen die door een ander zijn beleefd. Dit is niet zo ongebruikelijk als het wellicht lijkt.

D: Als we iets onderzoeken dat een vorig leven lijkt te zijn, kan het dan zijn dat we de Akashakronieken van een ander aan het bekijken zijn?

C: Of je eigen verslagen.

D: Is er een manier om het verschil te bepalen?

C: Is dat relevant? Het feit dat iets opnieuw wordt afgespeeld, is bewijs dat het relevant is, vanwege het feit dat het je wordt gegeven. Daarom is er geen onderscheid nodig over van wie het verslag is. Het feit dat het opnieuw wordt afgespeeld is een indicatie dat het voor jou op dat moment de juiste video is.

Er is me ook verteld dat er zaken zijn die we beter niet kunnen weten en dat die vragen niet beantwoord worden. Sommige informatie is vergif in plaats van medicijn en het is soms beter dat we bepaalde dingen niet weten, een vorm van censuur ter bescherming van onszelf.

D: Er is een theorie die zegt dat ons hele leven wordt opgeslagen als energie. Je kunt de analogie van een cassetterecorder gebruiken. Dat alle dingen, zelfs gedachten en acties, energie voortbrengen en dat deze energie intact blijft. Is dit een goede analogie voor het kluisje?

C: Ja. Het is ook mogelijk, waar nodig, dingen uit te wissen. Om wellicht een bepaald deel van een ervaring uit het verslag te halen als het niet zinvol is, bijvoorbeeld de gaskamers van Auschwitz.

D: *Kunnen we dit bewust doen als we dat echt willen?*

C: Dat is niet aan jou, want jij bent slechts een heel klein deel van je gehele zelf. Het is je hele zelf die dat samen met de hoeders van de informatie bepaalt. Het gebeurt niet op bewust niveau. Jij hebt namelijk geen toegang tot de informatie die je nodig hebt om te beslissen of een bepaald deel van je ervaringen uitgewist kan worden. Een dergelijke beslissing wordt genomen door de hoeders van de kronieken samen met de hogere niveaus van jouw bewustzijn.

D: *Je noemde het wissen van gebeurtenissen zoals de gaskamers van Auschwitz. Zijn ze gewist vanwege het negativisme?*

C: Voor de meeste mensen die de gaskamers meemaakten, was het geen ervaring die bedoeld was. Voor de bescherming van hun karma zou deze ervaring dus gewist kunnen worden, zodat het in volgende levens geen problemen oplevert. Hun onderbewuste heeft dan geen toegang meer tot een dergelijke tragedie die problemen zou kunnen veroorzaken in volgende levens.

D: *Is dit een deel van het proces dat plaatsvindt wanner je naar de rustplaats gaat?*

C: Inderdaad. Het is een genezingsproces waarbij deze traumatische ervaringen teniet worden gedaan door genezende energieën.

D: *Kun je uitleggen hoe dat proces werkt bij mensen die zich schuldig hebben gemaakt aan deze misdaden?*

C: Hun karmische kronieken weerspiegelen de straf die past bij de wreedheden die ze hebben begaan. Want bij het opslaan van deze wreedheden wordt ook een gepaste boetedoening gegeven, om maar eens een religieuze term te gebruiken. De vergelding is duidelijk als de gebeurtenissen opnieuw worden bekeken. En bij de voorbereiding op de volgende incarnatie, wanneer er geëvalueerd wordt wat er nog genezen en geleerd moet worden, krijgen zij datgene wat genezend werkt.

D: *Ik heb een vraag over die terugblik. Wordt alles opnieuw bekeken voor je opnieuw geboren wordt?*

C: Misschien is dit geheel mijn eigen zegswijze. Bij sommige mensen wordt wellicht het hele gebeuren bekeken, terwijl anderen slechts

49

een korte samenvatting krijgen. Het ligt helemaal aan de persoon in kwestie en de doelen die voor het komende leven worden opgesteld. Het is niet mogelijk iets in het algemeen te zeggen wat voor iedereen geldt.

D: *Zou je ooit al je vorige levens moeten bekijken of heb je eigenlijk alleen te maken met enkele levens vóór je huidige leven?*

C: Je bekijkt de levens waarvan je voor je gevoel ver genoeg verwijderd bent om met dat bepaalde karma aan de slag te gaan en dat hoeven niet perse de laatste paar vorige levens te zijn. Als je doodgaat, gaan je gedachten niet noodzakelijkerwijs alleen over het karma dat bij het laatste leven is opgebouwd, maar misschien over volgende of vorige levens, als je voelt dat je hetgeen er gebeurd is aankunt.

D: *Bedoel je dat er geen 'stand' wordt bijgehouden van alle levens die je hebt geleefd en die je opnieuw bekijkt?*

C: Niet allemaal tegelijk, nee. De verslagen zijn er. Het zou teveel karma zijn om het allemaal in één keer af te werken.

D: *Dus je bekijkt niet alles en zegt dan: 'Nu moet ik dit en dat doen om het karma af te lossen van de levens die ik lang geleden heb geleefd.'*

C: Als ze zo lang geleden zijn gebeurd zijn de problemen meestal al uitgewerkt.

D: *Herinner je je wat je eerste leven was?*

C: Als de lessen eenmaal geleerd zijn, vergeet ik ze meestal.

D: *Ik denk altijd dat de eerste keer dat je iets doet, je meer bijblijft dan de keren daarna.*

C: Dat is niet altijd het geval.

D: *Zijn er bepaalde regels of richtlijnen over hoeveel levens je in totaal moet leven?*

C: Sommigen kunnen wellicht hun karma in één leven uitwerken als ze een voorbeeldig leven leiden, en dat is het dan. Anderen moeten heel vaak terugkomen om de dingen die ze hebben gecreëerd uit te werken en te leren wat ze moeten leren. Sommigen hebben nog niet veel ervaring, omdat ze pas kort geleden besloten hebben op aarde te incarneren. Anderen zijn er al vanaf het begin en werken waar ze aan moeten werken. Weer anderen die wellicht ook vanaf het begin erbij waren, hebben lange rustperioden gehad of leren

50

op andere manieren waardoor ze nog maar een paar levens gehad hebben.

D: Ben jij weer snel geïncarneerd?

C: Vrij snel, maar er zit veel tijd tussen toen en nu. Ik heb gehoord dat er veel informatie geleerd en vergaard moet worden. Als hetgeen ik vertel anderen helpt, dan helpt het ook met het karma dat ik heb opgebouwd in mijn contacten met anderen.

Ik had al een jaar met deze vrouw gewerkt en in die tijd hadden we aan bijna dertig levens gewerkt en voor mijn gevoel was dat nog maar het begin.

C: Het is niet nodig over al mijn levens te vertellen, omdat sommige levens rustlevens waren die voor niemand anders van belang waren dan voor deze entiteit. Er zijn echter ook nogal wat levens waaruit vele lessen geleerd kunnen worden.

D: Ik bestudeer ze allemaal om te zien of ik een patroon kan ontdekken, een reden voor karma dat op verschillende manieren wordt uitgewerkt.

C: Ja. Maar verwacht niet altijd de antwoorden te vinden in wat je krijgt. Zelfs op ons niveau bekijken we het maar vanuit één gezichtspunt en dat is zeer beperkt in vergelijking met het geheel.

D: Ik heb gemerkt dat een aantal ervan eenvoudige levens zijn, rustlevens.

C: Ja, waarbij er noch goed karma noch slecht karma wordt opgebouwd.

D: Veel van deze levens waren geen hoogintellectuele levens. Ze waren min of meer fysiek.

C: Maar ze waren belangrijk voor de entiteit om iets af te ronden.

Een rustleven kan als onbelangrijk worden gezien, alhoewel ik niet geloof dat een leven echt onbelangrijk kan zijn. Elk leven is het unieke verhaal van een menselijk wezen en is als zodanig waardevol. Een rustleven kan lang of kort zijn. Het is een leven dat saai en betekenisloos lijkt en waarin niets ongewoons gebeurt.

We kennen wel mensen die door het leven lijken te gaan zonder dat ze echt door dingen geraakt worden. Ze maken geen golven. Wellicht wordt karma in zo'n leven uitgewerkt, zonder dat er schijnbaar nieuw karma wordt opgebouwd. Ik kan me voorstellen dat iedereen zo nu en dan zo'n leven nodig heeft, want we kunnen onmogelijk van het ene traumatische leven naar het andere gaan zonder het af en toe wat rustiger aan te doen en ons te ontspannen. Het rustleven is hier ideaal voor en is dus waardevol, zelfs als de persoonlijkheid saai en onbelangrijk lijkt te zijn. Dit helpt wellicht ook om mensen in onze eigen omgeving te begrijpen die nu een dergelijk leven leiden. We moeten ons realiseren dat we geen oordeel kunnen vellen. We weten niet van wat voor soort leven die persoon uitrust of waarop hij zich voorbereidt, wat zijn verdiensten zijn geweest in andere tijden en wat hij de volgende keer gaat doen.

D: Is deze school de enige plaats waarin je kunt leren?
C: Nee, er zijn andere soorten scholen in andere bestaansdimensies. Alles moet tot op zekere hoogte ooit worden ervaren.
D: Ga je telkens als je een leven hebt afgerond naar deze school?
C: Niet altijd. Soms kies je ervoor om uit te rusten.

In mijn werk gebeurde het vaak dat we bij de rustplaats uitkwamen. Als mensen daar zijn, willen ze niet praten. Ze klinken erg slaperig en geven geen informatie uit zichzelf, net als iemand die midden in de nacht wakker wordt gemaakt. Ze kunnen ook geen beschrijving geven, alsof er niets is. Het lijkt een rustige, vredige plaats waar men even weg van alles is (misschien voor een jaar, of misschien wel voor honderd jaar) en waarin men aan niets hoeft te denken en geen problemen heeft, tot men weer klaar is om zich in het nooit eindigende levenswiel te begeven.

D: Is de rustplaats ergens anders dan waar jij bent?
C: Nee, er is geen verschil. Sommige mensen komen naar de school en rusten dan een bepaalde tijd voor ze iets gaan leren. Anderen gaan naar een plaats die alleen voor rusten gebruikt wordt. In deze plaats heerst volledige stilte en de essentie van het niets.
D: Dat is de plaats waar ik naar vroeg. Gaan ze meestal daar naartoe na een zeer traumatisch leven?
C: Ja, of ook wel als ze iets niet willen vergeten en loslaten.

Ik moest denken aan het verhaal van Gretchen in mijn boek Five Lives Remembered. Ze wilde steeds terugkeren naar haar leven in Duitsland, maar dat was niet mogelijk. Ze werd steeds naar de rustplaats gestuurd tot al haar herinneringen aan dat hardnekkige leven gewist waren. Toen kon ze opnieuw incarneren en een normaal leven leiden.

D: *Ja, ik ken iemand die aan een leven wilde vasthouden. Ze wilde het niet laten gaan en werd naar een plaats gestuurd die lijkt op wat jij beschrijft. Diverse zielen hebben me verschillende dingen verteld, maar ze beschrijven soortgelijke plaatsen.*

C: Ze dragen allemaal een essentie van de waarheid. We moeten dingen vergaren van alles wat we horen en leren, in plaats van onze oren te sluiten voor dingen die we wellicht niet willen horen.

D: *Misschien kun je een paar dingen ophelderen. Het is soms erg verwarrend.*

C: Verwarring leidt tot onwetendheid.

D: *Heeft een rustleven hetzelfde doel als de rustplaats?*

C: In iets mindere mate. In de rustplaats wordt alles tot op dat moment volledig gewist. En de rustlevens zijn enkel...misschien hebben ze net ervoor een stressvol leven gehad en hebben ze rust nodig, maar hoeven niet noodzakelijkerwijs de persoonlijkheid te vergeten, want dat is niet eenvoudig. De rustplaats is er voor degenen die moeite hebben de persoonlijkheid of de problemen die ze hadden te vergeten en die zich blijven identificeren met dat aspect of die entiteit. Die persoonlijkheid zou een te sterke invloed uitoefenen op volgende levens. Dat is het soort leven waarvoor je naar de rustplaats gaat om het te vergeten.

D: *Dus een rustleven dient een ander doel?*

C: Niet helemaal. Misschien een andere invalshoek van hetzelfde doel.

Tijdens een rustleven is er niet veel stress voor de persoonlijkheid. Na een eenvoudig leven zou je een leven kunnen leiden dat meer betekenisvol is, waarbij je moeilijk karma kunt uitwerken. Ik denk dat het lastig zou zijn om constant van het ene stressvolle leven naar het andere te gaan. Soms moet je het even rustiger aandoen en een rustleven is daar ideaal voor.

D: Alles heeft een reden, nietwaar?
C: Zeker
D: Jij bent degene die naar school gaat, maar het lijkt alsof je mij ook
les geeft. We kunnen allemaal groeien.
C: Ik heb nog een lange weg te gaan.

Ik vroeg haar de diverse scholen verder te beschrijven.

C: Er is een groot aantal scholen en rustplaatsen, afhankelijk van de noodzaak. Soms moet je teruggaan en nadenken over de lessen van dat leven en bekijken wat je hebt bereikt. Soms is hetgeen je in een volgend leven wilt bereiken de reden dat je naar school gaat. Andere keren ga je direct door naar een volgend leven.
D: Zijn hier bepaalde regels voor?
C: Niet als de keuze aan jou is, in speciale gevallen. Als men denkt dat het te veel is om te dragen, kom je op school om het uit te werken of je gaat naar de rustplaats.
D: Maar je kunt direct doorgaan naar een ander leven?
C: Ja, als de ziel dat wil.
D: Ik dacht dat je misschien een bepaald aantal jaren moest wachten.
C: Nee, niet altijd. Het hangt af van het vermogen van de ziel om met de dingen die op zijn pad komen om te gaan. Sommige zielen hebben meer tijd tussen de levens nodig om van het ene leven naar het andere te kunnen gaan of om te vergeten.
D: Is het beter om te vergeten voor je terugkomt?
C: Vaak wel. Als het niet nodig is de lessen die je voor je volgende leven nodig hebt met je mee te dragen, zijn er veel goede redenen om ze te vergeten. Anders zou je constant proberen naar dat vorige leven terug te keren en dat is niet mogelijk.

Dat gebeurde in het Duitse leven bij Gretchen in Five Lives Remembered. Het duurde tweehonderd jaar in de rustplaats voor ze zich erbij kon neerleggen dat ze niet naar dat vorige leven terug kon gaan. Het was zo'n sterk, gewelddadig leven dat toen ze uiteindelijk terug naar de aarde kon, ze dat als een geheel andere persoonlijkheid deed. Dat was de enige manier waarop ze het aankon en verder kon gaan met haar lessen op aarde.

D: Zijn er gevallen waarbij het beter is om niet te vergeten?
C: Wanneer er iets te leren valt van het vorige bestaan dat direct verband houdt met wat je nu in dit leven ervaart.
D: Is het in dergelijke gevallen beter om direct terug te komen?
C: Soms. Maar soms moet je jezelf langer voorbereiden om met de kennis van een vorig leven om te gaan.
D: Heeft karma te maken met de beslissing om snel terug te komen?
C: Ja. Het hangt er ook van af of je bepaalde dingen probeert uit te werken. Soms moet je op anderen wachten die nog niet in dezelfde dimensies zijn. Je kunt niet altijd zelf de tijd waarop je geboren wordt bepalen. Soms helpen de leraren je deze beslissing te nemen. En ook degene waarmee karma uitgewerkt moet worden is van belang.
D: Moet die ander ermee instemmen?
C: Dat hangt van de omstandigheden af. Instemming is niet altijd noodzakelijk.
D: Je kunt dus karma uitwerken zonder dat die ander het weet?
C: Zonder hun goedkeuring, ja.
D: In dat geval is het je eigen karma dat je uitwerkt, klopt dat?
C: Voor het grootste deel wel, ja. Er zijn bepaalde richtlijnen waar iedereen zich aan moet houden.
D: Is de beslissing van leraren die je helpen dit allemaal uit te zoeken belangrijker dan die van jou?
C: Het is niet zo dat die belangrijker is. Zij bekijken dingen vaak vanuit een andere invalshoek. Ze bekijken het vanuit hun ervaring en ze delen hun wijsheid. Vaak is hun oordeel juist en je leert ook het vanuit hun gezichtspunt te bekijken, en op die manier leer je.
D: Zij zien met andere woorden dingen die jij niet ziet.
C: Ja, omdat ze verder van de situatie af staan.
D: Dat klinkt logisch; je staat er te dicht bij om zelf een goed en onpartijdig oordeel te kunnen vellen. Komt het ooit voor dat een ziel terug moet gaan, terwijl hij dat niet wil?
C: Soms wel ja, maar misschien niet omdat hij dat niet wil. Stel je voor dat je het laatste leven zo fijn hebt gevonden als man en dat je nu terug moet komen als vrouw. Als je de keuze zou hebben, zou je er voor kiezen om weer man te zijn. Dit komt wel eens voor. Het hangt van de situatie af. Het bestaan is aan deze kant

veel gemakkelijker, maar de ziel leert niet zoveel omdat de dagelijkse ervaring je meer wijsheid leert. De wijsheid van het omgaan met mensen met gebreken en problemen. Daar groei je veel meer van dan wanneer je toegang hebt tot grote wijsheid. Soms moet je terugkeren, omdat je iets niet vanuit het juiste perspectief bekijkt. Er word je dan getoond van welk gezichtspunt je het moet bekijken, door het te ervaren. Vóór je in een leven stapt, maak je de balans op van je karma, en dan kijk je welke aspecten van je karma je het beste in deze situatie en met deze staat van je karma kunt uitwerken. Je spirituele leraren geven soms suggesties waarmee je erachter kunt komen wat je bereiken wilt in dit leven. Maar niemand wordt ooit gedwongen tot een situatie die je totaal verafschuwt. Het gebeurt meestal door een overeenstemming tussen jou en je spirituele leraren. Misschien ben je niet zo blij met sommige aspecten van dat leven, maar kun je het merendeel wel aan. En deze extra dingen waar je niet zo dol op bent worden beschouwd als spirituele uitdagingen, iets wat je wilt bereiken en waar je voor wilt werken. Hoe goed je met dingen omgaat waar je niet zo dol op bent, is één van de dingen die je helpt een deel van je karma af te lossen. Wanneer je terugkomt in de spirituele dimensie en er wordt gezien dat je het goed hebt gedaan, dan heeft dat een goed effect op je karma.

D: *Ik moest denken aan een bepaalde cliënt. Een meisje dat in een vorig leven zelfmoord had gepleegd en in het huidige leven terug moest komen. Alles, de hele situatie leek juist, maar ze wilde niet terugkomen.*

C: Dit komt soms voor als de ziel bijvoorbeeld in een geestelijk ziekenhuis is geweest en de leraren zeggen: 'Het is nu tijd dat je terugkeert, want je kunt hier niet eeuwig blijven.' En de ziel laat zijn weerstand hiertegen zien, omdat zij eigenlijk bang is. Maar van binnen weet zij dat zij het moet doen om uit die situatie te komen en te leren. Zij geeft misschien dan wel de indruk dat ze niet wil, maar weet dat zij wel moet. Dus in dat opzicht wil zij dit aspect van haar karma afwerken en verder gaan naar grotere uitdagingen.

D: *Maar in dat geval wordt men gedwongen terug te gaan?*

C: Sterk aangeraden, laat ik het zo zeggen, omdat je niet eeuwig in het spirituele ziekenhuis kunt blijven en dus moet je teruggaan. De zielen die ziek en beschadigd zijn hebben meer hulp nodig dan de gezonde zielen. Tot op zekere hoogte hebben zij hun verantwoordelijkheid voor dergelijke beslissingen verloren. Het andere uiterste is dat zielen zoals dit voortuig (de cliënt) en jij tegengehouden moesten worden en te horen kregen: 'Even wachten. Je kunt nog niet terug, je moet eerst nog meer leren.' Je wilde zo graag terugkeren en je er weer in storten.

D: *Je bedoelt dat we te gretig waren. (lacht) Maar dit meisje waar ik het over had is zeer ongelukkig in dit leven. Ze heeft grote problemen.*

C: Het duurt een paar levens voor je door hebt hoe je problemen oplost en hoe je tegelijkertijd gelukkig kunt zijn. Als ze dit leven niet voortijdig beëindigt door zelfmoord te plegen, heeft ze al vooruitgang geboekt.

D: *Ze moest terugkeren naar een situatie met dezelfde mensen.*

C: Ongetwijfeld is haar grootste uitdaging in dit leven geen zelfmoord te plegen, omdat ze weer in een zelfde situatie zit met dezelfde mensen. De grootste uitdaging is een normaal leven met deze mensen te leiden zonder het voortijdig te beëindigen. Als haar dat lukt, zal het het volgende leven en de levens daarop beter gaan. Uiteindelijk zal het dan in toekomstige levens aangepast worden, zodat ze maar met één of twee van die mensen tegelijk hoeft om te gaan in plaats van met de hele groep tegelijk. En ze zal ook leren weer gelukkig te zijn.

D: *Ik heb gehoord dat je zelf degene bent die de eindbeslissing neemt en dat in dit geval iemand anders haar praktisch dwong om terug te keren. Ik vroeg me af of dit elkaar tegen spreekt.*

C: Nee. De mensen die schijnbaar gedwongen worden om terug te keren weten dat het voor hun eigen bestwil is. Nadat ze tijd hebben gekregen om erover na te denken, realiseren ze zich dat ze inderdaad terug moeten keren, omdat ze anders in een bepaalde situatie vast blijven zitten en geen vooruitgang zouden boeken. Geen vooruitgang boeken is bijna gelijk aan het christelijke idee van de hel.

D: *Gewoon in dezelfde situatie blijven en dezelfde fouten maken?*

C: Ja.

D: *Mag je naar andere plaatsen gaan of moet je op de school blijven?*

C: Soms mogen we andere bestaansdimensies bezoeken om te zien hoe je hiermee om moet gaan. Elk niveau heeft ons andere lessen te leren.

D: *Als ik met andere zielen praat, beschrijven ze hun omgeving soms verschillend.*

C: Veel daarvan is wat je visualiseert, omdat de meeste scholen zijn zoals je ze visualiseert. Vanuit jouw ervaringen zie je de school op een bepaalde manier, terwijl iemand anders hem geheel anders ervaart, terwijl het toch feitelijk dezelfde plaats is.

D: *Ik dacht dat de school wellicht zo groot was, dat het kon verschillen.*

C: Dat is ook zo. Er is een ontelbaar aantal dimensies.

D: *Iemand vertelde me over een gouden boot die naar de aarde pendelt en die de zielen vervoert. Heb jij ooit zoiets gezien?*

C: Wellicht is dat haar eigen visualisatie van wat er gebeurde. Sommigen zeggen dat ze een gouden trap zien of een brug die ze oversteken. Anderen zien een grote hal van licht en gaan naar het licht toe. Een groot deel hiervan is de eigen inkleuring van wat ze denken te zien en dat is dus wat er gebeurt. Alles wat je kunt visualiseren kan echt zijn. Want jij bent de meester van je eigen lot, je eigen huis, je eigen boot of vergaarbak of hoe je ook het idee van een spiritueel wezen in een fysisch lichaam wilt noemen. Je bent meester van je lichaam en je bent meester van je lot. Je creëert zelf wat je vóór je ziet. Je bent medeschepper. Hetgeen je vóór je ziet, heb je zelf gemaakt en gecreëerd, in de fysische of spirituele dimensie. We moeten allemaal afstemmen op deze verantwoordelijkheid, want we zijn allemaal medescheppers van onze eigen bestemming.

D: *Hoe zit het dan met iemand die gehandicapt is? Heeft dat een zin?*

C: O ja! Het is een ervaring van nederigheid. Je wordt gedwongen in het reine te komen met wie en wat je bent en in jezelf te kijken en niet naar wat mensen van je denken. Het is zo gemakkelijk voor mensen om zichzelf te zien zoals anderen hen zien, en dat is niet waar. Je bent heel veel. Je bent wie je echt bent, je bent wie je denkt dat je bent en je bent hoe anderen je zien... en dan verander je. Maar als je gehandicapt bent, heb je iets op je bord gekregen waar je mee om moet gaan. Eén van de dingen die je moet leren is je er niets van aan trekken als je gepest wordt. Je moet je de wreedheden van anderen niet persoonlijk aantrekken. Dat is van hen. Ze begrijpen het niet of misschien zijn ze bang. Dat wat mensen niet begrijpen wekt vaak angst op.

D: Maar de mensen die hen pijn doen realiseren zich dat niet.

C: Nee.

D: Ben jij ooit gehandicapt geweest?

C: (pauzeert alsof ze nadenkt) Ik denk dat ik totaal... nee, ik werd niet zo geboren...maar ik werd blind.

D: Denk je dat je van dat leven iets geleerd hebt?

C: Ik leerde vol te houden. Ik leerde de dingen die we meemaken niet vanzelfsprekend te vinden. Meer waardering te hebben. Ik leerde voelen en ik leerde ... (verrast) vertrouwen.

D: Het was dus de moeite waard. Ik denk dat alles waarde heeft als je er iets van leert. Vind je ook niet?

C: Ja.

D: Als andere mensen je proberen te genezen en het is iets karmisch waar je mee om moet leren gaan, is genezing dan mogelijk?

C: Nee. Als het gepland is voor een bepaald doel, om je tot een bepaald punt te brengen, dan is genezing niet mogelijk.

D: Maar kan het kwaad om het te proberen?

C: Nee hoor. Er is liefde en zegen van God voor diegenen die hun innerlijke hulpbronnen gebruiken om anderen te helpen. Het is een proces waarbij je iets van jezelf geeft en dat is een beloning op zich.

Het volgende komt uit een regressie waarbij een jong meisje terugging naar een leven waarin ze niet kon horen of spreken. Ik sprak haar direct nadat ze was overleden.

D: Het was geen slecht leven, of wel?

C: Er werd geen nieuw karma opgebouwd, nee.

D: In zo'n leven kun je toch geen karma opbouwen, of wel?

C: Ja. Als je ertegen zou vechten en het min of meer op zou geven, dan wel. Als je gehandicapt bent en niet vecht om iets te bereiken, dan bouw je meer karma op.

D: Bedoel je dat als je gehandicapt bent en het gewoon 'opgeeft'? Of als je bijvoorbeeld wilt dat iemand anders voor je zorgt en dingen

59

voor je doet? Dat zou een verkeerde manier zijn om met een handicap om te gaan?

C: Ja, als je nooit zelf iets probeert. Om voordeel te hebben van dergelijke levens moet je altijd naar nieuwe hoogten streven en jezelf niet naar beneden laten trekken.

D: *Ondanks je handicap moet je altijd je best doen. Los je zo karma of schuld af? Maar als iemand het opgeeft en niets probeert, bouwt hij meer karma op voor de volgende keer. Klopt dat?*

C: Ja.

D: *Hoe zit het dan met het Downsyndroom? Dat is toch een ander soort handicap? (ze fronste) Weet je wat mongolisme is?*

C: Ik weet niet of ik je begrijp.

D: *Sommige kinderen worden geestelijk niet volwassen. Hun lichaam wordt volwassen maar hun gedachten blijven kinderlijk. Het is een soort handicap. Begrijp je wat ik bedoel?*

C: Ja. Maar het is altijd mogelijk jezelf telkens een beetje te ontwikkelen of proberen tekorten van jezelf op te lossen.

D: *Denk je dat je met een bepaalde reden met een handicap geboren wordt of een handicap ontwikkelt?*

C: Ja, wellicht dient het om iets goed te maken dat je in het verleden hebt gedaan of om alleen maar om jezelf verder te helpen.

D: *Dus sommige mensen hebben een handicap zonder dat ze een schuld aflossen?*

C: Ja, omdat er veel goede dingen uit te leren zijn. Je kunt begrip leren. Je zult anderen niet meer zo snel veroordelen.

D: *Het is dus niet altijd iets slechts wat je probeert goed te maken.*

We moeten ook niet de invloed vergeten die gehandicapten op anderen hebben. Welke lessen leren degenen die dagelijks contact met hen hebben? Welke lessen leren voorbijgangers? Welke positieve of negatieve emoties worden er gewekt? En welke lessen worden er afgewezen? Het benadrukt maar weer eens dat, of we het nu wel of niet willen, we elkaar constant op vele manieren beïnvloeden. We leren van de manier waarop we dergelijke dingen accepteren en ermee omgaan of hoe we ze afwijzen en ontkennen.

5. Een uitgebreide rondleiding

We ontdekten het complex van de Tempel der Wijsheid in de spirituele dimensie per toeval. Ik werkte met John, een jongeman met gezondheidsproblemen. Hij vroeg zich af of er een plaats in het spirituele rijk was waar hij genezing zou kunnen vinden. Ik wist niet of een dergelijke plaats bestond, maar ben altijd bereid te proberen om daar achter te komen. De andere informatie in dit boek werd verkregen door cliënten die in trance waren en die zich in het zogenaamde 'dodenrijk' tussen twee levens in bevonden. Deze keer zou het anders gaan. Nadat John in een diepe trance was, leidde ik hem doelgericht naar de spirituele dimensie om te zien of hij een plek kon vinden waar men zich met genezingen bezig zou houden.

Toen ik klaar was met tellen, bevond John zich in een prachtige hemelse omgeving. Er werd hem meegedeeld dat dit een deel was van de Tempel der Wijsheid, een groot complex met diverse andere afdelingen: de Tempel der Genezing, de Kamer van het Levenstapijt en de Bibliotheek. Ik vind het jammer dat ik zelf de visuele wonderen niet kan zien waar mijn cliënten over vertellen. Ik moet net als een blinde afgaan op de beschrijvingen van anderen en vaak zijn woorden alleen niet toereikend voor de wonderlijke gebeurtenissen uit deze andere dimensies.

J: Ik ben nu in de Tempel der Genezing. Het is hier prachtig. Het is een rond gebouw en er schijnt een stralend licht door ramen met edelstenen die zich hoog tegen het plafond bevinden. Ik zie blauw, rood, groen, geel, oranje, turkoois, elke denkbare kleur, behalve zwart en wit. Zij zijn hier niet weergegeven maar elke andere kleur wel en ze werpen prachtige lichtstralen op de vloer van het gebouw. Daar komt de wachter van de Tempel der Genezing. Hij komt naar me toe en glimlacht: 'Je bent hier voor een behandeling, nietwaar?' Je ziel heeft veel meegemaakt hè? Ga hier maar temidden van al dit licht staan en laat deze lichtenergie maar toe.'

D: Is dat waar deze plaats voor gebruikt wordt?

Er kwam geen antwoord. Hij had duidelijk een diepgaande ervaring aan de bewegingen van zijn lichaam en zijn gezichtsuitdrukking te zien. Ik maakte me geen zorgen want het leek een aangename ervaring te zijn.

D: Kun je me vertellen wat er gebeurt?

Er kwam weer geen antwoord. Hij ging blijkbaar nogal op in de ervaring. Zijn lichaam schokte een paar keer. Dit duurde enkele seconden.

D: Hoe voelt het?
J: Er wervelen verschillende lichten om me heen, raken me aan en reinigen me. Daarom kan ik op dit moment niet praten.
D: Ik wilde alleen even controleren of alles goed me je gaat. Is het een goed gevoel?
J: Het is extatisch. (er volgde weer een stilte en zijn lichaam schokte nog af en toe wat) O, het is een wonderbaarlijk gevoel. Ik voel me verjongd. (een stilte van een aantal seconden) Het is gewoon fantastisch. Er zijn golven van kleur en energie om me heen, die mijn pijn wegnemen. Nu neemt hij me bij de hand en leidt me er vandaan. Hij zegt: 'Je ziel is gereinigd van veel negatieve energie. Voel de vrede die over je komt. Je moet leren jezelf te genezen.' (haalt diep adem) Dat was een fantastisch gevoel. Dit is een prachtige plek voor mensen die   lichamelijk heel ziek zijn geweest. Als ze sterven worden ze hiernaartoe gebracht, zodat hun astrale en geestelijke lichaam hier verjongd en genezen kan worden. Daarna ontmoeten deze zielen die niet langer aan hun lichaam gebonden zijn hun spirituele gidsen, en dan gaan ze naar verschillende plaatsen waar ze meer leren over de groei van hun ziel. Er is een lange rij. Maar omdat ik om genezing vroeg en ik nog steeds in menselijke vorm ben, zeiden ze dat ik als eerste naar de kamer mocht gaan. Ze noemen het de 'Kamer van Kleuren en Licht'.

D: Is het ongebruikelijk dat iemand die nog in het aardse lichaam zit hier komt?

J: Ja, de wachter zegt dat de meeste mensen zichzelf deze gelegenheid niet gunnen tijdens hun astrale reizen. 'Ik wou dat ze het wel deden,' zegt hij. 'We zijn hier ook om zielen te helpen die nog geïncarneerd zijn. Als ze willen zijn ze van harte welkom. Er is altijd een liefdevolle energie die met deze genezing gepaard gaat.' Dit is een wonderlijke, liefdevolle plek. Het lijkt in niets op een ziekenhuis. Het is een prachtige tempel en hoog in dit ronde gebouw zijn ramen met edelstenen. Ik schat dat ze ongeveer anderhalve meter hoog zijn. Ze zijn gemaakt van edelstenen in verschillende kleuren. Het licht schijnt erdoorheen en weerkaatst naar het midden van het gebouw en de energie wervelt om je heen. Ik ben daar geweest. O, het is een geweldig gevoel. Nu zegt de wachter, 'We zullen met je over je gezondheid praten. Het is heel belangrijk om positief te blijven en je bewust te zijn van je spirituele missie: het helpen en dienen van andere mensen. Maak je geen zorgen over je gezondheid. De ziekte zal door de positieve energie uit je lichaam worden gehaald. Als je je overgewicht kwijt wilt raken, concentreer je dan op de vorm die je wilt hebben en je zult die vorm zijn. Maar het is belangrijk dat je je concentreert. Het gebruik van alcohol en tabak dragen niet bij aan je spirituele groei. Daar zul je dus uiteindelijk mee moeten stoppen. Je kunt niet groeien als deze energieën je lichaam teisteren, omdat ze je lichaam en je spirituele lichamen schade toebrengen. Na verloop van tijd zul je alle natuurlijke en mooie dingen manifesteren die je ziel in zich draagt, als je dat wilt. Je zult de juiste energieën aantrekken. Maak je dus geen zorgen over je gezondheid omdat we je genezen. Je zult genezen. Als je ooit nog eens terug moet komen naar deze tempel, hoef je dat alleen maar te willen en dan ben je hier.' Hij is zeer liefdevol. Hij heeft me net stevig omhelsd en zegt, 'Nu is het tijd dat je deze plek verlaat.'

D: Voor we vertrekken wilde ik hem wat vragen over de mensen die in de rij staan. Zijn dit mensen die aan ziekten zijn overleden?

J: Hij zegt. 'Ja, dit zijn mensen die na een lang ziekbed zijn overleden en intens hebben geleden voor ze overgingen. Het zijn mensen die zijn overleden aan ziekten als kanker, door auto-ongelukken en dergelijke.' Ze staan niet echt in een rij. Er is wel een bepaalde

63

volgorde maar ze staan niet letterlijk achter elkaar. Iedereen gaat op zijn beurt door deze kamer van lichtenergie.

D: Worden ze erdoorheen geleid door hun gidsen?

J: Er lopen ook gidsen bij. Sommigen zijn zelfs met familieleden gekomen.

D: Zijn dat degenen die hen kwamen begroeten toen ze stierven?

J: Ja, hun familie heeft ze naar deze plek gestuurd.

D: Zullen ze hierdoor gereinigd of genezen worden voordat ze naar een andere plaats mogen gaan?

J: Ja. Ze hebben dit genezingsproces nodig omdat hetgeen ze ervaren hebben erg pijnlijk is geweest.

D: Is dit het eerste wat er gebeurt als ze overgaan?

J: Ja, deze genezende energie is één van de eerste dingen die mensen ervaren als ze ernstig hebben geleden in het fysische lichaam door ziekte of ongeluk. Dit heeft ziekte of negativisme veroorzaakt in hun etherische lichaam. Het etherische lichaam moet dus eerst genezen worden voor ze verder kunnen gaan naar het astrale en op dit niveau werk kunnen doen. Dit is een zeer belangrijke plaats voor deze mensen. Ze worden naar het midden van deze centrale plaats gebracht. En daar worden ze omgeven door de lichtstralen die om hen heen wervelen om alle negativiteit uit hun etherische lichaam weg te halen. Dan gaan ze weer terug naar hun familieleden en gidsen die hen naar andere delen van de astrale wereld brengen.

D: Ik heb nog nooit van deze tempel gehoord. Ik wil hem bedanken voor de informatie.

J: Hij glimlacht en zegt: 'Ik ben hier altijd om te helpen. Dit is mijn missie, mijn leven, mijn zijn. Niet mijn leven, maar mijn zijn.' Hij is een warme, stralende, liefdevolle energie. Zijn aanraking is magisch. Als moederliefde, als een moeder die haar kind knuffelt. Zo'n soort liefde voel je. Hij zegt dat dit een geschikte plaats is waar alle zielen bij elkaar kunnen komen, of ze nu geïncarneerd zijn of niet. Hij zegt dat deze hulp en deze genezende plek toegankelijk is voor iedereen. Veel mensen die genezende krachten gebruiken zouden dit beeld moeten overbrengen, omdat mensen hier genezing kunnen vinden. Hij zegt: 'Nu je het hebt ervaren, is het belangrijk dat je anderen die het kunnen gebruiken over deze plaats vertelt, John. Dit zou een fantastisch hulpmiddel zijn voor Dolores om anderen te helpen genezen. Ze kan hen middels hypnose naar deze plaats brengen en dan nemen wij het over en helpen. Dit zou dus een fantastische dienst kunnen zijn die Dolores zou kunnen gebruiken. En door op dit gebied te geven en te delen groeit ze zelf ook.' Dit is zijn boodschap aan jou, Dolores.

D: Ik ben er zeer dankbaar voor. Zijn er bepaalde regels over wie er wel en niet mag komen?

J: Hij zegt: 'Alle zielen zijn hier welkom, als ze bereid zijn de overgang en de reis te maken. Niet iedereen is daartoe bereid of is daarvoor ver genoeg ontwikkeld. Maar als ze bereid zijn en genezen willen worden, zijn we hen graag van dienst.' Het kan zijn dat ze nog een keer terug moeten komen, dat hangt af van de mate van hun negativiteit. Maar na behandeling gaan de meeste zielen door, zegt hij. Ze blijven hier niet plakken. Ze willen meestal niet terugkeren, tenzij het belangrijk is om dat wel te doen. Dat is de wet. Dat is alles wat hij zei: 'Dat is de wet. De ziel weet het het beste. We hebben te maken met de lichamen van de ziel, en niet zozeer met het bewuste voertuig. Wanneer de ziel de baas is of begrijpt wat er gaande is, kent hij de wet. Niemand wordt van deze energie afhankelijk. (lacht) Ze worden geen 'genezingsjunkies'. Zo werkt het niet.'

D: Als ik dus iemand in trance breng en naar deze plaats leidt, zouden ze door dit proces genezen kunnen worden als ze daartoe bereid zijn?

J: Hij zegt: 'Ja, als ze bereid zijn, dan helpen we. Als je je op ons instelt door hypnose of meditatie, zijn we er om je van dienst te zijn, want dat is onze energie. Je zou dit heel gemakkelijk kunnen regelen.' Hij zegt dat Dolores het zou kunnen gebruiken om van dienst te zijn. Hij zegt: 'Als we dienstbaar zijn, openbaart alles zich. Iedereen heeft een geestelijke gave. En voor jou is dit een fantastische manier om je spirituele gaven tot uitdrukking te brengen, Dolores.'

D: Dat lijkt me een goed idee, want mensen vragen me vaak om hulp bij hun gezondheid.

J: Hij zegt dat dit een fantastische manier zou zijn. Deze mensen in trance brengen en ze naar deze lichttempel laten reizen. Het zou een geweldige dienst zijn, omdat het niet zozeer het fysische lichaam als wel het etherische lichaam geneest. Deze lichamen heeft een mens, als hij incarneert.

D: *Maar ik zou denken dat genezing ook in het fysische lichaam weerspiegeld zou worden.*

J: Dat is waar. Maar men moet ook positief gestemd zijn. Dat is belangrijk. Er is hier een gouden plaats. Echt fantastisch. Er stralen prachtige gouden ontwerpen aan de wanden.

D: *Is dit een andere plaats dan de Tempel der Genezing?*

J: We zijn nog steeds in de tempel. Ik loop rond en praat met de bewaker. Hij laat me andere energiestralen zien en hoe ze in de tempel schijnen. Het is net alsof ik in een sieradendoosje zit. Zo mooi is het. Het merendeel van de tempelstructuur straalt een elektrische gouden kleur uit. Het is een goudbruine kleur, maar het is een echte genezende kleur. Het lijkt wel of er zilverdraadwerk in uitgesneden is. Er zijn opalen en verschillende soorten halve en hele edelstenen in de muren. Maar de juwelen in de ramen waar het licht doorheen komt zijn het belangrijkste.

D: *Ik wil hem bedanken dat hij ons hier heeft toegelaten en dat hij jou genezing heeft gegeven. Wil je die plaats nu verlaten?*

J: Ja. Hij omhelst me en zegt gedag.

D: *We kunnen beter gaan want er zijn nog meer mensen die wachten op deze genezing.*

J: Ja, ze stappen allemaal in het licht.

D: *Het is belangrijk dat we van het bestaan van deze plek afweten. Er zullen nog wel veel meer plaatsen zijn die we niet kennen. Je zei toch dat al deze gebouwen deel uitmaken van een complex? Misschien wil je me een rondleiding geven, dan kunnen we kijken wat er allemaal nog meer is.*

J: Oké. De bewaker zegt dat de Kamer van het Levenstapijt belangrijk is. Ik loop door een prachtige gang met muren die eruit zien als lapis lazuli en marmer. Aan het einde van de gang is een grote deur. Ik doe hem open en zie een verblindend fel licht.

D: *Waar komt dat felle licht vandaan?*

J: Het is een man of een spiritueel wezen. Hij zegt dat hij de bewaker is van de Kamer van het Levenstapijt en geeft me toestemming om binnen te komen. (Deze zelfde Kamer van het Levenstapijt werd beschreven in Conversations with Nostradamus, Volume II, herziene versie) Dit is een zeer gerespecteerde plek. Er hangt een heerlijke geur. Het ruikt als een mengeling van frisse, zilte zeelucht en bloemen in een tuin. Het lijkt wel wierook. Het is een prachtige kamer, heel erg hoog, misschien wel zeventig tot honderd meter. Nee, misschien is het maar zo'n dertig meter. Het plafond heeft een afgeronde punt, net als een schip van een kerk. Hoog daarboven in alle wanden zitten ramen die de kamer verlichten. En er hangen kroonluchters aan het plafond; het lijken wel Aladin lampen. Maar het zijn er veel, misschien vijftien of twintig. De wanden en de vloer lijken van marmer. En er staat her en der zwaar meubilair op, groepen tafels en stoelen, tegenover het levenstapijt. Ze zijn modern noch antiek, maar zeer functioneel, comfortabel en uitnodigend. De bewaker zegt dat leraren soms hun studenten hiernaartoe brengen om hen de wonderen en de complexiteiten van het tapijt uit te leggen. Het is alsof ik in een speciaal museum ben waar mensen naartoe kunnen komen om dit te bestuderen. Nu ga ik het tapijt bekijken. Het is zo mooi. Het is metalliek, gemaakt van metaaldraden en gewoon schitterend. Ze schitteren en glanzen. (plotseling inademend) Het lijkt wel alsof ze ademen. Alsof het ... leeft. Het pulseert en het sprankelt. Sommige draden glimmen en anderen zijn mat. Het is moeilijk te omschrijven. Het is als een levend iets, maar het is niet beangstigend; het is prachtig. Er zijn allemaal verschillende soorten draden. Het is gewoon majesteitelijk. Er is niets op aarde dat je hiermee kunt vergelijken. Het is gewoon niet te beschrijven; het is zo levendig dat het bijna elektrisch is. De bewaker zegt dat elke draad een leven vertegenwoordigt.

D: Dat klinkt erg ingewikkeld.

J: O, een deel ervan is ingewikkeld, maar het is een prachtig ontwerp. Een eeuwig ontwerp. En ik kan de wereld daarboven zien. Als ik naar dit tapijt kijk, kan ik alles zien wat er ooit gebeurd is.

D: Wat bedoel je?

J: Het is alsof ik door het tapijt heen naar het dagelijkse leven van mensen kan kijken. Ze zijn als draden in dit tapijt geweven. Nu legt de bewaker uit dat elk leven dat ooit is geleefd, als een draad in dit tapijt vertegenwoordigd is. Dit is waar alle draden van het menselijk leven, van zielen die incarneren, verbonden zijn. Het illustreert perfect hoe elk leven verweven is met alle andere levens, en hoe de draden zich kruisen en elkaar raken tot de hele mensheid uiteindelijk erin betrokken is. De absolute eenheid van de mensheid wordt uitgedrukt door dit tapijt. Het is één, maar het bestaat uit heel veel verschillende delen. Elk deel kan niet bestaan zonder het andere, ze zijn verstrengeld en beïnvloeden elkaar.

D: Als het bestaat uit het leven van iedereen, is het inderdaad levend. Vindt de bewaker het niet vervelend dat we ernaar kijken?

J: O, het maakt hem niet uit, hij weet dat we een doel hebben. Hij zegt, 'Ga je gang, kijk er maar naar, maar kijk niet dieper. Ik wil niet dat je naar levens van anderen kijkt, omdat het verspreiden van die kennis slecht kan zijn voor hun ontwikkeling. (John ging verder met zijn beschrijving) Het tapijt is enorm groot. Het lijkt minstens zeven of acht meter hoog. En het lijkt eeuwig door te gaan. Het zou uren kosten om de hele lengte langs te lopen. Het moet wel twee kilometer lang zijn, of zelfs nog langer. Het hangt aan de linkerwand en het licht dat door de ramen komt schijnt erop. Maar er is een punt dat ik niet kan passeren.

D: Weet je ook waarom dat zo is?

J: De bewaker van het tapijt zegt dat dat deel uitmaakt van de spirituele groei van alle zielen. Alleen spiritueel ontwikkelde zielen hebben toegang tot dat deel van het tapijt. Het is alsof er een bordje staat met 'Tot hier en niet verder'. (lacht) Maar het is niet zozeer een bord, maar meer een gevoel dat ik niet verder kan lopen. Het is alsof je kijkt naar het prachtigste kunstwerk dat ooit gemaakt is. Het is gemaakt van strengen die variëren van een piepklein stukje touw tot kabels die zo dik zijn als mijn pols.

D: Ik had me ze als draden voorgesteld.

J: Nee, zo klein zijn ze niet. Ik noemde ze zo, omdat ze ineengevlochten zijn, maar het varieert van een piepklein touwtje op sommige plekken tot grotere stukken. De meeste zijn van touwformaat en worden steeds dikker. Ik zie groene, blauwe, rode, gele, oranje en zwarte draden. Ja, ik zie zelfs een paar zwarte. Die zwarte vallen op omdat ze niet zo ver lijken te gaan als de andere kleuren. Hmm. Dat is vreemd.

D: Hebben de kleuren een bepaalde betekenis?

J: Ik zal het aan de bewaker vragen. Hij zegt, 'Ja, ze vertegenwoordigen de spirituele energie van zielen.'

D: Wat is de betekenis van de donkere kleuren in vergelijking tot de lichtere kleuren?

J: 'De donkere kleuren,' zegt hij 'hebben geen betekenis. De zwarte zijn speciaal, omdat ze een ongebruikelijk pad hebben gekozen.'

D: *Ik dacht dat de donkere kleuren wellicht betekenden dat ze meer… nu ja, ik dacht aan negatieve levens.*

J: Nee. Hij zegt dat er geen negativiteit in dit tapijt zit. De zwarte hebben simpelweg een ongebruikelijke weg gekozen om zich te manifesteren. Maar hij zegt: 'Stel hier geen vragen over. Dat hoef je op dit moment niet te weten. Je bent hier gekomen met een ander doel.'

D: *Ja. Ik wilde een paar vragen stellen. Je zei dat er leraren zijn die hun leerlingen over dit tapijt onderwijzen. Kunnen ze naar het patroon van hun vorige levens kijken?*

J: Ja. Ik kijk nu naar een groep. De leraar is gekleed in mooie gewaden en ziet er zeer welwillend uit. Hij toont diverse zielen wat er momenteel gebeurt en wat er in het verleden gebeurd is. Hij vertelt hen over dit tapijt en wat de diverse ingewikkelde patronen betekenen. Hij heeft iets dat lijkt op een glinsterende aanwijsstok. De kleur is goud en er zit iets op de punt dat lijkt op een kristal maar het is feitelijk een diamant die oplicht door zijn eigen licht. Hij wijst naar een draad in het tapijt en die draad, kabel of touw of hoe je het ook noemen wilt, lijkt vanzelf op te lichten. Hij wijst naar verschillende kenmerken van levens, hoe mensen zich ontwikkeld hebben en waar ze naartoe groeien. Ze maken allemaal aantekeningen, niet zozeer met pen en papier, maar in hun hoofd.

D: *Legt hij aan de studenten dingen uit over hun eigen leven zodat ze in toekomstige levens beter beslissingen kunnen nemen?*

J: Ja, ik heb de indruk dat ze hier zijn om hun vorige levens te bestuderen, hoe hun draden zich verweven hebben in dit levenstapijt. Dat is wat van oudsher de 'Akashakronieken' genoemd wordt. (ik was verrast) Dit zijn de Akashakronieken die hoogontwikkelde zielen begrijpen. Hij zegt dat sommige kronieken in boekvorm bewaard worden, maar die zijn voor zielen die niet zo ver ontwikkeld zijn.

D: *(ik begreep het niet) Er is dus niet voor iedereen een draad in dit tapijt?*

J: Ja, alle leven heeft een draad in dit tapijt, maar alleen de hoogontwikkelde zielen begrijpen het concept van het tapijt en hebben daar toegang toe. Minder ontwikkelde zielen hebben Akashakronieken in boekvorm die ze kunnen bekijken. Het zou net zoiets zijn als een kind die naar een universiteitsbibliotheek gaat. Ze kunnen beter naar de kinderafdeling van de openbare bibliotheek gaan.

D: *Ze zouden dus de dingen die ze hier zien niet eens begrijpen als ze hier zouden komen?*

J: Inderdaad. Ze zouden het niet begrijpen, omdat het tapijt een doel heeft. Het gaat tot in de hogere dimensies, nog hoger dan hier en dit is een zeer ingewikkelde plek. Dit tapijt komt uiteindelijk bij de Godheid uit waar alles helder is. Alles leidt tot dit prachtige licht.

D: *Kun je de bewaker vragen of er veel mensen zijn die nog leven, die naar dit tapijt komen kijken? Of is ons bezoek ongebruikelijk?*

J: Hij zegt dat je verbaasd zou zijn over hoeveel mensen die nog in een lichaam zijn naar deze kamer komen. Velen komen het als kunstwerk bekijken. Hij zegt dat het voor sommige kunstenaars een bron van inspiratie is geweest voor hun schilderijen, beeldhouwwerken of textielkunst. Soms komen ze hier omdat dit één van de meest magnifieke kunstwerken is die er bestaat. Het heeft veel verschillende ontwerpen, zoals wilde, moderne ontwerpen of oosterse - of indianenpatronen.

D: *Hoe komen ze hier?*

J: Hij zegt dat sommigen tijdens hun dromen in de astrale dimensie komen. Anderen komen er tijdens hun zielereizen via meditatie, astrale projectie of door hypnose, zoals wij nu doen.

D: *Ik vroeg me af of het ongebruikelijk is om hier te komen als je nog in een lichaam zit.*

J: Hij zegt: 'Nee, niet zo ongebruikelijk als je wel denkt. Je zou versteld staan over het aantal mensen dat hier komt. Maar de mensheid in zijn geheel is nog niet zover om hier te komen.'

D: *Kan hij zien dat we niet dood zijn?*

J: Ja, hij loopt naast me en zegt dat hij weet dat ik nog in een lichaam ben. Hij ziet het zilveren koord achter me.

D: *O, hij weet dat je nog aan een lichaam verbonden bent en dat we dit doen als een soort experiment.*

J: Ja, hij begrijpt het. De meeste andere mensen hebben geen zilveren koord dat uit hun lichaam komt.

D: Is er ooit iemand geweest die hier kwam terwijl hij nog in een lichaam zat en die niet tot die kamer werd toegelaten?
J: Hij zei: 'Je moest eens weten. We moeten soms mensen vragen deze plek te verlaten. Er is ooit een ziel geweest die zijn draad uit het tapijt probeerde te trekken. Hij dacht dat dat de beste manier zou zijn om een einde te maken aan zijn bestaan. Deze man leed op aarde aan een vorm van dementie en realiseerde zich niet dat hij in de spirituele dimensie was. Hij was zeer in de war. We moesten hem terugbrengen. Hij is nu in een tehuis opgenomen en krijgt kalmerende middelen toegediend, zodat hij niet meer zoals voorheen in trance kan gaan. Maar hij kwam om te proberen het tapijt te vernielen, of wat hij dacht dat zijn draad was. Het bleek zijn draad niet eens te zijn.

D: Maar er zijn niet veel mensen die dat soort dingen doen, of wel?
J: Nee, dat was een zeer zeldzaam geval. Deze man had veel spirituele kracht gekregen in zijn fysieke incarnatie, maar dacht dat het een waan was en daardoor ontstond er een disbalans in het mentale lichaam. Als gevolg daarvan moet hij letterlijk worden ingesloten en krijgt hij pillen, zodat hij geen astrale reizen meer kan maken. Hij had veel voor de wereld kunnen doen als hij zichzelf had toegestaan zijn patroon te vinden. Maar hij liet zijn intellectuele kant teveel terrein winnen.

D: Dat zal wel één van de redenen zijn dat er hier een bewaker is.
J: Ja, er is een bewaker nodig. Er gebeuren hier soms rare dingen, omdat dit een beeld van de tijd is, en de dingen in balans moeten worden gehouden. In dit tapijt zijn middelen om het evenwicht te bewaren.

D: Je zei dat er soms mensen zijn die gevraagd worden te vertrekken. Proberen ze dingen te zien die ze niet mogen zien of is er een andere reden?
J: Hij zegt: 'Je kunt dingen zien, omdat achter het tapijt je gevoel van tijd zit. Je kunt een koord vinden en door de tijd reizen. De meeste mensen hoeven hun toekomst niet te kennen als ze nog in een lichaam zitten, tenzij ze die kennis voor een spiritueel doel gebruiken.

D: Zijn dit de mensen die gevraagd worden te vertrekken?
J: Hij zegt: 'Nee, dit is een plaats van liefde en niemand wordt ooit gevraagd te vertrekken tenzij hij probeert het tapijt te beschadigen

of last veroorzaakt. We moeten het tapijt bewaken, omdat er heel af en toe dingen gebeuren. In het verleden zijn grote krachten zelfs door het tapijt zelf heen gekomen. Ooit waren er kernexplosies en toen waren er veel mensen die de planeet zo snel verlieten dat ze door het tapijt heen kwamen. We moeten hier dus zijn om hen te helpen.'

D: *Ja, ik kan me indenken dat er hier rare dingen kunnen gebeuren. Ik ben u zeer dankbaar dat u ons deze dingen hebt verteld. We waren nieuwsgierig.*

J: Ja, hij zegt: 'Dat is begrijpelijk. Maak je geen zorgen. We zijn op de hoogte van jullie missie en de groei van jullie ziel. Ik ben hier om jullie allemaal van dienst te zijn.'

D: *We proberen deze informatie op een positieve manier te gebruiken. Zou ik hier hebben mogen komen als ik de informatie op een negatieve manier zou gaan gebruiken?*

J: Nee. Niets kan hier verbloemd of verborgen worden. We kennen je motieven beter dan jij zelf.

D: *Ik doe zeer mijn best om positief te zijn. Is er nog iets anders dat je van het tapijt wilt zien voor we weggaan?*

J: Ik zie nu mijn eigen draad. Het is zilver en koper van kleur en weeft zich door het tapijt. De bewaker van het tapijt zegt dat het tijd is om te gaan. Hij zegt: 'Je hebt deze kennis niet nodig. Later mag je kijken, maar nu niet.' (pauze) Hij heeft het over de groei van mijn ziel. Hij zet me zo'n beetje aan het werk. (John lacht) Hij zegt dat ik zo'n stralend licht was en dat ik mezelf heb gedimd. Daarom moest ik naar de aardse levensschool teruggaan.

D: *Zodat je het anders kunt doen?*

J: Als ik de universele wetten en de liefde begrijp, kan ik mijn licht terugkrijgen. Het is gemakkelijker de school van de aarde te doorlopen dan om in andere dimensies te incarneren. Het is sneller.

D: *Hoe voel je je, nu hij je dat vertelt?*

J: Ik vind het niet leuk. Eigenlijk schaam ik me. Het voelt alsof ik op mijn kop gekregen heb. Hij heeft wel gelijk dat het mijn eigen fout is. Ik ben mijn verantwoordelijkheid uit de weg gegaan, daarom moest ik incarneren. Maar hij wijst niet met het vingertje en zegt niet 'Nee, nee, nee.' Hij doet het op een liefdevolle manier. Hij heeft me omhelsd en zegt: 'Veel succes met je missie.'

Ik kon de verleiding niet weerstaan en dus vroeg ik: 'Ik vraag me af of mijn draad ook ergens in het tapijt zit?'

J: Ja, jouw draad is er ook. Hij heeft een heldere koperkleur en de kleur wordt feller. Hij begint klein en wordt dan steeds groter en beïnvloedt veel andere draden. Dit tapijt is zeer magisch. (plotseling) Hij vraagt ons te vertrekken. 'Je keek naar je eigen leven en dat is nu niet goed.'

D: *Nee, maar dat is menselijke nieuwsgierigheid.*

J: Maar nu laat hij me de trap zien. (lacht) En hij zegt: 'Waarom ga je niet eens kijken wat daar te zien is.'

D: *We moesten maar niet al te nieuwsgierig zijn, denk ik.*

J: Ja. Hij zegt: 'Je hebt nu lang genoeg gekeken.' Ik denk dat de bewaker van het tapijt bedoelt dat we niet te veel naar onze eigen toekomst moeten kijken.

D: *Daar kan ik inkomen. Want als we zouden weten wat er met ons gaat gebeuren, zouden we dan nog de dingen doen die we van plan waren? Oké, je denkt dat we beter kunnen gaan?*

J: Ja, ik loop nu de trap af naar beneden vanuit de Kamer van het Levenstapijt. Ik ben in de Tempel der Wijsheid en loop door de gang. Het lijkt wel of er edelstenen in de muren zitten; smaragd, robijn, chrysoliet en kristal. Het is zo mooi. Het is stralend en heilig. Ik voel me ... het is een gevoel van stilte. Vóór me is de Bibliotheek. Ik ga er nu binnen. Het lijkt wel alsof er edelstenen in alle schoorsteenmantels en deuren zitten en ze stralen hun eigen licht uit. Ik ben in een enorme studeerkamer. Er zijn boeken en papierrollen en er staan allerlei soorten manuscripten op de planken. Er komt een prachtig licht binnen en dat verlicht alles. Het is gemaakt van goud, zilver en edelstenen, maar ze weerkaatsen allemaal licht, zodat je kunt lezen. Het hele gebouw lijkt wel van dit wonderlijke materiaal gemaakt te zijn.

Deze bibliotheek in de spirituele dimensie is me niet vreemd. Ik ben er vaak met mijn cliënten geweest. Verschillende cliënten hebben me erover verteld en hun beschrijving kwam voor een groot deel overeen. De bewaker van de bibliotheek helpt me altijd graag mijn honger naar kennis te stillen en ik heb onze toegang tot deze plaats gebruikt om over verschillende onderwerpen informatie te verkrijgen.

D: Dit is een van mijn favoriete plekken. Ik hou van plaatsen met boeken en manuscripten. Zijn er ook andere mensen?

J: O, er zijn mensen in het andere gedeelte. Het is een grote ruimte, bijna zo groot als een kathedraal. Er is een man, een entiteit, en hij geeft gewoon licht. Hij praat over voorbereiding voor de aardse levensschool. Er zijn maar een paar mensen die op dit moment naar hem luisteren. Andere mensen zijn in groepen of ze lopen in stilte rond en verplaatsen boeken en manuscripten. Het lijken ... (hij had moeite het juiste woord te vinden) studenten. Ze studeren. Iedereen heeft een doel en er heerst een serene sfeer. Er klinkt muziek die de hele ruimte lijkt te vullen. Het is nauwelijks hoorbaar, het is lieflijke muziek.

D: Het klinkt als een prachtige plek.

J: Ja, het is hier mooi. Alles glinstert en iedereen draagt prachtige gewaden. De kleding lijkt transparant, maar er schijnen vibrerende kleuren doorheen. Dat zijn de aura's van mensen.

D: Heeft er iemand de leiding? Hoe vind je dingen?

J: Ja, er is een entiteit die de bewaker van de bibliotheek is. Hij zit aan een bureau te schrijven. Hij vraagt: 'Wat is je vraag?'

D: Heeft hij het erg druk op dit moment?

J: O, nee. Hij zegt: 'Nee, hoor. Dit is geweldig. Van dienst zijn is erg belangrijk.'

D: Zou hij iets voor ons kunnen opzoeken?

J: Hij zegt dat er wel bepaalde beperkingen zijn.

D: Kan hij ons vertellen wat die beperkingen zijn? Ik wil me graag aan de regels houden.

J: Hij zegt: 'Het is niet goed om te veel in je persoonlijke toekomst te duiken. Dat mag niet. Dat is niet goed, het veroorzaakt disharmonie.'

D: Oké. Dat zullen we niet doen. Zijn er nog andere beperkingen?

J: Hij zegt dat dit de belangrijkste beperking is.

D: Mogen mensen die nog in het lichaam zijn in deze bibliotheek komen?

J: Hij zegt: 'Ja, ze komen op hun astrale reizen, in hun dromen. Dromen is feitelijk astraal reizen. Ze komen hier en zijn zich niet altijd bewust van wat ze doen, want het is allemaal een beetje mistig voor ze. Het komt niet vaak voor dat mensen die geïncarneerd zijn ons opzoeken. Het gebeurt wel, maar niet vaak.' Hij leidt me rond. Daar is de bibliotheek met het enorme ronde gebouw waar mensen in groepen bijeenkomen en studeren en onderwerpen bespreken. Ze kunnen beeldenkamers binnengaan die zich rondom deze kamer bevinden om dingen te bekijken als ze dat willen. Alle kennis is daar opgeslagen, maar het is niet als een computer. Mensen hebben hier geen computers nodig. Informatie wordt overgedragen door gedachten. En hij zegt dat we naar het scriptorium kunnen gaan. Dit is waar men dingen leest. Dit is de plaats waar mensen heengaan die dingen het beste leren door te lezen en schrijven. Dit maakt deel uit van het bibliotheekcomplex.

D: *Het scriptorium is een ander gedeelte van de bibliotheek?*

J: Ja, het is voor mensen die niet zo hoogontwikkeld zijn. Er zijn middelmatig ontwikkelde zielen die nog steeds het geschreven woord nodig hebben om de dingen in hun bewustzijn te begrijpen.

D: *Zouden ze de beeldenkamers niet begrijpen?*

J: Ze zouden ze wel begrijpen, maar ze kiezen ervoor via boeken te leren.

D: *Dus ze kunnen boeken halen en hier gaan zitten lezen en ook schrijven?*

J: Precies. Ze kunnen er ook in schrijven. Sommigen doen dat.

D: *Mag dat wel? Zouden ze daardoor niet veranderen?*

J: Hij zegt: 'Ja, dat mag. Alles wat de ziel helpt om te groeien is toegestaan. Daarom zie je soms kinderen die geboren worden met vreselijke afwijkingen. Alles is toegestaan. Het dient allemaal hetzelfde doel, namelijk om geestelijke volledigheid te bereiken.

D: *Maar ik dacht dat ze niet in deze boeken zouden mogen schrijven, omdat het eeuwige kronieken zijn die niet beschadigd of veranderd mogen worden.*

J: Het tapijt is hetgeen eeuwig is. Dat is het enige dat niet aangeraakt mag worden. Maar hij zegt dat alles is toegestaan voor de groei van de ziel. Voor sommige mensen zijn dat boeken. Maar voor hoger ontwikkelde zielen is het slechts informatie.

D: *Dat zijn dus degenen die informatie beter in de beeldenkamers begrijpen?*

J: Ja.

D: *Ik vraag me af of er beperkingen zijn ten aanzien van wie in de bibliotheek mag komen.*

J: Er zijn geen beperkingen, dat is waar, maar het is heel moeilijk om hier te komen voor zielen van een laag energieniveau. Ze zijn bang voor deze plaats en willen daarom hier niet komen, zegt hij.

D: *Ik vraag me af waarom het beangstigend voor ze is.*

J: Ze dragen nog steeds negatieve kwaliteiten van vorige levens met zich mee. Hebzucht, jaloezie, lust, zaken die de energievibraties verlagen. Als gevolg daarvan blijven ze meestal beneden op dat wat hij de 'lagere astrale wereld' noemt. Het is voor hen heel erg moeilijk hier te komen, alsof ze afgestoten worden.

D: *Het klinkt niet alsof ze naar kennis op zoek zijn.*

J: Hij zegt: 'We zijn hier om hen van dienst te zijn. We hebben zelfs kleine bibliotheken in de lagere astrale wereld. En het vereist een grote spirituele entiteit om deze te bemannen. Maar ze worden bijna nooit gebruikt. Deze lagere entiteiten zoeken nog steeds ervaringen in de fysieke vorm op. Daarom blijven ze op plaatsen die degenererend of niet goed zijn voor hun ziel.

D: *Ik vraag me af waarom wij hier mogen komen.*

J: Je doel is bekend.

D: *Ze weten dus waarom we op zoek zijn naar informatie?*

J: Ja dat weten ze inderdaad. 'Het feit dat je jezelf toestaat een cirkel van wit licht binnen te gaan, zegt ons dat je van de hogere astrale wereld bent. En we weten ook waarom je zoekt wat je zoekt. Niets kan verborgen blijven.'

D: *Zouden we wat van deze informatie mogen zien?*

J: Hij zegt dat je naar de beeldenkamer mag gaan.

D: *Waar is die?*

J: Hij neemt me mee naar een andere kamer.

D: *Oké. Ik ben geïnteresseerd in verschillende bestaansdimensies. Ik dacht dat het misschien gemakkelijker zou zijn als je dingen in de beeldenkamer zou kunnen zien, zodat je niet naar de verschillende dimensies toe hoeft te gaan. Dat is wellicht niet zo prettig voor je. Kan de bewaker jou daarover informatie geven of je dingen laten zien? Is dat mogelijk?*

J: Ja. Hij zegt dat de astrale wereld verdeeld is in drie delen: de lagere, midden en hogere astrale niveaus.

D: Ik ben allereerst benieuwd naar de lagere niveaus, dus laten we daar beginnen. Kan hij ons daar meer over vertellen en aangeven welk soort mensen of zielen daar zijn?

J: Ja. We zijn de beeldenkamer ingelopen en hij laat het me zien. Hij zegt: 'Vraag maar wat je wilt zien en dan komen er allerlei soorten beelden.' De beelden verschijnen op de muren.

D: Is er een soort scherm op de muren?

J: Het is niet echt een scherm. Het omringt je. Ik ben er middenin en kijk ernaar. Hij zegt dat de lagere astrale dimensie vreselijk is. 'We bidden voor de lagere entiteiten, maar het is alsof ze aan de aarde vastgeklonken zijn. Ze hebben geen menselijke vorm, maar zijn nog steeds op aarde.' En ze zijn... o (een geluid van afkeer) Dat is walgelijk!

D: Wat zie je?

J: Ik zag net hoe iemand werd doodgeschoten (ongemakkelijk) en er is een hele groep zielen die toekijkt en roept: 'Dat is fantastisch! Kijk eens naar al dat bloed!'

D: Bedoel je dat ze toekeken hoe een fysiek persoon neergeschoten werd?

J: Ze kijken naar twee mensen. Twee donkere mannen schoten op elkaar vanwege een drugsdeal. En het is... o! Er zijn wel zo'n duizend zielen die toekijken. Het is bijna zo van: 'Daar gaat er weer eentje! Wat zullen we nu weer eens gaan doen? Kijk eens, daar wordt een meisje verkracht! Kom we gaan kijken!' En ze zijn getuige van al deze wreedheid. En de bewaker zegt: 'Ze móeten dit zien om te kijken hoe ze hun eigen levens geleefd hebben. Ze hebben net zo geleefd op een zeer ontaarde manier.' En hij zegt dat deze zielen hiervan moeten leren.

D: Bedoel je dat ze na hun overlijden gewoon in de buurt zijn gebleven?

J: Nee, ze werden daartoe gedwongen. Ze konden niet hoger komen. Hun vibratiesnelheid is namelijk spiritueel gezien zeer laag. Ze hebben een verdichte vibratie en kunnen niet hoger komen, zodat ze naar de fysieke wereld moeten blijven kijken. Ze hebben contact met deze wereld.

D: Dat lijkt wel onze versie van de hel.

J: Het is er een versie van. Het is een hel. Totdat ze leren hoe ze het beste kunnen reïncarneren en geestelijk groeien, herhalen ze soms

77

soortgelijke situaties telkens opnieuw. Hij zegt dat sommigen haast beestachtig zijn. Dat is het woord dat hij gebruikte: 'beestachtig.'

D: Ik dacht altijd dat er geen feitelijke plaats als de hel bestond.

J: Voor hen is het een hel, ja. Want als ze te veel drugs of alcohol hebben gebruikt of zich door hun lusten hebben laten leiden, heeft dat hen nog steeds in de tang. Ze hebben nog steeds die behoeften nadat ze zijn overgegaan, maar kunnen ze niet bevredigen. Daarom is het zo belangrijk om, voor je de planeet verlaat, geen zogenaamde 'bankschroeven' meer te hebben, omdat je ze met je meeneemt naar de volgende dimensie. Hij zegt: 'Zo zijn er hier bijvoorbeeld mensen die snakken naar een sigaret, maar die niet kunnen roken, want er zijn hier geen sigaretten. Ze blijven dus hangen rond aardse, fysieke mensen die roken. Er zijn ook zielen die drugs hebben gebruikt, die een shot willen en daarvan een gewoonte hebben gemaakt in hun leven. Zij blijven bij mensen in de buurt hangen die drugs gebruiken.

D: Bedoel je dat ze hetzelfde gevoel proberen te krijgen door osmose of iets dergelijks?

J: Ja, dat proberen ze. Daarom hangen ze daar rond. Mensen die zich tijdens hun leven door hun begeerten hebben laten leiden, gaan naar plaatsen waar lusten menselijke vormen aannemen, zoals bordelen en dergelijke. Hij zegt dat dit bewoners van het lagere astrale zijn.

D: Het klinkt als een vicieuze cirkel, alsof ze nergens anders heen kunnen. Hoe kunnen ze boven dat niveau uitstijgen?

J: Hij zegt dat mensen daarom voor hun geliefden moeten bidden, omdat hen dat helpt het licht te zien. Het is hun eigen persoonlijke hel waar ze in wonen. Maar hij zegt dat wanneer ze voelen dat ze er genoeg van hebben, er dan gidsen komen om hen te helpen. Als ze bijvoorbeeld geleerd hebben om te zeggen: 'Ik ben het beu om te kijken naar mensen die dingen doen die ik niet kan doen'. Dan komen gidsen om hen te begeleiden en hen wegen te tonen waarop ze zichzelf kunnen veranderen. Maar hij zegt: 'Wanneer hun tijd is gekomen om weer te incarneren, bereiden we hen voor. Hij zegt dat ze allemaal naar de computerkamer gaan, waar ze opnieuw geëvalueerd worden. Er wordt dan gekeken wanneer de incarnatie plaats gaat vinden en wat voor soort lessen die incarnatie hen gaat brengen. Er wordt hen getoond hoe ze effectief kunnen zijn. Maar hij zegt: 'Dit zal spoedig veranderen, omdat de aarde dan te ver ontwikkeld zal zijn voor deze zielen. We gaan deze zielen dus verschepen naar een ... (John lacht plotseling) Het is als: 'Oké, je hebt je kans gehad, de volgende boot vertrekt naar Arcturis.' (met humor) Het is grappig. Deze gids heeft een goed gevoel voor humor. (lacht) Hij is joviaal, een beetje mollig en zegt: 'Inderdaad, je hebt je kans gehad. Nu ga je met de boot mee naar andere planeten in de buurt van Arcturis.'

D: Zijn dat planeten waar negativisme is?

J: Ja, maar ook deze planeten zijn in ontwikkeling. Deze zielen zullen echter niet terugkeren naar de aarde, omdat de aarde als planeet aan het veranderen is. De zielen waar we nu naar kijken zijn zielen met lage, verdichte vibraties. Hij zegt: 'De zielen met hogere vibraties zijn anders. Wanneer zij overgaan, gaan ze meestal naar de Tempel der Wijsheid en Kennis, omdat ze daar eerder zijn geweest.'

Dit zou de plaats kunnen zijn waar de scholen zich bevinden.

D: Zij zijn aan al die negativiteit voorbij?

J: Hij zegt: 'Dan zijn er ook nog de gemiddeld ontwikkelde zielen. Ze manifesteren zichzelf graag in gelukkige situaties met hun familieleden die zijn overgegaan. Voor hen zijn er huizen en toevluchtsoorden aan het meer en boten.'

D: Net zoals hun levensstijl op aarde bedoel je?

J: Er zijn verschillende soorten huizen aan de oevers van het meer. Aan één van de steile heuvels staan prachtige huizen. Mensen kunnen hier wonen als ze dat willen, vooral mensen die moeite hebben zich aan de astrale wereld aan te passen. Zij brengen hier veel tijd door.

D: Bedoel je dat ze in een huis willen wonen dat hen vertrouwd is?

J: Precies. Ze kunnen in een huis wonen dat ongeveer net zo is als hun huis in de fysieke wereld was.

D: Bevatten deze huizen meubels en andere mensen enzo?

J: Er zijn andere mensen en ze creëren wat ze willen. Dus als ze meubels in art deco stijl willen, dan hebben ze die. Als ze rotanmeubels willen, dan hebben ze rotanmeubels. Als ze

Lodewijk XIV-stijl willen, dan kan dat ook. Welke stijl ze ook willen, het is mogelijk. (lacht) Deze mensen zijn namelijk niet zulke hoogontwikkelde zielen. Ze wachten daar simpelweg op hun volgende leven. Het lijkt erop dat enkel de hoogontwikkelde zielen in de bibliotheken zijn en in de andere gebieden van het complex. Deze andere zielen zijn nog steeds gebonden aan de aarde.

D: *Misschien is dat alles wat ze kunnen bevatten.*

J: Dat is zeker waar. Goed gezien.

D: *Misschien denken ze dat dat alles is wat er aan gene zijde bestaat.*

J: Ze zijn meestal samen met anderen die net zo denken als zij. De bewaker van de bibliotheek zegt: 'Zoals het spreekwoord zegt: 'Soort zoekt soort'. Onthoudt dat goed. Dat is een gezegde van jullie wereld. Hoge entiteiten en hoge energie zoeken elkaar op en lage entiteiten zoeken lage energie op.' Mensen van dit niveau willen hun bekende levenswijze voortzetten, maar gebruiken dit om dingen in zichzelf uit te werken. Daarom vindt familiekarma tijdens volgende incarnaties plaats, omdat ze sterke verbindingen op dit middenniveau hebben gehad. En het midden- astrale bestaat uit dergelijke mensen. Het lijkt op de buitenwijken van grote steden. Het zijn leuke huizen en de mensen praten voornamelijk met hun vrienden en familieleden en hebben fijne herinneringen. Soms komt er een zielegids langs die met hen praat en zegt dat ze zich moeten gaan voorbereiden op hun volgende leven en dan zeggen ze: 'We willen nog iets langer van onze familie genieten. Is daar nog tijd voor? Is al die spirituele groei nu echt nodig? En hij zegt: 'Ja, je moet echt naar de tempel gaan.' En ze zijn een beetje bang en hebben een houding van 'ik weet nergens van.'

D: *Ze willen vasthouden aan het bekende.*

J: Ja, ze willen niet verder gaan dan dat. Maar ze kunnen fijne dingen manifesteren en zijn best gelukkig. – Nu gaan we door met het hogere astrale. Hij zegt dat het net is als met sociale klassen. Middenastraal is fijn; het is net als een fijne buitenwijk. Maar het hogere astrale is prachtig met schitterende landschappen. Er zijn tuinen en prototypes van prachtige bergen, oceanen, beken, meren en watervallen. Het is er allemaal en het is prachtig. Er is een hele mooie kristalachtige stad waar de Tempel der Wijsheid zich bevindt. Er liggen bergen omheen waarin enkele mensen wonen die hoge astrale entiteiten zijn. Maar ze komen naar de tempel. Deze zielen houden van een comfortabel huis en gezinsleven. Hij zegt dat veel verontwikkelde zielen van dit soort leven houden. Daarom hebben ze villa's in de bergen. Het is prachtig.

D: Het lijkt wel alsof zielen naar plaatsen gaan waar ze mee bekend zijn. En ze gaan niet door naar het volgende niveau, voordat ze daar klaar voor zijn. Klopt dat?

J: Inderdaad. Hij zegt dat je naar een bepaald niveau toe moet groeien. Maar hij zegt dat als je hier komt, je naar het hoger astrale op zoek bent. Hij zegt: 'Dit is de plek, het is gewoon prachtig. Het middenastrale is belangrijk. Daar gaat de meerderheid van de zielen heen. Ze waren niet goed en niet slecht, ze zijn niet gedegenereerd of achteruit gegaan en willen alleen hun vrienden en familieleden graag zien. En ze hebben tijd nodig. Maar wanneer het hun tijd is om naar de computerkamer te gaan, moeten ze gaan.'

D: Hebben ze daar niets over in te brengen?

J: Nee, dat kunnen ze niet; en dat is het droevige ervan. Hij zegt: 'Daarom heb je zoveel meer keus in het hogere astrale. Kennis is vrijheid.'

D: Gaat iedereen uiteindelijk naar de computerkamer?

J: O ja. Ze gaan allemaal. Dit is de verwerkingskamer. Maar hij zegt dat de lagere entiteiten nog maar een paar jaar hebben om met hun negativisme te incarneren. Hij kan me de computerkamer niet laten zien. Het is een verwerkingskamer waar eigenlijk alleen zielegidsen mogen komen. Het is een zeer belangrijk gebied, maar hij zegt dat zelfs jij in de astrale staat daar nu niet naartoe kunt.

D: Dat is oké. We hoeven het niet te zien. We willen alleen graag over deze dingen horen.

J: Dit is de verwerkingskamer waar zielen wachten en het juiste lichaam krijgen toegewezen waarin ze gaan incarneren. Maar hij zegt dat het er anders aan toegaat wanneer een ziel van het hogere astrale wil incarneren. Als hij goede papieren heeft, krijgt hij dus voorrang. (lacht) Sommigen worden alleen maar uitgezwaaid. (lacht) Dat is de indruk die ik ervan heb. Hij zegt dat dat waar is, dat het soms zo gaat. Hij zegt dat bijvoorbeeld veel pijn en lijden van mensen die in Ethiopië van de honger zijn gestorven, veroorzaakt is door vorige levens vol tomeloze genotzucht. Hij zegt dat deze levens hen een hogere spirituele energie geven.

D: Ze worden dus in een leven geplaatst, waarin ze niet lang leven. Net lang genoeg om die genotzucht terug te betalen en in balans te brengen.

J: Om te lijden. Om hen te leren dat ze geestelijk moeten groeien.

D: Is de computerkamer ook de plek waar karmische verbindingen tussen familieleden worden uitgewerkt?

J: Het is een enorm computerverwerkingscentrum. Ik kan een beetje zien hoe het eruit ziet, maar ik kan niet naar binnen. Ik zie een rij zielen, ze zien er onverzorgd uit en wachten tot ze binnen mogen. Maar zielen van het hogere astrale krijgen voorrang. Ze weten al dat zij snel behandeld worden. Ze worden naar een andere plek begeleid.

D: Veel van deze lagere zielen zijn dus degenen die zulke vreselijke levens leiden en massaal sterven door catastrofes en hongersnoden? Zijn zij degenen die terugkomen om op dergelijke plekken te wonen?

J: Nee. Hij zegt dat je het zo niet moet zien. Ze betalen voor levens waarin ze hun lichaam misbruikt hebben. Hij zegt dat jij hetzelfde zou kunnen doen. Als je je tempel misbruikt, kun je daardoor lijden.

D: Zou het beeld dat mensen van de hemel hebben passen bij deze astrale niveaus?

J: Hij zegt dat het hogere astrale veel lijkt op de hemel, omdat het er zo mooi is.

D: Is dat hun versie van de hemel?

J: Hij zegt, nee, de mensen die in de hemel en de hel geloven zitten nog in het middenniveau van intelligentie. Het is geen hemel of hel die hen gegeven wordt. Ze krijgen een leuk huis op een plek die eruit ziet als een buitenwijk. Dat is wat ze verwachten en dat is dus wat ze krijgen. Er zijn hierboven geen engelen met harpen.

D: Ik vroeg met dat af; of er iemand op een wolk rondzweefde met een harp. (lacht)

J: Er zijn geen wolken. Maar het hogere astrale is zo mooi. Het is vol prachtige, juweelachtige bloemenkleuren. Het zou echt een hemel kunnen zijn.

D: Dat zou passen bij het beeld dat mensen van de hemel hebben. Zijn er nog andere hogere dimensies waar hij ons over kan vertellen, of is dat het ultieme?

J: Hij zegt dat het hogere astrale de gevorderde stadia vertegenwoordigt. En toch zijn er boven dit nog hogere niveaus. 'Maar je bent nog aan een lichaam verbonden en dus zijn er andere dingen om je druk over te maken.' Hij zegt: 'Kijk niet verder. Voor jouw bewustzijnsniveau is dit genoeg, John.'

D: Als je naar deze hogere niveaus gaat, kom je dan ooit nog terug om te incarneren?

J: Nee. Hij zegt dat je veel belangrijkere missies hebt in het universele plan. En dat je normaal gesproken niet meer fysiek incarneert, tenzij je een zeer belangrijke missie hebt. Hij zegt dat grote mensen in de geschiedenis zoals Jezus en Boeddha zeer hoogontwikkelde hogere astrale entiteiten zijn geweest die teruggekeerd zijn.

D: Ze kwamen dus terug met een bepaald doel?

J: Inderdaad. Een zeer belangrijk doel.

D: Ik vraag me af of ons doel in de evolutie is om verder te gaan dan die dimensie.

J: Hij zegt dat we boven het hogere astrale uitstijgen, ons spiritueel verjongen en leren een universele ziel te zijn. Dan zijn we niet alleen maar meer verbonden aan de astrale gebieden van de aarde. Ik kan dat niet begrijpen. Maar hij zegt: 'Dat hoef je op dit moment ook niet te begrijpen.' (lacht)

D: Wat is ons uiteindelijke doel?

J: Volmaaktheid. Groeien. Zoals je al weet van jullie natuurkundewetten kan energie niet gecreëerd of vernietigd worden. Het verandert slechts van vorm op de weg terug naar de bron. En tegen de tijd dat het weer bij de bron komt, heeft het dezelfde energie. Hij zegt dat dit ook geldt voor spirituele natuurkunde. Hij zegt: 'Dit is een aanwijzing. Denk er maar eens over na.'

D: Maar uiteindelijk is volmaaktheid het doel. En om dat te bereiken moet je verschillende levens op aarde leven om er daarna bovenuit te stijgen?

J: Hij zegt dat je in elk leven een andere kwaliteit leert die je nodig hebt in je zoektocht naar volledigheid. Je hebt niet slechts een aantal levens. Sommige mensen gaan wel drie, vier, vijf, zeshonderd keer.

D: *Natuurlijk, velen van hen moeten lessen blijven herhalen, nietwaar?*

J: Precies. Hij zegt dat gevorderde zielen het in misschien tien levens kunnen doen. Maar het gemiddelde aantal is 120. (abrupt) Hij zegt dat we genoeg hebben gezien en dat het nu tijd is dat we dit gebied verlaten. Hij neemt me mee de bibliotheek uit en laat me de trap zien naar het gebied buiten de tempel, naar een prachtige, adembenemende tuin. Hij zegt: 'Waarom ga je niet eens kijken wat daar is?' Ik heb het gevoel dat we teveel vragen hebben gesteld. Ik loop in deze tuin en het is prachtig. Er zijn fonteinen en waterstromen. De vogels fluiten. De bloemen ruiken heerlijk. Er is hier een lichtgevende ziel die zegt: 'Laten we over de tuin praten. Het is het oerbeeld van alle bloemen en bomen, vijvers, meren en fonteinen die je op aarde hebt, het is dus veel verfijnder.' Alles is bijzonder. De bloemen zijn net handgemaakte juwelen. De geuren zijn wonderlijk. Het is alsof ze hier de beste, duurste parfums ter wereld hebben gespoten. Zo heerlijk ruikt het hier overal. Het is net alsof de natuur haar armen uitstrekt om van je te houden. En er zijn hele mooie vlinders. O, het is gewoon prachtig. Het is hier zo mooi. En dit is een oerbeeld van hoe tuinen eruit zien in de materiële wereld. Dit is de wereld, de echte wereld. De astrale wereld is de echte wereld en deze tuin is het prototype voor onze tuinen op aarde.

D: *Ik moet denken aan bloemen op aarde. Ze bloeien en daarna vallen de blaadjes eraf.*

J: Nee, deze zijn eeuwig. Ze veranderen nooit. Daarom hebben ze een juweelachtige perfectie.

D: *Zoiets als de meest perfecte roos?*

J: Ja, elk blaadje is bijzonder. De bloemen zijn als de perfectste juwelen.

D: *Is het met de bomen net zo? Zijn het de meest perfecte exemplaren van deze bomen? Is dat wat je bedoelt?*

J: Hij zegt dat de bomen in jouw wereld, de materiële wereld, slechts een weerspiegeling van deze bomen zijn.

D: *Ik denk dat ik het tegenovergestelde dacht. Dat de astrale wereld misschien een weerspiegeling was van deze wereld.*

J: O nee, nee. Hij zegt: 'Deze wereld is veel beter. Alle mooie dingen die in jouw fysieke wereld zijn geschapen hebben hun tegendeel hier in deze wereld. En de aarde is slechts een weerspiegeling van de spirituele wereld. Jullie wereld is zo grof en ruw.' Dat was de hoeder van deze prachtige tuin die dat zei.

D: Dus elke plek heeft een bewaarder.

J: Ja, elke plek in dit complex heeft iemand die de plek behoedt. Daar is dat prachtige meer.

D: Waar is dat?

J: In de tuinen. Er zijn allerlei verschillende soorten huizen gebouwd aan de oevers van het meer. En alles, de fonteinen, de tempel, de bergen en het landschap is perfect en eeuwig. De intensiteit van de kleuren is adembenemend. Het is onmogelijk de ongelofelijke schoonheid van deze plek te beschrijven. Hij zegt dat we beter terug kunnen gaan. Hij zegt: 'Je hebt je rondleiding gehad. Ga nu terug, John.'

D: Goed. Maar is er daar geen andere plek waar ik iets over moet weten?

J: Nee, nu niet. Hij zegt dat sommige gebieden verboden terrein zijn, omdat dat hetzelfde zou zijn als een kleuter of lagere schoolkind meeslepen naar de universiteit. Hij zegt dat die informatie nu niet nodig is voor jou.

D: Goed. Maar zeg tegen hem dat ik deze dingen wil weten, zodat de mensen die bang zijn voor de dood zullen weten hoe het daarginds is. Dat is de belangrijkste reden. Misschien zouden die mensen niet bang zijn als ze dit wisten.

J: Hij begrijpt wat je dienst is. Hij zegt dat dat fijn en geweldig is. Maar hij zegt ook dat er sommige dingen zijn die verborgen blijven.

D: Dat begrijp ik.

J: En hij zegt: 'Pas goed op jezelf. Wees gelukkig en hoog in de liefde en in het licht. Wees gezegend en laat het witte licht je omringen en je een veilig en gelukkig gevoel geven.'

D: Oké. Hij vindt dus dat we vandaag geen vragen meer moeten stellen en niet moeten proberen om meer informatie te krijgen? Klopt dat?

J: (Verrast) Hij is verdwenen!

D: Waar ben jij? (pauze) Zie je op dit moment iets?

J: Ik ben in het grijs. Dat is alles. Het is allemaal grijs. Een soort wolken.

D: *Oké. Ze wilden blijkbaar dat we geen vragen meer stelden. Is dat oké voor jou? Ik denk trouwens dat we niet veel keus hebben, of wel? (lacht)*

J: (perplex) Ik ben daar niet meer.

D: *Het is goed. We hebben veel informatie gekregen.*

Toen bracht ik John terug naar bewustzijn. Ik was ietwat teleurgesteld dat we niet verder konden gaan op onze verkenningstocht, maar toen ze de communicatiestroom stopten, hadden we geen keuze. Het was alsof we tot een bepaald punt toegang hadden gekregen. Maar toen ze besloten dat het tijd was om te vertrekken, duwden ze ons simpelweg de deur uit en deden de deur achter ons dicht. Dit was zeer ongebruikelijk. Het liet zien dat wij zeker niet degenen waren die de touwtjes in handen hadden bij deze sessie.

6. Verschillende bestaansniveaus

Informatie over de verschillende bestaansniveaus begon naar voren te komen, toen ik met een vrouw praatte die zich tussen levens in bevond en naar school ging in de spirituele dimensie. Maar deze keer klonk het als een andere soort school dan de school der kennis waar me eerder over verteld was, alhoewel er wel een paar overeenkomsten waren. Ze zei dat de school zich op het zevende niveau bevond.

C: Ik leer om te gaan met dagelijkse ervaringen in het leven, ik leer ze de moeite waard te vinden, ze aangenaam te maken en te waarderen. We leren hier over de verschillende fases die er op aarde zijn. En we proberen mensen inzicht en kennis te verschaffen, zodat ze de noodzakelijke stappen voorwaarts kunnen zetten.

D: Bedoel je door een soort van gids te zijn?

C: Ja, tot op zekere hoogte. Door bijvoorbeeld mensen te helpen zich open te stellen voor het rijk der mogelijkheden.

D: Kun je dat doen van waar je nu bent?

C: Het wordt grotendeels van hieruit gedaan. We proberen de aandacht van mensen te trekken waarvan we het gevoel hebben dat ze de kennis en de informatie die we hen kunnen geven, aankunnen. Er is maar een bepaald aantal mensen dat openstaat voor degenen op het zevende niveau. Er zijn meer mensen ontvankelijk voor degenen op het zesde. Maar we proberen degenen te bereiken die bijvoorbeeld spirituele leiders zijn of uitvinders. Ook degenen die veel mensen niet als belangrijk zouden beschouwen, in de zin dat ze de komende tweehonderd jaar niet zullen worden herinnerd. Maar ze doen iets dat belangrijk is. Ze zijn bijvoorbeeld de vader van iemand die bekend zal worden, of begeleiden of onderwijzen wellicht dergelijke kinderen.

D: Probeer je te werken op het mentale niveau?

C: Ja, door onder andere hun dromen.

Het lijkt erop dat dit zevende niveau de dimensie is waar uitvindingen, muziek en creatieve invloeden vandaan komen. Ik heb altijd het gevoel gehad dat deze dingen door de atmosfeer verspreid worden, wanneer de wereld er klaar voor is, en dat degene die open is en deze ideeën kan opvangen, diegene is die de eer van de uitvinding ten deel valt. Ik denk dat het hen aan de andere kant niet zoveel uitmaakt wie het daadwerkelijk uitvoert, als het maar gebeurt als de tijd er rijp voor is. Dat zou een verklaring kunnen zijn voor de keren dat veel mensen over de hele wereld tegelijkertijd aan hetzelfde werken en zich haasten om het af te krijgen. Veel bekende uitvinders en componisten hebben verklaard dat ze inspiratie kregen in een droomachtige toestand waarbij ze als vanzelf geestelijk meer open waren voor deze behulpzame invloeden.

D: Zou je deze spirituele dimensies of niveaus kunnen uitleggen?

C: Stel je een omgekeerde piramide voor. God zou dan bovenaan of aan de langste kant zijn en de mensheid aan de onderkant of aan de punt. De dimensies zijn ertussenin en worden naarmate ze hoger in getal worden, meer spiritueel. Wanneer je je ontwikkelt in de dimensies, wordt het bewustzijn groter en kom je dichter bij God. Deze analogie van een piramide schiet echter op diverse aspecten tekort. Eén daarvan is dat de bovenkant of de langste kant oneindig moet zijn. Om God te zijn, zou het oneindig moeten zijn.

D: Hoe ontwikkelen we ons door de dimensies heen?

C: Jullie ontwikkelen je nu door de dimensies. Incarneren is één manier.

D: Is het een kwestie van spirituele ontwikkeling?

C: Spirituele ontwikkeling, ja, en lichamelijke ontwikkeling.

D: Moeten we meer dan één leven leiden om ons te ontwikkelen?

C: Je hoeft helemaal geen levens te leiden als je dat niet wilt. Het is niet noodzakelijk om te incarneren; het is echter efficiënter.

D: Efficiënter waarvoor?

C: Voor jullie. Voor jullie tijd. Voor jullie leerervaringen. Het leren is completer wanneer je incarneert dan wanneer je in de geestelijke wereld blijft. Het zijn bij wijze van spreken kortere routes naar de uiteindelijke bestemming.

D: *En wat is het uiteindelijke doel?*

C: Eén zijn met God. Je weer met God verenigen en perfectie bereiken. En dan hoef je niet meer terug te komen.

D: *Hebben veel zielen deze hoogste bestaansniveaus bereikt?*

C: Velen zijn al met God verenigd en hoeven nooit meer naar de lagere dimensies terug te keren.

D: *Hoeveel levens neemt dat over het algemeen in beslag?*

C: Het is bij iedereen verschillend. Voor iemand die trouw blijft aan het doel en het plan dat hij zich had gesteld en niet vergeet waarom hij daar is en contact blijft houden met zijn innerlijke zelf en nauwgezet het pad blijft volgen en daar niet van afwijkt, duurt het niet zoveel levens. Maar te veel mensen raken verstrikt in de wereld. Ze bouwen een muur van ego en ijdelheid om zich heen en verliezen het contact met de spirituele, diepere waarheden omtrent de redenen voor hun bestaan.

D: *Als we niet zouden incarneren, hoe zouden we God dan bereiken?*

C: Via andere wegen, bijvoorbeeld door geïncarneerde personen te helpen en te begeleiden. Door een gids, leraar, helper of vriend te zijn in de geestelijke dimensies. Er zijn veel verschillende wegen.

D: *Wat is het doel om lichamelijk door deze dimensies te gaan als het ook vanaf de andere zijde kan?*

C: We zijn omhoogklimmende wezens. We vormen een ladder. Er zijn anderen wier enige doel stationair is. Dit is te vergelijken met mensen in een marathon. Er zijn mensen op bepaalde punten die niets anders doen dan water vasthouden en dit aan de passerende hardlopers geven. Deze hardlopers zijn als het ware de klimmers van het begin tot het eind. Engelen zijn assistenten die niet klimmen maar enkel dienen. Ons doel is om bij het begin te beginnen en te rennen tot we bij de eindstreep zijn. Er is echter geen eerste of laatste plaats. Iedereen die over de eindstreep gaat, is winnaar in deze race.

Ik was benieuwd naar deze niveaus. Sommigen hadden het dimensies genoemd, maar uit hun beschrijvingen kun je opmaken dat ze het over hetzelfde hebben. Er is me verteld dat er verschillende zijn, tien, dertien tot zelfs een ontelbaar aantal, afhankelijk van met wie je praat. Maar ieder van hen is het erover eens dat je dichter bij de eenheid met God komt, naarmate je hoger klimt.

D: Kun je me over de verschillende niveaus vertellen?
C: Ik kan het moeilijk uitleggen omdat je de ervaring niet hebt om het te kunnen begrijpen. Maar ik zal proberen je wat informatie te geven.
D: Wordt de aarde als het eerste niveau beschouwd?
C: Het niveau van de aarde wordt als het vijfde niveau beschouwd. Daaronder zijn nog verschillende niveaus. Je hebt de elementalen op het eerste niveau. Die basale dimensie is samengesteld uit pure emoties en energieën. Het is een basale energie en van daaruit ontwikkel je je verder. Het zijn levensvormen zonder individuele persoonlijkheden, louter collectieve levensvormen die wachten tot het hun tijd is, zoals mensen ook op hun tijd wachten. Elementalen hebben een toekomst waarin ze gepersonaliseerd zullen worden. Maar op dit moment bevinden ze zich in een wachtperiode. Onderschat hun potentieel niet, want ze kunnen zeer krachtig zijn. Hekel of onderschat hen niet, want ze hebben een opmerkelijke toekomst voor zich, zoals de toekomst van de mens is voor het heden.
D: Hebben elementalen iets te maken met wat we 'bezetenheid' noemen?
C: Niet in de gangbare betekenis van het woord. Bezetenheid is een realiteit en elementalen worden ergens toe aangetrokken en zijn in deze dus geen indringers. Elementalen kunnen gestuurd worden en zijn dus meestal gemakkelijk beïnvloedbaar.
D: En de andere niveaus?
C: Het tweede niveau bestaat uit de beschermers van bomen en bergen. Deze zijn anders. Elementalen hebben meestal te maken met plaatsen. Terwijl ieder van hen die de bomen beschermen, een boom of eigen soort plant heeft. Wat de Grieken elfen en dryaden en dergelijke noemden.
D: Hebben ze enige intelligentie?
C: Meer kattekwaad dan intelligentie, alhoewel ze basaal zeer goedaardig zijn. Het is een kwestie van niveau. Jullie fysieke

niveau is slechts een ander energieniveau. Het is gewoon een kwestie van waarneming waar je je het meest bij op je gemak voelt. Dit bepaalt naar welk niveau van incarnatie je gaat. Sommige mensen komen terug als fee of kabouter, omdat ze zich daar prettig bij voelen.

D: *Kan dat?*

C: Ja. Meestal incarneren ze als degenen die in jullie taal kabouters genoemd worden. Ze zijn meer spiritueel afgestemd, omdat ze zich bewust zijn van de betrokken energieën en weten hoe ze ermee om kunnen gaan.

D: *Zulke wezens bestaan dus?*

C: Ja, ze bestaan echt en wel in de geestelijke dimensie. Ze bestaan niet fysiek. Maar ze kunnen wel fysiek verschijnen. Dat is belangrijk. Ze kunnen verschijnen. Maar ze zijn spiritueel van aard. Hun ziel groeit net als jouw ziel naar volledigheid toe. En ze zijn thuis bij alle planten en dieren van het bos en ook van de zee en de lucht. Ze zijn degenen die het heft op deze terreinen in handen hebben. Maar als ze zich manifesteren, doen ze dat als mensachtige wezens in groene gebieden. Daarom kennen we verhalen over kabouters, feeën en elfjes.

D: *In hun normale toestand zijn ze geest, maar ze kunnen zich manifesteren als kleine wezens? Waarom manifesteren ze zich in zo'n ongebruikelijke vorm?*

C: Dat maakt deel uit van het plan. Ze worden getest om te leren hoe ze voor de natuur kunnen zorgen. Als ze dat geleerd hebben, kunnen ze daarna voor zichzelf zorgen.

D: *Wat bedoel je daarmee?*

C: Precies zoals ik het zeg.

D: *Betekent dat, dat ze zich kunnen ontwikkelen en uiteindelijk als mens incarneren?*

C: Jullie zijn in andere levens fee geweest, ja.

D: *O? Wij allemaal?*

C: Ja. Wij allemaal. Jullie kunnen in de huidige staat van jullie ontwikkeling niet te veel weten over de ontwikkeling van de ziel. Dit is voor jullie moeilijk te begrijpen. Maar ze gaan op de ladder naar boven, net als wij op de ladder naar boven gaan.

D: *Is dit de reden waarom mensen er zo door gefascineerd zijn?*

91

C: Waarschijnlijk omdat ze het zelf ooit geweest zijn. Ze zijn feeën geweest, vooral mensen die zich erg met de aarde verbonden voelen. Ze kennen nog de weerspiegelingen van hun levens als dit soort wezens.

D: *Volgens onze volksverhalen hebben zij magische krachten en dergelijke. Is dat waar? Hebben ze de krachten die aan hen worden toegeschreven?*

C: Dat is slechts folklore. Ze hebben inderdaad verrassende talenten. Maar mensen die zich niet bewust zijn van de spirituele dimensie zouden hen, wanneer ze zich manifesteren, zien als een spirit in plaats van als een fysieke levensvorm. Ze kennen desalniettemin leven in spirituele betekenis.

D: *Het is moeilijk voor mij om hen als spirit te zien die zich dan manifesteert.*

C: Ze mogen dat doen als het nodig is. Daarom verschijnen ze niet vaak aan mensen. Als je helderziend bent, zie je dat alles in de natuur spirits heeft die eindeloos veel taken uitvoeren.

D: *Ervaren ze dood zoals wij die kennen?*

C: Nee, ze ervaren geen dood. Het is meer dat ze zich individualiseren. Ze verlaten de groepsziel en individualiseren zich steeds markanter, zodat ze hun karma kunnen uitwerken.

D: *Deze volksverhalen zijn al zo oud dat er haast wel een kern van waarheid in moet zitten. Is er een reden voor dat mensen hen op verschillende manieren waarnemen, soms als elfen, feeën of gnomen?*

C: Sommigen zorgen voor de schepselen van de meren en de wateren. Anderen zorgen voor die van het bos. Weer anderen zorgen voor de schepselen van het tapijt van de aarde, het gras.

D: *Is dat de reden dat ze er anders uitzien, andere vormen hebben en andere persoonlijkheden? (hij knikte) Creëren deze schepselen ooit iets dat negatief is?*

C: Nee, omdat ze geprogrammeerd zijn om dat niet te doen.

D: *Ik dacht aan de verhalen.*

C: Ja. Maar er zijn demonen die zich vermommen als deze wezens. Dit zijn vaak negatieve astrale entiteiten die op aarde hebben geleefd en overstuur zijn, omdat ze niet opnieuw kunnen reïncarneren. Ze kunnen problemen veroorzaken. Dit kwam vroeger vaker voor. Mensen hebben deze spirits nogal verwaarloosd als gevolg van hun technologische ontwikkeling. Vroeger kwelden demonen mensen in de vorm van feeën of dieren. Maar nu mensen de agrarische levenswijze achter zich gelaten hebben in ruil voor een technologische, gebeurt het niet meer zo vaak.

D: *Hoe kunnen mensen weten wat wat is?*

C: Daar moet je je geen zorgen over maken. Natuurwezens laten zich niet zo vaak aan sterfelijke mensen zien. Maar als ze dat wel doen, is daar een belangrijke reden voor. Meestal heeft het te maken met het land of met de natuur. Als mensen bijvoorbeeld land gaan misbruiken dat heilig is voor deze wezens, zullen ze problemen veroorzaken. Ze zullen proberen met mensen in hun slaap of in waaktoestand contact te maken en zeggen: 'misbruik dit land alsjeblieft niet'.

D: *Dat lijkt op de Indiaanse overlevering. Maar ze manifesteren zich nu niet meer zo vaak als vroeger.*

C: Nee. Maar ze doen dingen waar planten en dieren baat bij hebben.

D: *Heeft elke plant en dier een aparte beschermer?*

C: Nee, omdat planten en dieren allemaal een groepsziel hebben. En deze groepszielen worden verzorgd door wezens die jij kent als kabouters en feeën. Er zijn individuele zielen die voor groepszielen zorgen. En individuele zielen zijn de elfen, feeën etc.

D: *Dit is moeilijk om te begrijpen. Ik dacht dat het misschien een groepsziel was die voor alle planten zorgde en dat dit daarna individualiseerde.*

C: Het zijn aparte wezens, omdat de groepsziel niet zo ver ontwikkeld is als een helpende ziel.

D: *Dan lijken feeën en elfen die spirits helpen in die zin een beetje op onze gidsen en beschermers.*

C: Ja, ze lijken op toverfeeën. Ze zijn gidsen en kanalen voor het planten - en dierenrijk. Deze rijken zijn zich bewust van deze spirits.

D: *Het lijkt op de manier waarop onze gidsen en beschermers ons helpen.*

C: Ja. Behalve dan dat ze er ten behoeve van het dieren - en plantenrijk zijn. Kabouters of elfen of hoe je hen ook wilt noemen zijn een apart zielstype, dat zich geestelijk tot een menselijke incarnatie ontwikkelt. Ze zullen in de toekomst die mogelijkheid hebben. In feite zijn wij in onze vorige levens een dergelijke energie geweest, maar nu hebben we een menselijke rol aangenomen. Deze spirits staan ten dienste van dieren en vogels die een groepsziel hebben. Ze zijn er om hen te helpen, omdat dieren geen individuele ziel hebben. Dieren leven voort via hun nakomelingen.

Veel hiervan leek erg op volksverhalen en verhalen uit de mythologie, wat we als bijgelovig 'gebrabbel' hebben afgedaan. Misschien begrepen de ouden meer van deze basale principes omdat ze dichter bij de natuur leefden. Het was heel duidelijk voor hen, maar ook beangstigend. Blijkbaar verzonnen ze uit eerbied voor de natuur verhalen waarin allerlei typen wezens voorkwamen, wier namen overgeleverd zijn in sagen en mythen. Dit lijkt voortgekomen te zijn uit hun pogingen de spirituele dimensie te doorgronden, die wij overigens negeren in onze gemechaniseerde en complexe maatschappij.

D: Maar uiteindelijk ontwikkelen deze spirits zich eventueel tot mensen.
C: Ja. Ik zou eigenlijk niet zoveel over deze informatie moeten praten. Ja, ze leren om zich tot mensen te ontwikkelen. Ze zijn jong qua ziel. Ze zijn vol liefde voor de hele mensheid en vooral voor elke vorm in de natuur. Ze stijgen op de evolutieladder na de verschuiving van de aardas, want dan zullen ze beginnen te incarneren in fysische lichamen. Ze bereiden momenteel de wereld op deze verandering voor. Daarom worden mensen naar bepaalde gebieden geleid om te gaan wonen. Wanneer deze zielen incarneren in een menselijk leven, zal de wereld veranderd zijn van een laag planetair vibratiesysteem in een hoog planetair vibratiesysteem en dit zal hun licht en leven weerspiegelen. Velen van hen zullen in actie komen en incarneren om de wereld weer te helpen opbouwen en om voedsel te produceren en zich af te stemmen op de dieren die getraumatiseerd zijn door deze shift.
D: Wat zal er gebeuren met ons soort zielen?
C: Als de shift plaatsvindt, vinden er voor groepen zielen verschillende veranderingen plaats. We zullen ons naar een hoger bewustzijnsniveau ontwikkelen.
D: We zouden dan niet meer op aarde willen incarneren?

94

C: We zullen ook reïncarneren op aarde simpelweg om aan ons karma te voldoen. Maar de meeste mensen die naar de aarde komen, zullen spiritueel ontwikkeld zijn. Alle minder ontwikkelde wezens worden naar een ander universum gestuurd om opnieuw aan hun kosmische reis te beginnen.

D: *Zo te horen zal er veel veranderen na de verschuiving van de aardas.*

C: Deze natuurwezens bereiden zich erop voor. Het is echt beter dat ik er niet meer over zeg.

Het onderwerp van de komende verschuiving van de aardas en de mechanismen die ermee te maken hebben, worden in meer detail beschreven in mijn boek, Nostradamus spreekt opnieuw.

D: *En hoe zit het dan met de dieren? Je zei dat ze geen individuele ziel hebben?*

C: Nee. De ziel van dieren is anders dan die van mensen. Het is zo anders dan de ziel van een mens, dat ik het niet goed kan uitleggen. Sommige dieren als koeien en paarden, leven meestal in kuddes en dat is gemakkelijk aanwijsbaar als groepsziel. Maar een dierenziel heeft geen persoonlijkheid zoals een mens. Het is een levenskracht en heeft een dierlijk lichaam.

D: *Incarneren zij net als mensen meerdere keren?*

C: Ja. Een fysisch lichaam wordt gevuld met levenskracht, in die zin gaat het dus om incarnatie.

D: *Incarneert een dierenziel ooit als mens?*

C: (hij fronste en keek verbaasd) Ja, dat gebeurt... uiteindelijk. Het is deel van zijn spirituele groei. Net zoals jij naar hogere niveaus gaat, zo scheidt een dierenziel zich af van de groepsziel en wordt een individuele ziel en begint het proces van spirituele groei. Veel mensen op aarde zijn aeonen geleden in andere levens dieren geweest op andere planeten.

D: *En dit was deel van de evolutie? Ik ben benieuwd naar waar we begonnen zijn. Wat voor soort energie waren we toen we net begonnen?*

C: We moeten alle ontwikkelingsfasen doorlopen: gas, materie, plant, dier, mens, geest, goddelijk.

95

D: Een dier is dus deel van een groepsziel en kan individualiseren en afsplitsen van de groep?

C: Ja, dat gebeurt door liefde. Als mensen een dier liefde tonen, geeft dat hen een persoonlijkheid. Liefde helpt hen af te splitsen en individueler te worden. Het verhoogt hun bewustzijn. Daarom moet je altijd liefdevol zijn voor alle schepselen. Maar ik begrijp die schadelijke wezens als insecten, wespen en muggen niet. (hij trok een gezicht vol afschuw en ik moest lachen) Ze maken echter deel uit van het plan. De meeste insecten zijn er met een bepaalde reden, maar ik denk dat sommigen er niet hoeven te zijn omdat ze niet echt productief zijn. Maar na de verandering van de aarde, zullen ze er niet meer zijn.

D: Zitten de dierenzielen op een bepaald niveau?

C: Sommige zijn in het tweede, sommige in het derde en sommige zitten er tussenin. Een mier zit bijvoorbeeld op een ander niveau dan een veelbeminde hond of paard. Er zijn niet altijd duidelijk afgescheiden niveaus. Er zitten veel facetten aan elk karakter. Er zijn ook zielen in aardse menselijke vorm op die lagere niveaus. Ze hebben hier toestemming voor, in de hoop dat ze zichzelf ontwikkelen. Sommige mensen zitten op het derde niveau, zelfs nadat ze zijn geïncarneerd. Dat zijn mensen zonder geweten. Ze bestaan, maar leven niet echt.

D: Hoe bedoel je dat? Zijn ze slecht of zijn ze gewoon niet geïnteresseerd?

C: Ze hebben de intelligentie niet om goed of slecht te zijn. Er zijn er niet veel van. Er zijn meer geïncarneerden op het vierde niveau dan op het derde niveau. Wat jullie een psychopaat zouden noemen, is een individu van het vierde niveau. Nogmaals, ze hebben geen geweten, maar hebben de intelligentie om te weten hoe ze dit tegen anderen kunnen gebruiken.

D: Degenen op het derde en vierde niveau die asociaal zijn, zouden dit moordenaars en criminelen zijn?

C: Ja, voor een groot deel wel. Het zijn degenen die of tot dat niveau afgezakt zijn of mensen die nog niet zover gevorderd zijn als de anderen. Er is geen geweten. En dan is er het vijfde niveau en dat is jullie dagelijkse bestaan. Er zijn er ook die van het zesde niveau naar de aardse dimensie komen.

D: Is het zesde niveau boven de aarde?

Ik probeerde deze niveaus fysiek op herkenbare plaatsen te fixeren met duidelijk afgebakende grenzen. Ik zou er later achter komen dat dat onmogelijk was.

C: Het zesde niveau is het niveau dat bekend staat als de spirituele dimensie.

D: *Zijn dat zielen die de aarde niet willen verlaten?*

C: Soms zijn het degenen die vast komen te zitten in de aardse dimensie ofwel door hun eigen motieven ofwel omdat hun familie hen daar houdt door bijvoorbeeld verdriet.

D: *De aarde is op het vijfde niveau. Daarna zijn er de zesde, zevende en nog hogere niveaus? En dit is waar de scholen zich bevinden?*

C: De scholen en de leraren, ja. Het achtste en negende niveau is gereserveerd voor de grote meesters. Als je het tiende niveau bereikt, ben je weer één met God.

D: *Gaan mensen ooit achteruit? Ik dacht aan de theorie dat mensen incarneren als dieren?*

C: Nee. Tenzij je zeer beestachtig bent. Met andere woorden, als je je als een beest hebt gedragen en je een dier wilt worden, dan zou dat inderdaad kunnen, maar dat is zeer zeldzaam. Dit mag meestal niet. Eens was het mogelijk, maar nu niet meer. Dat was in het begin van het experiment. Als iemand zo ver is gezakt, zal hij waarschijnlijk aan deze zijde blijven totdat hij zich omhoog heeft gewerkt, in plaats van op de schaal naar beneden te gaan. Het is mogelijk voor mensen om mentaal naar een dierlijk niveau te zakken, maar het is onwaarschijnlijk dat ze een dierenlichaam binnengaan. Als je eenmaal het menselijke bewustzijn hebt bereikt, is het heel zeldzaam dat je teruggaat naar een dierlijk bestaan omdat je je verder ontwikkeld hebt.

D: *De mensen die dus incarneren, zitten op het derde, vierde en vijfde niveau.*

C: Soms op het zesde.

Ik vroeg me af hoe dat mogelijk was als je geïncarneerd bent, omdat het zesde niveau in de spirituele dimensie is.

C: Je hebt wel eens van de uitdrukking gehoord dat iemand met de ene voet in de ene wereld en met de andere voet in de andere staat. Dit zijn mensen die zeer open staan voor alles om hen heen.

D: *Kunnen zij zelf van niveau veranderen?*

C: Voor een groot deel wel, als ze zich daar eenmaal bewust van worden en met de twee werelden om beginnen te gaan. En dan is er het zevende niveau waar zich veel van de scholen van kennis en gedachten bevinden. Veel van de kennis komt van het zesde en zevende niveau. Sommige mensen werken op twee niveaus zonder zich daarvan bewust te zijn. Een voorbeeld is een uitvinder die geen idee heeft waar zijn kennis vandaan komt.

De gedachte kwam in me op dat mensen het vaak hebben over de zevende hemel, een plek van volmaakt geluk. Ik vroeg me af dit voortkwam uit deze theorie van verschillende niveaus.

D: *Op welk niveau is de rustplaats?*

C: Dat heeft geen niveau. Het is. Het bestaat vanuit de behoefte om zonder enige stimulatie te zijn. Daarom heeft het geen niveau. Men gaat er heen om zonder niveau te zijn.

D: *Is het op een speciale plek, verwijderd van de andere dimensies?*

C: Niet noodzakelijkerwijs ervan verwijderd. Het is temidden van de dimensies, maar het is volledig in zichzelf. Het is moeilijk uit te leggen. Als ik een analogie gebruik, zou het zoiets zijn als wanneer je recht omhoog gaat vanaf jullie planeet en de lucht steeds dunner wordt. Terwijl je naar boven gaat, kom je bij de wolken en je ziet een wolk die er zeer dik en massief uitziet. Het is apart, maar het maakt nog steeds deel uit van de lucht. De rustplaats is ook zo.

D: *Telkens als je naar de ruimte tussen levens in gaat, ga je dan naar een ander niveau of terug naar het niveau dat je hebt verlaten?*

C: Soms hangt het ervan af wat je in dat leven bereikt hebt. Als je bijvoorbeeld in een leven in plaats van vooruit, achteruit bent gegaan, ga je niet terug naar het niveau dat je verlaten hebt. Soms ga je direct naar een ander leven. Andere keren heb je een rustperiode. Soms ga je terug naar een school, maar niet noodzakelijkerwijs dezelfde als die je verlaten hebt. Wellicht heb je andere lessen te leren of bekijk je wat je de volgende keer moet leren. Wellicht probeer je te beslissen of je terug wilt komen, of dat je daar wilt blijven voor een langere werkperiode.

D: Is er op elk niveau een school?

C: Ja, er zijn vele scholen op elk niveau: scholen van licht, van filosofie. Ze hebben elk betrekking op een deel van de natuurlijke wetten van dingen. Ze proberen het individu te openen voor dat deel van de waarheid, zodat ze de weg kunnen vinden.

D: Je gaat niet naar het volgende niveau totdat je er klaar voor bent?

C: Dat is waar.

Dit klonk als het overgaan op school, van de ene naar de andere klas. Misschien is het wel net zo, waarbij de aarde simpelweg één van de klaslokalen is.

D: Bedoel je dat er bepaalde eisen zijn voor je naar het volgende niveau kunt gaan? Je gaat of achteruit of hogerop naar het volgende niveau, afhankelijk van wat je bereikt hebt?

C: Ja. En wanneer je eenmaal boven een bepaald niveau bent, zo rond het negende niveau, is het heel erg zeldzaam dat je nog weer incarneert, omdat je dergelijke lessen dan niet meer nodig hebt. Tenzij, zoals ik al zei, iemand achteruit gaat op zijn pad, in een leven waarin hij zich door verleidingen heeft laten neerhalen.

D: Ik zou denken dat wanneer je die bovenste niveaus bereikt, je dan boven die verleidingen zou staan.

C: Als het veel aeonen geleden is sinds je een aards bestaan hebt geleefd, is het net als iemand die iets ontzegd is. Als een kind lang geen snoep heeft gekregen en dan ineens wel snoep krijgt, zal het zich waarschijnlijk volproppen. Zoiets gebeurt wel eens. Het gebeurt niet zo vaak als in de lagere niveaus, maar het komt voor. Zelfs de grootste avatars kunnen mogelijk in de verleiding komen.

Een avatar is een halfgod die in lichamelijke vorm naar de aarde komt. Er zijn veel voorbeelden in de geschriften van de Hindoes. Het negende niveau zal waarschijnlijk het niveau zijn waar meesterleraar Jezus vandaan kwam. Dit zou ook het Bijbelverhaal van de verleiding door de duivel verklaren. Dit was zijn strijd met zichzelf.

D: Het moet wel iets met de aarde te maken hebben dat het dat met mensen doet.

C: Op aarde is de donkere kant van dingen, dat wat jullie het kwaad noemen, actiever dan hier. En de trekkracht ervan is groter.

D: Dat maakt het moeilijk het te weerstaan.

C: Maar nogmaals, het weerstaan ervan maakt je sterker. Hier, waar het bestaan heel gemakkelijk is en je je er niet tegen hoeft te verzetten, groei je wellicht niet zo snel.

D: Ik vermoed dat het er dus op lijkt dat je een leven begint met de beste plannen en bedoelingen, maar dat je je daar dan niet altijd aan kunt houden.

C: 'De sluwste plannen van muizen en mensen lopen vaak verkeerd.' (Robert Burns) Je weet nooit wat er gebeurt, tot het zover is. Het is soms nuttig om achteruit te reizen om degenen daar beneden te helpen. Vaak keren degenen in de hogere dimensies terug naar de fysische wereld om het bewustzijn van mensen te vergroten.

Ze worden in het Boeddhisme boddhisatvas genoemd. Ze worden omschreven als mensen die verlichting hebben bereikt en er toch voor kiezen om naar de fysische dimensie terug te keren uit compassie voor hun medeschepselen. In deze boeddhistische betekenis was Jezus een boddhisatva of verlichte ziel.

C: Er wordt dispensatie gegeven aan degene die dat doen. Het is toegestaan en wordt ook gedaan.

D: Gaat een ziel uiteindelijk naar al deze verschillende dimensies of niveaus?

C: Dat is waar we allemaal naartoe werken. Dat is het uiteindelijke doel. Het uiteindelijke plan is eenheid, een hereniging met God.

Anderen hebben dezelfde beschrijvingen in andere bewoordingen gegeven. Ik denk niet dat ze elkaar tegenspreken. Alles wat ze me vertellen hangt af van de groei van de ziel die verslag doet en de accuratesse van hun waarnemingen en hun vermogen om verslag te doen van wat ze waarnemen met de beperkingen van onze taal. Alle entiteiten hebben gezegd dat onze taal volledig inadequaat is om te beschrijven wat ze zien. Vaak proberen ze dat te compenseren door analogieën te gebruiken, maar zelfs deze zijn jammer genoeg ineffectief om het hele beeld weer te geven. Wat achter de sluier ligt is zo overweldigend, dat het op zijn zachtst gezegd moeilijk is om de informatie aan onze sterfelijke zintuigen over te brengen. We kunnen op zijn best proberen deze entiteiten te begrijpen binnen onze menselijke beperkingen. Het is of dat, of de kennis helemaal niet zoeken.

Dit is het verslag van een andere cliënt over de verschillende bestaansniveaus.

C: Dezelfde bestaansniveaus nemen dezelfde ruimte in. Jij bestaat nu bijvoorbeeld in de fysische dimensie, terwijl de spirituele aspecten van jou zich weerspiegelen in de spirituele dimensies. Dat komt omdat de spirituele dimensies hier ook zijn, maar de bijbehorende vibraties hebben een andere frequentie. Het bestaat hier op dezelfde plek als op aarde, het is slechts een andere frequentie. Het is als met jullie radio's. De radio is dezelfde en de vibraties die doorkomen nemen dezelfde ruimte in beslag, maar hebben verschillende frequenties. En je stelt de frequentie van de ontvanger in om bepaalde vibraties te ontvangen. Met de verschillende bestaansniveaus is het net zo. Ze bestaan tegelijkertijd, maar op verschillende frequenties zodat ze niet botsen. Ik weet niet of ik het duidelijk genoeg heb uitgelegd.

D: *Ik denk dat ik het begrijp. Dat is wat ik eerder heb gehoord, dat je op een bepaald niveau kan zijn en je niet bewust bent van de andere niveaus.*

C: Ja. Of als je je ervan bewust wordt door bijvoorbeeld meditatie of andere technieken die jullie op dit niveau hebben. Je kunt een deel van je frequentie voldoende aanpassen om in verbinding te gaan met een andere frequentie, om te weten dat die bestaat. Maar er is een barrière op dit punt. Vandaar dat men wel spreekt van 'kijken in een donkere spiegel' of van een sluier. Er zijn verschillende niveaus, maar er zijn ook tussenniveaus waarin je contact kunt hebben met anderen van andere niveaus, als dat nodig is. Enkele van degenen met wie je in de aardse dimensie contact hebt gehad in dit proces van karma-uitwerking, kunnen bijvoorbeeld in een andere dimensie zitten. Misschien zijn ze nog niet op aarde geboren en moet je met hen overleggen om te zien wat ze beslissen voor hun volgende incarnatie. Misschien moet je samen bekijken wat het beste zou zijn voor jullie beider karma wat betreft het waar en wanneer men geboren gaat worden. Dat is één van de doelen van karma en reïncarnatie. Je kunt in je slaap voor dit soort doelen naar deze tussenniveaus gaan. Als je je tussen incarnaties in bevindt, kun je ook toegang hebben tot hogere niveaus.

D: *Kun je naar deze andere niveaus gaan, zelfs als je nog niet zo ver ontwikkeld bent? Of zijn er bepaalde barrières die je alleen tot bepaalde niveaus toelaten?*

C: Je kunt zo ver gaan als je begrip en bevattingsvermogen dat toelaten. Jijzelf bent de enige barrière. Het is de mate waarin je je geest open kunt stellen en dingen kunt begrijpen. Maar er zijn altijd helpers.

D: *Ik probeer deze niveaus te begrijpen. Ik blijf proberen ze voor te stellen met duidelijke fysische grenzen, maar ik begin me te realiseren dat dat waarschijnlijk onmogelijk is.*

C: Er zijn geen duidelijke fysische grenzen. Om een analogie te gebruiken: op de grond staan in jullie dimensie is net zoiets als op een niveau zijn. Als je recht naar boven gaat vanaf de oppervlakte van jullie planeet, ga je door de atmosfeer waarvan de wetenschappers zeggen dat deze uit verschillende lagen bestaat, stratosfeer en zo meer, afhankelijk van hoe dun de lucht is. Maar dit gebeurt niet op de andere niveaus. Het is gewoon een geleidelijke overgang van het ene niveau naar het andere. Als je recht omhoog gaat vanaf de grond, zie je de verschillende niveaus van de atmosfeer niet. Je merkt gewoon dat het geleidelijk verandert en anders wordt als je hoger komt. De spirituele dimensies zijn net zo.

D: *Weet je hoeveel niveaus er zijn?*

C: Nee. Er is een ontelbaar aantal niveaus denk ik. Sommige niveaus zijn bestemd voor speciale doeleinden en andere niveaus zijn algemeen.

D: *Wat is het hoogste niveau dat je kunt bereiken als je je, zoals je zei, steeds hoger ontwikkelt?*

C: Ik weet niet of ik je daar iets over kan zeggen, omdat ik niet zeker weet of er een grens is aan hoever je je kunt ontwikkelen. Ik ben me van geen grenzen bewust en mijn waarneming gaat maar tot een zekere hoogte. Maar degenen die verder ontwikkeld zijn dan ik kunnen meer waarnemen, omdat ze hoger ontwikkeld zijn. Op mijn huidige niveau weet ik alleen dat ik me verder kan ontwikkelen. En hoe verder iemand zich ontwikkelt, hoe positiever zijn karma wordt.

D: *Een mens zou niet op één niveau en in dezelfde sleur willen blijven, vermoed ik. Nadat je het niveau van de aardse incarnatie verlaat, ga je dan terug naar hetzelfde spirituele niveau dat je verliet?*

C: Nee. Vaak hangt het af van de dingen die er met je gebeurd zijn tijdens je incarnatie en de manier waarop je ermee omgegaan bent. Als je bijvoorbeeld, toen je geïncarneerd was regelmatig mediteerde en dergelijke, zal dat je helpen bij je ontwikkeling, ook al tijdens je aardse dimensie. Wanneer je dan terugkeert, zul je naar een hoger niveau kunnen gaan. Als je bijvoorbeeld tijdelijk op een bepaald niveau vast komt te zitten, dan komt dat meestal omdat er iets is dat je moet leren, maar waar je moeite mee hebt om in je op te nemen.

Ik probeerde meer informatie te verkrijgen van deze entiteit over de niveaus op aarde die lager zijn dan het fysische, menselijke niveau. Ik zei dat ik had gehoord dat het laagste niveau de energieën van stenen, planten en bomen was.

C: Ik denk dat je het hebt over de elementalen. Het hele universum, alle niveaus van dit universum en ook van een aantal andere universa - maar ik spreek alleen over dit universum - bestaat allemaal uit energie van verschillende intensiteit en niveaus. Je neemt het fysische niveau als massief waar simpelweg omdat de energie van jouw lichaam daarmee overeenstemt. Maar het is ook allemaal energie, zoals jullie atoomwetenschappers weten. De energieën die belichaamd zijn in de verschillende niveaus van de schepping, zoals rotsen, bomen en dergelijke, zijn niet noodzakelijkerwijs lagere of hogere energieniveaus. Het zijn slechts andere energievibraties. Het zijn levende krachten. Ze werken volgens andere regels. Ik noemde al eerder hoe op het niveau waar ik nu ben, de energieregels anders zijn en anders werken. Zo is het ook met deze andere energieniveaus. Daarom gebeuren er dingen op jullie aarde die onverklaarbaar lijken, omdat ze vaak beïnvloed of veroorzaakt zijn door entiteiten op die andere energieniveaus. Ze kunnen contact maken met jullie energieniveau. Begrijp je?

D: *Ik probeer te bedenken hoe ze ons kunnen beïnvloeden of dingen kunnen veroorzaken die onverklaarbaar zijn.*

C: Jullie kennen sprookjes over kabouters en dergelijke die jullie helpen deze verschillende energieniveaus te begrijpen. Kabouters bestaan wel degelijk. Het is een groep entiteiten op een ander energieniveau. Het is een ander soort incarnatie. Een manier waarop deze andere energieniveaus jullie bijvoorbeeld kunnen beïnvloeden, is door zich te verbinden met bepaalde paranormale gaven van jullie. Of door jullie te helpen gevoelig te zijn voor weersveranderingen en dergelijke. Of als er misschien 'toevallige' dingen gebeuren, dan komt dat door invloeden van deze andere energieniveaus. Dit gaat, vrees ik, verwarrend worden, niet voor mij, maar voor jou. Als je bijvoorbeeld iets heel graag wilt, vormen de kracht van dat verlangen en de gedachten erover een bepaalde energie. De entiteiten op deze andere energieniveaus pikken dat op. En zo kunnen ze dingen subtiel veranderen om te helpen dat verlangen te verwerkelijken.

D: *Beïnvloeden deze andere entiteiten ooit iets op een negatieve manier? Of mogen ze dat niet?*

C: Ja, er zijn er die dat doen. Het is als yin en yang dat alles in evenwicht houdt. Meestal zijn degenen die op een zogenaamde 'negatieve' manier invloed uitoefenen, ofwel ondeugend of is het zo dat degene die de verlangende energie uitstraalde, niet duidelijk was in wat hij wilde. En zo zien ze dat wat gebeurt als negatief.

D: *Ik dacht aan onze ideeën over boze geesten of demonen.*

C: Nee, zij zijn niet zo.

Over dit onderwerp meer in hoofdstuk tien dat gaat over duivel, bezetenheid en demonen.

D: *En hoe zit het dan met wat de katholieke kerk het vagevuur noemt? Bestaat er een dergelijke plaats?*

C: Nee. Wat ik kan zien dat mogelijk het meest in de buurt komt van het beeld van vagevuur, is de rustplaats voor beschadigde zielen. Maar het is niet een plaats van straf, niet wat de katholieken bedoelen met hun term vagevuur. Er is echt geen bepaalde plaats als vagevuur of hel. Een dergelijke ervaring wordt gecreëerd door je eigen geest als gevolg van dingen die er in vorige incarnaties gebeurd zijn.

D: Ik wilde je vragen over de hel. Sommige mensen hebben plaatsen beschreven die hen 'slecht' leken toen ze bijna-dood-ervaringen hadden. Weet je daar iets van?

C: Dit was wat ze verwachtten. Het komt voort uit het idee dat je een leven hebt geleid dat zodanig was dat je 'naar de hel kon lopen'. Door een dergelijk soort leven trek je negatieve energieën en invloeden naar je toe. Wanneer je dan overgaat naar de geestelijke wereld, zitten de negatieve invloeden nog aan je vastgeklonken. Maar als je zelf in de geestelijke wereld bent, word je je bewust van deze invloeden en kan je ze waarnemen. Je wordt er volledig door omgeven, ze beïnvloeden je geest en doen je denken dat je op een plaats bent die heel onprettig is, terwijl het in werkelijkheid een gemoedstoestand is die veroorzaakt wordt door negatieve energieën die je in vorige incarnaties hebt aangetrokken.

D: Het is dus niet een plaats waar ze moeten blijven?

C: Nee. De toestand van hel is slechts een gemoedstoestand tijdens de periode van overgang. Het idee van hemel en hel is vanuit jullie perspectief een soort fabel of legende geworden. Zij die dit geloven scheppen hun eigen realiteit in zoverre, dat wanneer zij overgaan, ze die realiteit zullen aantreffen die ze zelf gecreëerd hebben. En daarom is het inderdaad echt. De beschrijvingen van hemel en hel in jullie heilige geschriften komen voort uit bijna-dood-ervaringen van mensen. Ze komen terug en beschrijven wat ze hebben gezien. En ze zagen de spirituele energieën om zich heen tijdens de overgangsperiode. Maar ze gingen niet ver genoeg over de drempel om zich te kunnen realiseren wat er werkelijk gebeurde. Als ze verslag deden van wat goed en aangenaam was, werd dit de hemel genoemd. Als het afschuwelijk was, noemden ze het de hel.

D: Men praat vaak over vuur en dergelijke.

C: De negatieve energieën kunnen de geest zodanig kwellen dat je het gevoel hebt dat je in brand staat. Dit is geen fysiek branden, omdat het sterfelijke lichaam immers is achtergelaten.

D: Hoe kan ik, wanneer ik erover schrijf, mensen helpen deze dingen te begrijpen? De kerk leert ons al zo lang dat het zo is en niet anders.

C: Dat is een goede vraag. Schrijf de dingen die je tijdens deze en andere sessies te weten komt op en verbind ze met elkaar. Moedig mensen aan om boeken over bijna-dood-ervaringen te lezen, zodat ze over deze geesteshouding dat de dood iets is om bang voor te zijn, heen kunnen groeien. Men hoeft net zo min bang te zijn voor de dood als voor ademhalen.

D: Ik heb gehoord dat als mensen doodgaan en bang zijn dat ze naar de hel gaan, dat dát is wat ze zullen ervaren. Ze denken dat ze een slecht leven hebben geleid en dat dit het enige is dat ze kunnen verwachten. Dit maakt dat ze een slechte ervaring opdoen.

C: Ja, zo werkt het inderdaad, omdat dat één van de houdingen is die negatieve energieën aantrekt. Als je een aangename ervaring verwacht, dan zul je die krijgen en dat maakt de overgangsperiode gemakkelijker. Het is dan minder waarschijnlijk dat je naar de rustplaats hoeft te gaan om aan je houding en dergelijke te werken om de negatieve energieën kwijt te raken. Als je in dit leven een positieve houding kunt ontwikkelen, zal dat helpen negatieve energieën te doen verdwijnen. Mensen die in deze negatieve toestand overgaan, worden vaak naar de rustplaats gestuurd, omdat ze deze problemen moeten verwerken en aan hun houding moeten werken of wat het in hun geval ook was, dat deze negatieve vibraties aantrok. Ze moeten erachter komen wat ze hebben gedaan waardoor ze ze aangetrokken hebben en wat ze kunnen doen om zich te ontwikkelen, zodat deze negatieve invloeden niet langer worden aangetrokken. Als ze aan verschillende aspecten van zichzelf werken en een bepaalde houding corrigeren, is de aantrekkingskracht er niet meer. De negatieve invloeden verdwijnen, omdat de energie er niet meer is om ze vast te houden. Het is een soort combinatie van aantrekkingskracht, elektriciteit en zwaartekracht.

D: Wat gebeurt er als iemand incarneert, voordat deze negatieve invloeden zijn verdwenen?

C: Meestal krijgen mensen de tijd in de rustplaats om een start te maken met positieve groei. Als iemand zou incarneren voordat deze negativiteit weggewerkt is... ik weet niet wat er dan zou gebeuren. Ik denk dat het dan gewoon aan hun karma wordt toegevoegd. Ik kan het mis hebben. Ik denk dat wanneer je geboren wordt en jong en onschuldig bent, je voor een bepaalde periode hiertegen beschermd wordt, totdat je de jaren des onderscheids bereikt en je je begint te realiseren wat goed en slecht is. Op het moment dat je volwassen genoeg bent om onderscheid te kunnen maken tussen goed en kwaad, zal je over het algemeen die gemoedstoestand kiezen die aansluit bij de krachten die aan je trekken. En dan komt het erop neer dat je meer negatieve energieën aantrekt. Het is zaak om naar de rustplaats te gaan wanneer je sterft en aan deze houdingen te werken.

D: *Betekent het dat, als je terug komt met deze krachten nog bij je, je bij wijze van spreken met het verkeerde been uit bed stapt?*

C: Je krijgt een tijd van gratie, als je nog onschuldig bent. Maar wanneer je de jaren des onderscheids bereikt en je eigen beslissingen gaat nemen in je handelen en in goed en kwaad…op dat moment openbaren deze houdingen zich weer en zullen de energieën terugkeren.

D: *Wanneer ben je verantwoordelijk?*

C: Dat is afhankelijk van je ontwikkeling. Voor sommige mensen is dat al op hun vijfde jaar. Bij anderen is het pas rond hun twaalfde jaar. Het hangt van de persoon in kwestie af.

D: *Hangt het af van je waarneming van goed en kwaad?*

C: Ja. Sommige mensen verliezen hun onschuld nooit. Geestelijk gehandicapten behouden hun onschuld hun leven lang. Wanneer zij sterven, hebben ze het geluk dat ze niet hoeven te proberen negatieve energieën weg te werken, omdat ze simpelweg het besef er niet van hadden. Daarnaast helpt de moeilijkheid van zo'n leven hen om veel karma uit te weken. Het verandert veel slecht karma in goed karma.

D: *Ik vraag me af waarom iemand gehandicapt in een leven zou willen komen.*

C: Je hoeft daardoor niet steeds door de cyclus van de rustplaats gaan. Sommige mensen zijn in staat voort te gaan en hun problemen uit te werken in de rustplaats vóór ze incarneren, maar anderen slagen hier niet altijd in.

D: *Het lijkt erop dat hoe meer kennis mensen hebben van wat er feitelijk plaatsvindt, hoe beter het voor iedereen is, alhoewel de*

kerk het niet met me eens zal zijn over wat beter is voor de mens.
(lacht)

C: Nee, maar dat is nooit het geval geweest. Voor hen is het een kwestie van macht. Godsdienst werd gecorrumpeerd tot een machtsspel, zodat dat wat eens spiritueel was, een middel werd om van het gedrag van de massa te beheersen. Er zitten mogelijk enkele aspecten in die wellicht in essentie waar zijn. Maar het algehele beeld wordt op dit moment door de meesten op het aardse niveau totaal verkeerd begrepen.

D: *De kerk dreigt mensen ermee dat, als je niet doet wat de kerk zegt, je naar de hel gaat. Ik denk dat dit een houding van angst schept en dat, als mensen een globaal idee krijgen van hoe de vork in de steel steekt, ze beter voorbereid zullen zijn.*

C: Door de beperking van de gesproken taal is het wat lastig om precies over te brengen hoe het allemaal zit. Maar wellicht geeft dit een idee.

7. Zogenaamde 'slechte' levens

C: De ene ware en liefhebbende God, de meester van alle universa, is geen wraakzuchtige en haatdragende God. Er is in geen enkel universum een dergelijke God. Hij heeft geen vergelding nodig. In Zijn levensplan is er geen noodzaak voor straf. Er is op dit moment al genoeg straf op jullie aarde. Het concept van karma is een gevolg, geen oorzaak. Het idee is na zorgvuldige overweging ingevoerd als verklaring waarom dingen gebeuren zoals ze gebeuren.

D: *Voor ons is het moeilijk te begrijpen waarom sommige mensen het zoveel slechter lijken te hebben dan anderen. Een gemakkelijk antwoord zou zijn om het als karma van een vorig leven te zien. Kun je me uitleggen waarom levens van sommige mensen soepel lijken te gaan, terwijl anderen zoveel beroering en conflict ervaren?*

C: Misschien komt het omdat je slechts één leven tegelijk bekijkt. Als je naar de ontwikkeling van die ziel zou kijken met een bredere visie, bijvoorbeeld honderd levens in plaats van één, dan zou je wellicht zien dat niet alle levens voor iedereen gemakkelijk zijn, net zoals niet alle levens voor iedereen moeilijk zijn. Bij elke ontwikkeling horen de ervaringen die passen bij dat bepaalde leven, of dat nu gemakkelijk of moeilijk is. Steeds worden ervaringen gegeven die gepast zijn voor dat leven, of dat nu gemakkelijk of moeilijk is. De ervaring van dat leven is niet de waarheid van de ervaring. Het is de les die uit dat leven geleerd wordt. En daarin ligt de waarheid. De les is de vrucht van het leven en niet hoe gemakkelijk of moeilijk het is. Nogmaals, als je een bredere visie zou hebben op vele levens, zou je zien dat er in alle gevallen gemakkelijke en moeilijke levens zijn. Als je zegt dat iemand momenteel een zeer moeilijk leven heeft, betekent dat alleen dat hun lessen om een leven vragen dat vergeleken met iemand anders moeilijker is.

D: *Wat is dan het doel van reïncarnatie? Om wat je in het verleden hebt gedaan te corrigeren?*

C: Het doel is om meer te leren. Om altijd meer te leren. Want je kunt nooit alles leren in één leven. Het doel van verschillende levens is niet om te corrigeren, maar om toe te voegen. Jouw kennis kan niet volledig zijn met slechts één leven. Je moet vele levens leven om alle lessen die je jezelf hebt gegeven volledig te begrijpen. Er is geen strenge meester met een zweep en een schop in de hand die je lichaam begraaft, je aan de andere zijde straft en je vervolgens terugstuurt naar dit land van ongenoegen. De ervaringen van leven en hergeboorte moeten in een veel positiever licht worden gezien. De ervaringen gaan over leren en liefde en niet over straf en leed. Het is helemaal afhankelijk van je houding, want wat je schept, leef je, en wat je leeft, schep je.

D: *Zijn er alleen goede zielen waar jij nu bent?*

C: Ontwikkelende zielen. Er is geen goed of slecht.

D: *Maar mensen hebben slechte levens. Hoe zie jij dat?*

C: Mensen hebben slechte levens, omdat ze de problemen die ze tegenkomen niet aangaan, problemen die ze overigens zelf hebben gekozen. Ze denken dat, omdat ze geen controle hebben over wat er met hen gebeurt, ze er niet aan hoeven te werken. Je moet aan je leven werken, je kunt er niet gewoon doorheen fietsen.

D: *Er zijn mensen die hele slechte dingen doen in hun leven. Welk doel dient dat?*

C: Soms is het niet de persoon alleen die dat doet. Soms zijn er andere krachten bij betrokken en dient het geen ander doel dan anderen te laten zien hoe diep iemand kan zinken. Op die manier dienen dergelijke dingen een doel. Maar hoe diep die persoon of ziel ook zinkt, het is altijd mogelijk om er weer bovenop te komen, door eraan te werken en de problemen aan te pakken.

D: *In de Bijbel staat dat we moeten leren om volmaakt te zijn.*

C: Er wordt niet van mensen verwacht dat ze volmaakt worden, alhoewel sommigen dat wel zijn geworden. Dit is natuurlijk de uitzondering in plaats van de regel. Streven naar volledigheid is de les.

D: Ik dacht dat de enige manier om volmaakt te worden was om al deze lessen te leren, iets wat zeer moeilijk is in de aardse dimensie.

C: Men leert wat volmaaktheid is door te ervaren wat het niet is. Het is dus net zo belangrijk om te leren wat niet volmaakt is als om te leren wat het wel is. Er kan geen begrip bestaan van dat wat gegeven wordt, totdat je dat wat genomen wordt ervaart.

D: Betekent dat dat iedereen zogenaamde 'slechte' levens in zijn ontwikkeling moet ervaren om deze dingen te kunnen begrijpen?

C: Ik zou niet zeggen dat het moet. Maar velen kiezen dit als methode om hun leerproces te versnellen. Niemand wil langer dan noodzakelijk in fysieke vorm blijven, omdat het geen ware staat van zijn is. De lessen die dus het meest versnellen tot het punt waarop je niet meer hoeft te incarneren, zijn de lessen die het meest gekoesterd en gewild zijn.

D: Ik dacht dat je eerder zei dat we het slechte moesten ervaren om het goede te kunnen begrijpen.

C: Er is geen regel die zegt dat het slechte moet worden ervaren. Er is echter de realiteit van het inzicht dat komt door het ervaren van het één om het andere volledig te begrijpen. Dit is geen regel, het is een feit.

D: Ja, ik heb eerder gehoord dat je geen geluk kunt waarderen, tenzij je verdriet hebt ervaren. De tegenpolen van alles.

C: Dat klopt. En dus is het ook gepast om met mededogen naar degenen te kijken die in hun meest negatieve toestand lijken te zijn, omdat ze die lessen leren waarmee ze het meest positief kunnen worden.

D: Denk je dat ze deze negatieve ervaringen kiezen omwille van hun groei?

C: Bij velen is dat het geval. Velen verkeren in dergelijke situaties en je zou dus kunnen zeggen dat het een cadeau is om die lessen vollediger te begrijpen.

D: Je zou denken dan niemand negatieve ervaringen zou willen, als ze een keuze hadden.

C: Dat klopt. Je moet verder kijken dan de ervaring zelf, naar de lessen die geleerd worden om te begrijpen waarom iemand een dergelijke ervaring kiest. Er zou geen volledige persoonlijkheid betrokken zijn als je plezier zou beleven aan een 'slechte' ervaring. De disharmonie is een les op zichzelf om dat wat harmonisch van aard is vollediger te beseffen en te begrijpen.

D: *Ik dacht dat als je in een leven stapt, je bijvoorbeeld kunt kiezen voor een aantal negatieve ervaringen om iets terug te betalen wat je in het verleden hebt misdaan.*

C: We zouden het geen 'terugbetalen' willen noemen, dat is geen waarheidsgetrouwe omschrijving van de universele wet. Je kunt het nodig hebben om de redenen voor een daad te begrijpen, om er licht op te laten schijnen, zodat deze daad niet hoeft te worden herhaald en je evolutie niet wordt gehinderd. Om dit bewustzijn te verkrijgen is het nodig dat je de tegengestelde realiteit ervaart, om zo te zeggen de andere partij te zijn.

D: *Dat is wat ik bedoelde. Je kiest deze ervaringen met opzet. Maar je wordt gewaarschuwd als je het mogelijk te ver drijft wanneer je op aarde komt.*

C: Deze waarschuwingen zijn meer op hun plaats voor wat betreft andere fysieke energieën, niet noodzakelijkerwijs over een bepaalde les. Veel energieën van fysieke aard zijn plezierig maar schadelijk bij overmatig gebruik. En dan kan iemand het zicht op zijn pad verliezen door zich te veel te goed te doen aan een bepaalde energie.

D: *Dat is waar, je kunt te veel van het goede krijgen. Ik denk dat het heel saai zou zijn om een goed leven te hebben waarin niets gebeurde en waarin je geen problemen zou hoeven op te lossen. Denk je dat het het belangrijkste is dat iemand iets van een ervaring leert?*

C: Dat is in beginsel de enige reden en rechtvaardiging voor de ervaring.

D: *Maar sommige mensen lijken niets te leren. Ze lijken maar door te gaan dezelfde fouten te herhalen.*

C: Totdat ze uiteindelijk leren. En dan is het niet meer nodig om deze fouten te herhalen.

D: *Ik heb eerder gehoord dat er geen straf is, wat iemand ook doet.*

C: Er is wel degelijk straf. En de ergste straf is de straf die we onszelf opleggen. We zijn onze eigen rechter. We bepalen zelf wat gepast gedrag is en wat niet. En dus moeten we onze eigen boetedoening bepalen, wanneer we vinden dat we hetzij universele of persoonlijke wetten hebben overtreden.

112

D: *We doen het dus zelf. Er is geen God of hogere rechter die ons straf oplegt. Klopt dat?*

C: Ongeveer. Er zijn echter situaties waarin het bewustzijn van de entiteit zo vertroebeld is, omdat hij zich teveel aan iets te goed heeft gedaan, dat het inzicht verloren is gegaan en de omvang van het probleem niet begrepen kan worden. Dan is het nodig dat een hogere orde het individu helpt de nodige ervaringen toe te wijzen om het bewustzijn te verhelderen.

D: *Dat klinkt logisch. Sommige mensen zeggen dat je het allemaal zelf doet. Maar ik heb een cliënte gehad die veel fouten had gemaakt in vorige levens. Ze had een gids die haar steeds vertelde wat ze moest doen. Het leek tegenstrijdig, omdat ze er geen keuze in had.*

C: Er zijn altijd tegenstrijdigheden wanneer je een absolute wet opstelt.

D: *Iemand anders zei me dat dit een bewijs was voor het feit dat ze haar eigen zaakjes niet kon regelen.*

C: Dat is dan inderdaad zo.

D: *Denk je dat de persoonlijkheid soms zo verstrikt kan raken in deze negatieve ervaringen en situaties en niet probeert te veranderen?*

C: Dat klopt. Velen merken dat ze het pad van hun doelstellingen zijn kwijtgeraakt en blijven deze negatieve ervaringen hebben. Dit is zeker mogelijk bij incarneren en dit is één van de risico's die eraan verbonden is. Vóór elke incarnatie wordt uitgelegd dat het mogelijk is het zicht op je pad te verliezen, als je je teveel verliest in aardse zaken.

D: *De meesters bieden hen keuzes door te zeggen: 'Je kunt het op deze manier doen, maar het kan een loopje met je nemen.'*

C: Dit wordt als waarschuwing gegeven en niet zozeer als keuze. De entiteit moet zelf zijn pad kiezen met de informatie uit de Akashiakronieken en de universele waarheden. Met deze informatie beslist de entiteit wat het meest geschikt is voor dat leven en welke omstandigheden nodig zijn om die werkelijkheid te realiseren.

D: *Hoe zit het met zonde? Bestaat er zoiets als zonde?*

C: Zonde is feitelijk iets doen waarvan je weet dat het niet goed is. Iets bewust doen. Je kunt geen zonde begaan als je niet weet dat het niet goed is. Je moet een moraal hebben om een zonde te kunnen begaan. Daarin verschillen mensen van dieren. De mens beschikt over bewustzijn. Als je een ander mens doodmaakt en weet dat dit verkeerd is, is dat zonde. Als een dier dat doet, doet hij het onbewust. Daarom kennen dieren geen zonde. Hij doodt hoofdzakelijk om te overleven, voor voedsel, nooit zinloos.

D: *Als iemand dus iets per ongeluk doet of als hij zich niet realiseert dat hij iets fout doet, is dat dan een zonde?*

C: Het is een kleinere zonde. Hier is sprake van de zonde van onbewust zijn. Dat is iets dat je moet leren. Je moet leren je bewust te zijn van je medemensen, tot het punt waarop je hen geen pijn wilt doen, dat hun pijn jouw pijn is.

D: *Ik heb me altijd afgevraagd of aan jullie zijde iets als zonde beschouwd wordt.*

C: Ze beschouwen zonden als grote onrechtvaardigheden.

D: *Op aarde hebben we de Bijbel en daarin staat dat veel dingen zondig zijn.*

C: Veel van de dingen waarvan jullie gezegd is dat het zonden zijn–zoals de zeven doodzonden die de katholieken hebben bedacht–waren latere toevoegingen die ze naar eigen goeddunken hebben toegevoegd. Het was controledrang.

D: *Aan gene zijde worden deze niet als slecht beschouwd?*

C: Sommige ervan zijn slecht, maar ieder moet het voor zichzelf bepalen. Er bestaat geen straf die zegt dat iemand voor altijd en eeuwig in het vuur moet worden gegooid. Zoiets bestaat niet, tenzij iemand zichzelf op die manier straft. 'Ze' doen het niet.

D: *Mensen denken vaak zwart-wit en dat het zus en zo in de Bijbel staat.*

C: Maar de Bijbel zelf is door de eeuwen heen gewijzigd naar wat mensen dachten dat juist was of waar. Eeuwenlang hebben ze daarmee controle over de massa's gehad. Door te zeggen 'als je niet doet wat wij zeggen, zul je branden in de hel.'

D: *Maar ze zeggen dat het Gods woord is.*

C: Zo is het begonnen. En voor een groot deel is het dat nog. Maar iedereen kan het vervormen naar zijn eigen mening, zodat er staat wat zij denken dat er zou moeten staan. Het is een prachtig boek. De intentie was volmaakt maar de vertaling is dat niet. Er zijn onjuistheden. De intentie is echter vandaag de dag nog net zo waar als in de tijd van Jezus.

D: *Komen deze onjuistheden door de vertalingen?*

C: Niet zozeer opzettelijk, maar louter omdat er fouten worden gemaakt zoals bijna geheid gebeurd bij een menselijke onderneming. Maar er zijn andere fantastische boeken geschreven die net zo waardevol zijn en ook verlichting leren, zoals de Bhagavad Gita, de Koran en andere.

Toen deze cliënt later bijkwam uit de hypnose, vroeg ik haar de naam van de Bhagavad Gita uit te spreken en dat kon ze niet. We hadden er geen van beide ooit van gehoord. Ik vond een definitie van de Gita in het Woordenboek van Mystiek van Frank Gaymor: 'Bhagavad Gita: Sanskriet voor Het Lied van de Verlichte. De titel van een beroemd filosofisch episch gedicht in de Mahabharata, het heilige geschrift van de Hindoes, dat een dialoog bevat tussen Krishna en Arjuna dat duidelijk het verband tussen moraliteit en absolute ethische waarden aangeeft in de karma yoga, de Hindoefilosofie van het handelen, Het wordt beschouwd als één van de meest invloedrijke filosofische gedichten uit de Sanskrietliteratuur. De precieze datum van origine is onbekend.' Sanskriet is één van de oudste talen op aarde en wordt beschouwd als de 'moeder' van de moderne Indo-europese talen. Er zijn veel vertalingen van de Gita beschikbaar. De Koran is het heilige boek van de moslims en wordt door veel moslims als te heilig beschouwd om in enige andere taal te vertalen, alhoewel er wel vertalingen beschikbaar zijn.

C: Alle wegen leiden naar één richting. Sommige kennen wat meer zijsporen onderweg, maar iedereen kan ervan leren en als je dat doet, word je er een volllediger mens van. Als je geen open blik hebt, verlies je veel van de ervaring van het leven. Je moet nooit vertrouwen op één weg als de weg, als het ultieme. Want in alle wegen bevindt zich waarheid en onwaarheid. Je moet de verschillende wegen uitpluizen om erachter te komen wat jouw waarheid is, wat waar is voor jou. Dat hoeft niet noodzakelijkerwijs voor anderen waar te zijn en dat moet je accepteren. Het is geen gemakkelijk pad om anders te zijn.

D: *De maatschappij ontmoedigt dit soort dingen meestal. Is het verstandig om mensen aan te moedigen dingen ter discussie te stellen?*

C: Ja. Want door vragen te stellen zul je waarheid vinden en dat zal je ondersteunen en dragen.

Moordenaars

D: Wat maakt dat iemand crimineel wordt?
C: Er zijn veel redenen voor. Het zou aangeleerd kunnen zijn. Dat wil zeggen, velen leren crimineel te worden door ouderlijke verwaarlozing of mishandeling. Crimineel betekent het overschrijden van grenzen van wat maatschappelijk gezien acceptabel is. Met verschillende sociale gewoonten kan het natuurlijk zo zijn dat bepaalde activiteiten op een bepaald moment, of zelfs binnen één cultuur, crimineel kunnen zijn, terwijl het dat niet zou zijn in precies dezelfde cultuur in een andere tijdsperiode. Vanuit spiritueel gezichtspunt is er geen criminaliteit, omdat het een maatschappelijk fenomeen is dat gaat over het overschrijden van maatschappelijke grenzen. We zouden het vertragen van iemands vooruitgang toeschrijven aan het feit dat iemand schade berokkent. Maar vanuit een spiritueel oogpunt is er niet iets wat jullie criminele activiteit noemen. Het zou een manifestatie van spirituele onevenwichtigheid kunnen zijn. Het zou echter spiritueel gezien niet crimineel zijn, maar maatschappelijk gezien wel.
D: Je zei dat je niet door een hogere godheid gestraft wordt, dat mensen deze dingen zichzelf aandoen. Stel nou dat iemand moordenaar geweest is. Hoe zou zo iemand zichzelf straffen?
C: Ze kunnen ervoor kiezen om terug te gaan en bijvoorbeeld te sterven in de bloei van hun leven, wanneer ze het gelukkigste zijn. Op die manier straffen ze zich omdat ze zichzelf op de plaats zetten van degene die ze van het leven beroofd hebben, wanneer dat ook maar was. Ze moeten ervaren hoe dat voelt. Ze moeten het van de andere kant leren zien.

Ik denk dat we allemaal dergelijke gevallen kennen. Het is één van de moeilijkste dingen om te begrijpen. Waarom schijnbaar goede mensen die nooit iemand kwaad hebben gedaan in de bloei van hun leven overlijden en waarom anderen plotseling worden vermoord wanneer ze eindelijk hun levensdroom waarmaken. Dit lijkt altijd zo oneerlijk, maar blijkbaar is het heel logisch op de altijd evenwichtige weegschaal van karma.

D: Het is dus een straf die ze zelf hebben gekozen?
C: Dat is hun eigen keuze. Niemand wordt ooit gedwongen terug te keren in een lichaam.
D: Ik dacht altijd dat een moordenaar terug moest betalen door zelf door een ander vermoord te worden. Oog om oog en tand om tand, bij wijze van spreken.
C: Er zijn andere alternatieven. Want als het waar zou zijn dat het alleen uitgewerkt zou kunnen worden door zelf vermoord te worden, dan zou het negatieve karma overgaan op iemand anders. De lading zou dan simpelweg worden doorgegeven in plaats dat deze verwerkt wordt en de mensheid hier overheen groeit.
D: Wat als je wordt vermoord door je voormalige slachtoffer?
C: Dan zou het voormalig slachtoffer moord in zijn karma hebben. Alhoewel hij werd vermoord in een vorige incarnatie, betekent de uitwerking van dat karma niet per se de boel omdraaien en iemand anders vermoorden. Dat is een nogal drastische manier om dingen uit te werken. Er zijn andere alternatieven, die je de zachte weg zou kunnen noemen. Op de lange termijn is het beter om het op een vriendelijke manier op te lossen.

In mijn regressiewerk heb ik gevallen gehad waarin mensen in een familie geboren werden, waaronder slachtoffers waren die zij in een vorig leven hadden vermoord. In deze gevallen proberen ze hun karma met elkaar te verwerken door liefde. Misschien is dit één van de zachte of vriendelijke manieren. Dit lijkt een veel betere manier dan: 'Ik vermoord jou, want jij hebt mij vermoord.'

En, zoals in een eerder hoofdstuk werd vermeld, het kan ook worden uitgewerkt door terug te komen als dienaar of beschermer van degene die men heeft vermoord door zo zijn leven in dienst van die ander te stellen.

Een andere versie:

C: Iets gewelddadigs als een impulsieve moord, kost een aantal levens om terug te betalen. En de manieren van terugbetalen zijn net zo talrijk als het aantal keer dat het gedaan is. Het hangt af van de karma's van de betrokkenen. Over het algemeen zal het zo zijn dat ze in hun toekomstige levens een hechte relatie zullen hebben met de persoon die ze hebben vermoord. En dat is meestal in de eerste paar levens een antagonistisch soort relatie. Want degene die vermoord is, voelt op een bepaalde manier angst of haat voor die ander en begrijpt niet waarom. En ondertussen voelt de ander, de moordenaar, zich verplicht deze persoon te leren kennen en bij hem te zijn omdat hij goed wil maken wat hij in het vorige leven heeft misdaan. Er zijn verschillende levens voor nodig om het uit te werken. Iemand die zoiets gewelddadigs doet als een moord plegen, heeft de hoeveelheid tijd die hij in het belichaamde deel van de karmische cyclus moet doorbrengen met bijna onbepaalde tijd verlengd.

D: *Moord is dus iets dat niet zo gemakkelijk in de spirituele dimensie kan worden uitgewerkt. Het moet in de aardse dimensie uitgewerkt worden?*

C: Het is het beste om dergelijk gewelddadig karma in de fysische dimensie uit te werken, omdat de fysische dimensie basaal genoeg is om met de betrokken gewelddadige vibraties om te gaan. Als het in de spirituele dimensie uitgewerkt zou worden, bestaat het risico dat het karma van anderen wordt verstoord, omdat het een gevoelige balans is.

D: *Bestaat er niet de kans dat iemand opnieuw een moord pleegt, als dit zeer sterk in zijn karma zit?*

C: Dit is het doel van de scholen tussen de levens in. Om mensen te helpen dit uit te werken, zodat ze niet zo snel in volgende levens weer een moord plegen. We proberen te voorkomen dat ze vastraken in een vicieuze cirkel.

D: *Als ze dergelijke dingen blijven doen, zou het erop lijken dat ze daar niet lang genoeg zouden zijn geweest.*

C: Dan gaan ze naar de rustplaats. Hoe kan ik dit uitleggen? Als iemand in de rustplaats is, niet omdat hij is beschadigd, maar simpelweg omdat hij niet is ontwikkeld, en als hij beslist opnieuw naar de fysische dimensie te gaan, dan kun je dat niet tegenhouden. Je staat hem toe de aardse dimensie in te gaan, omdat hij een gezonde ziel is. Hij is alleen niet ontwikkeld. Maar voor de ziel die beschadigd is door iets dat hij in zijn vorige incarnatie gedaan heeft, zou het niet mogelijk zijn als hij de aardse dimensie in wil gaan, omdat de schade die hij heeft opgelopen maakt, dat hij dat niet kan doen zonder de hulp van iemand die verder ontwikkeld is. Soms zal de beschadigde ziel worden geholpen om te reïncarneren om een specifiek deel van zijn karma uit te werken. Maar andere keren - zelfs als de ziel zou willen gaan - zeggen ze: 'Nee, je moet eerst verder genezen.'

D: Ik vraag me af of er een manier zou zijn om hen tegen te houden als ze terug wilden gaan.

C: Als het een gezonde ziel is, kan men reïncarneren. De krachten die het universum beheren leiden alles en zorgen ervoor dat men niet probeert te reïncarneren in een lichaam dat al een ziel heeft.

D: Ik kom wel eens gevallen tegen waarbij iemand doodgaat en dan onmiddellijk terug wil keren. Ze hebben vrijwel geen tijd aan de andere zijde.

C: Ja dat gebeurt vaak als ze in de overgangsperiode zijn. Zoals ik al zei, als ze de overgangsperiode hebben doorlopen en beslissen dat ze direct terug willen gaan, en ze zijn gezond, dan kunnen ze dat doen. Ze werken gewoon meer karma uit. Maar de meeste zielen kiezen ervoor om een tijdje in deze dimensie te zijn om meer te leren en zich verder te ontwikkelen. Want wat je hier leert en voorbereidt, nestelt zich in je onderbewustzijn en je houding. Het maakt je wijs. Op die manier ben je meer succesvol in je karma.

D: Het is dus niet goed om je direct om te keren en terug te gaan?

C: Niet echt. Het kan averechts werken. Maar sommigen zijn ongeduldig.

D: Ik denk dat sommigen zo opgaan in het aardse leven dat ze denken dat dat alles is wat er is. In die gevallen waar ze direct teruggaan zouden ze geen kans hebben gehad aan karmische relaties te werken of hun patronen te zien?

C: Nee, dat is waar. Het zijn meestal mensen die denken dat hun leven een puinhoop is. Ze zijn verward en klagen: 'Waarom gaat er nooit iets goed?' Dit komt omdat ze onvoorbereid teruggaan.

D: Ze hadden dus geen programma.

C: Precies. En dus gaat het verkeerd. Ze komen te snel terug en zijn slecht voorbereid. Als ze iets langer hadden kunnen wachten en zich hadden voorbereid, zou alles veel beter zijn gegaan. Soms is het zo dat als een ziel niet lijkt te willen veranderen, ze tussen

119

twee levens in op een speciale plaats moeten blijven om naar een volgende incarnatie toe te groeien. Maar het wordt zorgvuldig bekeken.

D: *Wat voor soort plaats is dat?*

C: Het is moeilijk te omschrijven. Er is een bepaalde dimensie waar dergelijke speciale problemen uitgewerkt worden. Deze dimensie wordt niet gebruikt voor het uitwerken van lange termijn zaken, zoals in de hogere spirituele dimensies. Deze dimensie wordt voornamelijk gebruikt tussen levens in om mensen te helpen bij het uitwerken van een specifiek probleem, zodat ze beter voorbereid zijn op het volgende leven en vooruitgang kunnen boeken in hun karma. Als dit niet zo zou zijn, zouden ze in een vicieuze cirkel geraken en nooit vooruitgaan en dat is niet goed. Ze krijgen dus hulp om zich te ontwikkelen tussen levens in, omdat alles in het universum voortdurend moet evolueren.

D: *Zou deze speciale plaats een school zijn? Of wat voor soort sfeer heerst er?*

C: Het is een soort retraite.

D: *Waarin ze apart worden gehouden van de anderen?*

C: Nee, het is als een klooster waar je mediteert en nadenkt. Daar ontmoeten ze anderen met soortgelijke problemen en een spirituele gids. Ze moeten deze problemen uitwerken en erachter komen waarom ze bepaalde dingen deden en waarin ze zich moeten ontwikkelen om deze dingen te overwinnen.

D: *Ik dacht aan een versie van de hel. Zo is het dus niet?*

C: Nee, dat is een begrip dat door christenen ontwikkeld is. Dat is echt niet van toepassing. Het diende als politiek middel voor de macht van de orthodoxe kerk en om de invloed van de gnostici kwijt te raken. Je gaat naar deze dimensie om te leren en na te denken over je daden en fouten. Er zijn altijd ontwikkelde zielen die daar vrijwillig zijn om je te helpen in je ontwikkeling en je helpen je volgende leven voor te bereiden. Want het is een groeiproces. Het is net als bij de opvoeding van een kind. Als kinderen iets fout doen, gooi je ze toch ook niet in het vuur?

Dit lijkt op ons geloof in de hel. Een zondaar in het vuur gooien.

C: Je gaat bij een kind zitten en praat over wat hij fout heeft gedaan en je helpt hem te begrijpen waarom het fout was en je probeert een betere manier te vinden voor een soortgelijke situatie in de toekomst.

D: *Maar wat doe je dan als mensen niet willen luisteren en toch terug willen keren naar de fysieke dimensie?*

C: Als ze nog niet klaar zijn om terug te keren naar de fysieke dimensie, lukt dat niet, omdat alles precies in de juiste balans moet zijn voordat ze kunnen gaan. Als ze niets van een belangrijke fout hebben geleerd, zijn de dingen nog niet in balans en krijgen ze meer tijd. Als iemand nog steeds niets heeft geleerd van een bepaalde fout en weigert te luisteren, wordt hij soms teruggestuurd naar een soortgelijke situatie en krijgt hij een kans om ander gedrag te laten zien. De meesters proberen dit zo te doen dat het geen ernstige consequenties heeft voor het karma van de ziel, zodat het niet zo moeilijk voor hem is om vooruitgang te boeken.

D: *Maar er zijn mensen die totaal geen moraal lijken te hebben.*

C: Dat is waar. Het werkt niet altijd. Er zijn er een paar die niet gecorrigeerd kunnen worden. Maar de meeste zielen willen groeien en zich ontwikkelen. Het is slechts een kwestie van informatieverschaffing en hen zover krijgen dat ze zich openen voor de aanwezige kennis.

D: *Wat gebeurt er met iemand die gewoon beestachtig blijkt te zijn, die geen moraal of geweten lijkt te hebben en dezelfde fouten blijft herhalen?*

C: Soms zijn dit zielen die niet erg ver ontwikkeld zijn. Ze hebben veel karma, maar dat maakt hen niet uit. Ze willen gewoon genieten van de fysieke sensatie in de aardse dimensie. Ze geven niet om karma en stapelen dit, bij wijze van spreken, gewoon op. Er is een andere speciale plaats in de dimensies. Jullie aardse equivalent zou een ziekenhuis zijn. Deze plaats is voor zielen die zeer beschadigd zijn en we proberen hen te helpen om beter te worden. Het lijkt veel op psychotherapie en kost soms veel tijd. De winst die je boekt is vaak klein en het is een zeer traag proces. Het zijn voor het grootste deel ontwikkelde zielen die met hen werken omdat er buitengewoon veel geduld en kennis voor nodig is.

D: Dat lijkt mij de menselijke manier van doen. Maar ik blijf denken aan ons concept van plaatsen als de hel. Is er nooit een moment waarop een ziel zo beschadigd is, zoals je zei, dat ze hun handen ervan aftrekken en deze ziel eruit gooien?

C: Nee. Er is nergens waar ze hem naartoe zouden kunnen gooien. We zijn allemaal hier. We staan allemaal in contact met elkaar en moeten met elkaar werken. En degenen die moeilijk zijn om mee te werken, worden geholpen door zielen met het meeste geduld en de meeste kennis.

D: Dit is natuurlijk ook altijd goed voor het karma van die persoon, om te kunnen werken met zulke mensen.

C: O ja, dit zijn meestal zielen die hun einddoel nabij zijn of al bereikt hebben.

D: Ze beschikken over oneindig veel geduld. Het is dus niet zo, dat ze gewoon zeggen 'O, laat maar zitten. Er is geen hoop meer voor hem.'

C: Nee. Ze blijven met hen werken. Soms vinden na een paar incarnaties, ondanks hen zelf, enkele zogenaamde 'menselijke' gevoelens hun weg naar hun hart. En dan beginnen ze zich te realiseren dat er hogere aspecten van het leven zijn. Dan beginnen ze eindelijk actief te werken aan het veranderen van hun karma. Als voorbeeld van hoe beschadigd zielen zijn die naar het 'ziekenhuis' gaan, kun je denken aan degene die in jullie dimensie Adolf Hitler heette. Hij werd niet naar het ziekenhuis gestuurd, omdat zijn ziel niet zo ernstig beschadigd was. Hij werd naar het leergedeelte van de dimensie gestuurd, de retraite. Hij had tijd nodig om rustig na te denken, omdat hij van streek was. Het probleem in dat leven was dat hij een extreem creatief persoon was. Hij zou een creatief genie geweest kunnen zijn, maar had geen mogelijkheid om dit te uiten omdat de Depressie waarin hij was opgegroeid geen creatieve uitingsvormen toestond. Er zat een buitensporige hoeveelheid energie achter zijn creativiteit, zoals altijd het geval is bij genieën. Het moest er uit, en dat verstoorde zijn kijk op het leven en dus ook zijn gedachten en dat leidde tot het bekende resultaat. Hetgeen er gebeurde, weerspiegelde voornamelijk het karma van zijn vader in plaats van zijn eigen karma.

D: (dit was een verrassing) Zo heb ik er nog nooit naar gekeken.

C: Omdat de wortel van het probleem eruit bestond dat zijn vader weigerde hem iets in creatieve richting te laten studeren.

D: *Maar dan nog, Hitler deed verschrikkelijke dingen.*

C: Het is moeilijk uit te leggen. (ze pauzeerde en probeerde na te denken hoe ze het zou verwoorden) Hij begon met goede bedoelingen. Hij wilde kunstenaar of architect of iets dergelijks worden. Maar hij mocht zich niet in die richting ontwikkelen en de energie liep daar scheef. Zijn grootste vergissing was dat hij die energie niet op een opbouwende, constructieve manier kon inzetten. En zo zette hij het om in destructiviteit. Dat is het belangrijkste dat hij moest uitwerken.

D: *Je zou toch denken dat hij hier op een creatievere manier een uitlaatklep voor had kunnen vinden, zelfs als hij dat van zijn vader niet mocht.*

C: Ja, hij had ingenieur kunnen worden bijvoorbeeld.

D: *Schuif je hier de schuld dan niet door naar zijn vader?*

C: Nee. Hitler had ook zijn aandeel in de schuld. Maar het kan hem nooit als enige verweten worden, omdat het probleem begon met de bekrompen houding van zijn vader. Zijn vader zou een ruimere houding ontwikkeld kunnen hebben.

D: *Maar toch lijkt het me dat hij niet zo fanatiek in zijn daden had hoeven te zijn. Je weet wat er is gebeurd.*

C: Dat werd veroorzaakt door de intensiteit van de creatieve energieën. Als hij zich in plaats daarvan had kunnen ontwikkelen tot kunstenaar, zou hij een gekke kunstenaar zijn geweest en op dat vlak fanatiek zijn geweest. Maar dat zou als onconventioneel geaccepteerd zijn.

D: *Dan zou hij tenminste niemand schade hebben toegebracht.*

C: Dat is waar, behalve zichzelf misschien.

D: *Maar zoals het is gelopen, ontstond er een sneeuwbaleffect waarbij hij vele miljoenen mensen beïnvloedde. Ik zou echt hebben gedacht dat hij in het 'ziekenhuis' terecht was gekomen.*

C: Zo beschadigd was hij niet. Ja, verknipt, gek, maar niet beschadigd. Het belangrijkste wat hij nodig had was rust en tijd om de dingen op een rijtje te zetten. Zielen in het ziekenhuis zijn zozeer beschadigd door hetzelfde karma keer op keer te beleven, dat het voor hen aanvoelt alsof ze in dat karma vastzitten. Terwijl in het geval van Adolf Hitler, dit de eerste keer was dat hem dit gebeurde. In zijn eerdere levens had hij ook sterke creatieve impulsen gehad en in situaties verkeerd waarin hij deze kon ontwikkelen. Maar in dit leven werd dit geblokkeerd. De les die hij moest leren was hoe hij met deze energie om kon gaan, toen hij de dingen niet kon krijgen zoals hij ze wilde hebben–om ermee om te gaan op een manier die in het patroon paste waarin hij moest leven. En met dat aspect ging hij niet goed om. Dat was het grootste deel van zijn karma dat hij in een volgend leven uit moet werken: in staat zijn met ongewenste situaties om te gaan.

D: *Creëerde hij niet meer karma voor zichzelf door wat hij deed en door alle levens die hij beïnvloedde?*

C: Hij creëerde meer karma voor zichzelf, dat is waar. Op dit moment is het moeilijk te zeggen hoeveel, omdat het nog maar zo kort geleden is gebeurd.

D: *Bedoel je dat het nog niet is geanalyseerd?*

C: Ja. Het zal verschillende levens, verschillende incarnaties duren om te zien in hoeverre het de balans van de dingen heeft beïnvloed en hoeveel er nog uitgewerkt moet worden.

D: *Ik dacht aan al die miljoenen mensen die vermoord werden als direct gevolg van zijn leven.*

C: Dat is waar. Hij gaf opdracht om hen te vermoorden, maar hij werd deels beïnvloed door mensen om hem heen. En het gaf hem niet zoveel direct fysiek plezier als degenen die de feitelijke executies pleegden. Wat ik zeg is dat hij de opdracht gaf om deze mensen te vermoorden en dat heeft effect op zijn karma, maar de mannen die de orders kregen om gaskamers te bouwen en ze te gebruiken, de bewakers en de anderen, beleefden direct fysiek plezier aan het zien sterven van deze mensen.

D: *Ja, hij pleegde de moorden niet zelf, maar deed niets om ze te laten ophouden.*

C: Hij zorgde er slechts voor dat het mogelijk werd dat deze mensen vermoord werden. Daarom heeft het effect op zijn karma, dat hij toestond dat het gebeurde. Hij moedigde hen aan het te doen, maar maakte, zo te zeggen, zijn eigen handen niet vuil door de moorden niet zelf te plegen. Het effect op zijn karma bestaat eruit dat hij een politiek systeem creëerde dat dit toestond. Veel mensen in het systeem deden dit omdat ze dat wilden. Het waren de mislukkelingen in de normale maatschappijen en ze ontleenden

124

rechtstreeks fysiek plezier aan het plegen van deze gruwelijkheden.

D: Maar hij kende ook de fanatieke obsessie een ras te vernietigen. Hij begon de uitroeiing van de joden met zijn fanatisme en vervolgingswaan.

C: Ja. Hij was tegen elk ras dat niet puur Duits was; 'arisch' zoals hij het noemde. Hij wilde dat zijn geliefde Duitsland in een zelfde soort situatie zou geraken als Amerika 100 tot 150 jaar daarvoor, met ruimte om te groeien en om een belangrijke macht te worden. Met ruimte voor mensen om zich voort te planten. Hij wilde een enorme rijk hebben met veel Duitsers en in staat zijn hun cultuur te gebruiken om de hele wereld te beïnvloeden, net zoals de Amerikanen dat hadden gedaan. En hij wilde elk ras vernietigen dat dit doel in de weg stond. Dit was deel van het verknipte proces van die creatieve impuls, omdat het duidelijk niet mogelijk was dit te doen zonder veel mensen schade te berokkenen. Als hij een creatieve genie had kunnen worden, zou hij veel hebben kunnen bijdragen aan de grootse Duitse cultuur waar hij zo van hield.

D: Ik dacht dat hij zoveel vooroordelen had dat dat ook een karmische reactie teweeg zou brengen.

C: Dat was slechts een onderdeel van zijn verknipte ziel. Hij kon dat vooroordeel uitwerken door erover na te denken en de spirituele leraren te ontmoeten.

D: Hij is zeker een voorbeeld dat moeilijk te begrijpen valt.

C: Ja, het is een zeer complexe situatie.

D: Hoe zit het dan met iemand als 'Jack the Ripper'? Zouden zijn daden hem niet beïnvloeden in zijn volgende leven?

C: Zeker wel. We begeven ons wat op glad ijs, want we willen jullie fatsoensnormen of morele standaards niet beledigen. Want we voelen dat het moreel gezien allemaal erg gevoelig ligt en dat willen we niet verstoren. Maar we willen jullie echter vragen geduld te hebben, wanneer we jullie een inzicht geven dat jullie wellicht niet hebben. Misschien werden er lessen geleerd uit de ervaring van deze Jack the Ripper die positief voor hem waren. Er werd de slachtoffers natuurlijk veel schade berokkend en naar jullie sociale maatstaven waren de misdaden gruwelijk. Deze daden waren geen acceptabel maatschappelijk gedrag. Maar er kan ook worden gezegd dat dit individu leerde door deze handelingen. Wellicht een les over wat uitspattingen zijn of wat het is om alleen op jezelf betrokken te zijn zonder rekening te houden met menselijk leven. Dit was mogelijk een belangrijke les voor dat individu. We willen ook zeggen dat degenen die jullie 'slachtoffers' noemen, misschien ook lessen leerden, hoe moeilijk deze ook waren. En misschien kunnen we nog een mogelijkheid toevoegen. Dat de deelnemers aan deze gebeurtenissen, hoe onwaarschijnlijk dat ook lijkt, in een andere dimensie daartoe vrijwillig hadden besloten. Dat ze tijdens de voorbereidingsfasen van hun incarnaties een overeenkomst hadden gesloten om deel te nemen aan deze gebeurtenis. En hiermee geef ik jullie maatschappij dus een meetlat waarmee jullie moraal kan worden gemeten. Een voorbeeld van wat wel of niet acceptabel sociaal gedrag is. Zie je dat er uit alle acties, of ze nu goed zijn of slecht, lessen te leren zijn? Niet alleen voor degenen die directe deelnemers zijn, maar ook voor degenen die toeschouwer zijn. Dus als men zegt dat dit een vreselijke misdaad is, dan is dat zo. Maar het is ook zo dat er vele lessen geleerd werden door iedereen die erbij betrokken was, zonder de horror van deze misdaden te ontkennen. En dan wil ik nu iets vertellen over de levenskracht. Het bewustzijn in het lichaam werd niet gedood. Het ging simpelweg over naar een andere bestaansdimensie. De levenskracht die in elke cel van je lichaam aanwezig is, gaat over en gaat niet verloren. De eenvoudige fysische opmaak van het lichaam verandert van een georganiseerde naar een ongeorganiseerde staat. Technisch gezien is de dood niets meer dan het herschikken van moleculen op een fysiek niveau en het verplaatsen van bewustzijn van een opgesloten voertuig naar eentje die vrij is. Leven is er altijd geweest en zal er altijd zijn. Er bestaat niet zoiets als een leven nemen, omdat het leven simpelweg verandert in een andere vorm. We spreken hier puur vanuit een technisch gezichtspunt zonder morele en emotionele standaards en waarden.

D: *Hoe zit het dan met het slachtoffer? De persoon die gewelddadig is vermoord? Is dat traumatisch voor hem?*

C: Dat hangt voor een groot deel er van af of die ziel erop voorbereid was. Er zijn heel veel zielen geweest die door oorlogen naar deze zijde kwamen en die helemaal niet getraumatiseerd waren. Ze wisten dat deze dood hen te wachten stond en accepteerden dat. Anderen waren buitengewoon getraumatiseerd, zo zeer zelfs dat ze naar de rustplaats moesten. Het is vaak erg verschillend. Twee mensen kunnen tezelfdertijd naast elkaar sterven met ongeveer hetzelfde trauma. De één kan getraumatiseerd raken en de ander niet.

D: Heeft dit te maken met de leeftijd van zielen en hun vorige ervaringen?

C: Niet zozeer de leeftijd qua ziel, als wel hun begrip van de Christus in allen. Soms kan een jonge ziel dit beter bevatten dan een oudere ziel.

D: Je hebt me eens verteld dat de manier waarop iemand doodgaat betekenis heeft, evenals de manier waarop hij leeft.

C: Dit is ook waar. In veel gevallen wist een bepaalde manier van sterven een groot karma uit. Een lange, langzame dood is bedoeld om lessen aan het individu te brengen. En als hij deze lessen leert, zal hij veel goed karma verwerven.

Zelfmoord

D: Hoe zit het met zelfmoord?

C: Ja, dat zijn tragische gevallen. Er zijn eenvoudig geen woorden om deze situatie in zijn volledigheid te beschrijven. Degene die zelfmoord heeft gepleegd, moet de ernst van zijn daad beseffen. Want het gaat niet alleen om het afbreken van het contract, ook de energie van de ziel geraakt in disharmonie. Mensen die zelfmoord hebben gepleegd gaan soms naar het ziekenhuis en soms naar het gebied van contemplatie, afhankelijk van in welke toestand ze zich bevinden. Meestal worden er één of twee andere entiteiten aan deze persoon toegewezen die uitleggen waarom het zo verkeerd is om het leven te beëindigen. Het beëindigen van je eigen leven is het enige dat aan deze kant als zondig wordt beschouwd, omdat het aardse leven zo kostbaar is. Deze mensen zijn in de war over waar het leven echt over gaat en wat ze te doen hebben. Ze zijn niet in staat oplossingen te zien die ze vanuit hun karma kunnen uitwerken. En tussen de levens in kunnen ze leren hun blik te verbreden en naar de grotere lijnen te kijken, zodat ze hun problemen kunnen uitwerken zonder het op te geven. Mensen die zelfmoord plegen gaan normaal gesproken niet snel in een lichaam terug. Meestal is dat te traumatisch. Ze kunnen het probleem dat maakte dat ze zelfmoord pleegden, niet snel genoeg oplossen om zo snel weer te incarneren. Er wordt met hen gepraat en ze krijgen hulp. Ze moeten leren waarom ze het deden en wat hen tot dat punt heeft gebracht. Het kost meestal veel tijd voordat ze dat aankunnen. Als het heel erg was, worden ze naar de rustplaats gebracht, zodat ze vergeten hoe en waarom ze op dit punt van hun leven terechtkwamen. Zelfmoord brengt veel slecht karma voor de ziel en dat zal moeten worden uitgewist door veel goed karma in vorige en volgende levens.

D: *Als dit het ergste is dat iemand kan doen, straffen ze zichzelf dan wanneer ze terugkomen?*

C: Soms niet in het leven dat er op volgt. Je werkt niet altijd aan problemen uit het leven vlak daarvóór. Soms kost het meerdere levens voor je het punt bereikt waarop je voelt dat je die problemen aankunt. Maar alle problemen worden uiteindelijk uitgewerkt. Je kunt er niet omheen. De beste manier is een leven te kiezen met vrij veel problemen, net als het vorige leven. En zelfmoord wordt 'terugbetaald' door de problemen deze keer met volharding uit te werken en te leven tot je oud bent en een goed afgerond leven hebt gehad. Het kost soms verschillende levens voordat je zelfmoord en het karma weer hebt uitgebalanceerd. Je raakt op het juiste spoor door de problemen uit te werken waar je voorheen voor wegliep. Als je zelfmoord hebt gepleegd, moet je dezelfde situatie en hetzelfde probleem opnieuw het hoofd bieden, totdat je een acceptabele manier leert om deze op te lossen. Je kunt er nooit van weglopen. Je stagneert je ontwikkeling en veroorzaakt ontwrichting.

D: *Ik weet dat je moeite hebt met ons concept van tijd. Maar hoeveel tijd is ermee gemoeid voordat iemand die zelfmoord pleegt verlossing vindt?*

C: Dit varieert per persoon. Zielen leren niet met dezelfde snelheid. Het hangt meer dan alles af van de verwardheid van de ziel en de gevoelens van waardeloosheid en verlies. Zelfmoord wordt niet licht vergeven, maar kan worden uitgewerkt. Niets is onmogelijk. Sommige dingen kosten gewoon meer tijd omdat ze complexer zijn. Ja, zelfdoding is verkeerd omdat het de balans van karma verstoort. Zelfdoding, jezelf vermoorden is niet het uitwerken van karma. Het is het creëren van meer karma.

D: *Sommige mensen plegen zelfmoord om aan een probleem te ontsnappen.*

C: Als je zelfmoord pleegt om aan een probleem te ontsnappen, vergroot je dat probleem alleen maar, zodat je het nog eens moet beleven. Je ontsnapt nergens aan, je maakt de situatie alleen maar erger voor jezelf. Je lost niet echt iets op, maar schept alleen meer problemen. Zelfmoord is geen oplossing.

D: *Heeft zelfmoord ooit iets te maken met het leven van anderen?*

C: Ja. Zelfmoord is vaak een gelegenheid voor anderen in de familie om ervan te leren. Stel bijvoorbeeld dat een jongen zelfmoord pleegt en dat door die ervaring de moeder zich realiseert dat ze te overheersend was en zo leert begripvoller te zijn. Dan heeft zij ervan geleerd, alhoewel het wel een harde les was.

D: *Zou dit in sommige gevallen geen karma opleveren voor de familie of de vrienden die achter zijn gebleven?*

C: Zelfmoord is nooit onderdeel van karma! Zelfmoord is een aspect van vrije wil.

D: *Ik begrijp het. Het kan dus nooit ergens goed voor zijn?*

C: Dat is juist. Er zijn geen winnaars.

D: *Gebeurt het ooit dat het het karma van iemand anders direct beïnvloedt?*

C: Nee, omdat degene die zelfmoord pleegt daarmee zijn eigen karma zou verkorten en dat zou niet eerlijk zijn.

D: *Ik heb gehoord dat mensen vóór hun leven min of meer een contract hebben. En zelfmoord zou verzaking van dat contract zijn, het niet nakomen van hun afspraak.*

C: Vóór je leven, ontmoet je je spirituele leraren en wordt in het algemeen besloten hoeveel karma je in dit leven kan uitwerken als je goede beslissingen neemt. Het is bijna als huiswerk. Je zegt: 'Dit is wat ik ga proberen te bereiken in dit leven.' Het is niet erg, als je niet al je huiswerk afkrijgt. Wat telt is dat je eraan werkt en het probeert. En als je je leven halverwege, op het moment dat je nog maar nauwelijks begonnen bent, afbreekt door zelfmoord te plegen, heb je niet alleen niets bereikt van wat je ernstig beloofd had te zullen proberen te bereiken, maar heb je meer uit te werken karma gecreëerd. Het is dus op alle vlakken een negatieve ervaring.

D: Je moet nog steeds je problemen en je karma uitwerken. Niet weglopen voordat je je zaakjes opgelost hebt.

C: Dat klopt. Maar als het afgesproken werk voltooid is en je dan zou willen sterven, is er geen noodzaak om in het lichaam te blijven als je dat niet wilt. Dan kan het vertrek geregeld worden via de juiste kanalen. Het is het vroegtijdig afwerpen van het lichaam voordat de taak klaar is, dat niet getolereerd kan worden.

8. Gidsen

In vrijwel elke cultuur ter wereld gelooft men in beschermengelen of gidsen. Bestaan deze echt?

C: Gidsen bestaan. Meestal is dat iemand met wie je voorheen een sterke band hebt gehad en die in de spirituele dimensie naar school gaat. Deze helpt je bij je leerproces en biedt bescherming. Gidsen vervullen hiermee hun taken op het spirituele niveau.

D: *Zijn ze aan een bepaalde persoon toegewezen?*

C: Ze kunnen zelf mensen kiezen waarmee ze verwantschap voelen. Ze zijn bij je vanaf je geboorte.

D: *Je bent dus niet alleen wanneer je het aardse lichaam binnengaat?*

C: Niemand is ooit alleen. Eenzaamheid ontstaat wanneer je je afschermt van anderen. Er zijn altijd anderen om je ervaring mee te delen, je hoeft alleen maar je muren af te breken en toe te staan dat ze je helpen.

D: *Als ze niet geïncarneerd zijn, hoe helpen ze dan?*

C: Dit is lastig om uit te leggen omdat er gebrek aan begrip is ten aanzien van de spirituele dimensie. Ook in de spirituele dimensie moet werk worden gedaan, net als op het aardse vlak. Er zijn er die, na een incarnatie, naar de scholen gaan in de spirituele dimensie, en sommigen daarvan zijn leraren op die scholen. Er zijn veel andere manieren waarop ze kunnen helpen, waaronder het gidsen van degenen in de fysieke dimensie.

D: *Hebben ze altijd het beste met je voor?*

C: Degenen die om je heen zijn meestal wel, ja. Je moet leren jezelf te beschermen tegen hen bij wie dat wellicht niet zo is.

D: *Is je eigen persoonlijke gids krachtig genoeg om andere invloeden weg te houden?*

C: Ja. Als je ook leert jezelf te omringen met dat wat goed is. Dat houdt alles weg wat negatief is. Er is geen goed of slecht; er is alleen positief en negatief. Een ervaring waar je van leert is nooit negatief.

D: *Maar soms is het moeilijk te weten of iets goed voor je is of niet. Hoe kun je weten of andere invloeden je naar een andere kant proberen over te halen?*

C: Door goed te kijken naar wat het eindresultaat zal zijn van wat ze je adviseren. Iedereen kan zien. En als je ziet dat dingen verkeerd uit gaan pakken, weet je dat die entiteit je niet goed gezind is.

D: *Maar mensen kunnen voor de gek worden gehouden.*

C: We zijn niet perfect. Anders zouden we niet meer incarneren.

D: *Hoe kunnen we weten of het onze eigen gids is die probeert ons te beïnvloeden?*

C: Als je jezelf in je dagelijkse leven bekijkt, merk je dat je vaak in conflict met jezelf bent of je dit of dat zult doen. Als je bijvoorbeeld aan de lijn doet en toegeeft aan de verleiding van een ijsje. Het deel van jou dat zin heeft in een ijsje vraagt om bevrediging. En toch zegt het hogere deel in jou, dat de noodzaak van afvallen inziet, 'nee, we nemen geen ijsje'. Er is dus verdeeldheid in jezelf. Je gidsen voelen aan als deel van jezelf en zijn een verlenging. Zo weet je dat het 'je andere ziel' is die aan het woord is. Als iemand je advies geeft en je aan dit advies twijfelt, moet je wellicht naar de bron ervan kijken. Als het afkomstig is van je gids, voelt het goed. Hij zal je nooit dwingen iets te doen, hij doet alleen suggesties. Als er dwang bij betrokken is, dan heb je absoluut zeker niet met een positieve entiteit te maken, omdat dan je vrije wil wordt geschonden. Je beslist zelf en er wordt je niet gezegd wat je moet doen, want dat is deel van het menselijk avontuur. Gidsen hebben niet vanaf de zijlijn de regie in handen, zoals sommige mensen denken. Zij doen hun deel en jij het jouwe. Het is een wederzijdse afspraak, een partnerschap tussen het spirituele en het fysieke niveau. Zij doen hun werk en jij het jouwe.

D: *Er zijn veel mensen die denken dat gidsen de touwtjes in handen hebben.*

C: Ja, en ze moeten gaan begrijpen dat er in deze zaken eenvoudigweg een gedeelde verantwoordelijkheid is. Veel beslissingen worden puur door mensen gemaakt en zijn gebaseerd op menselijke gedachten, ervaringen en ideeën. Gidsen proberen je te helpen met hun wijsheid en hun ervaring. Als je twijfelt tussen jouw beslissing en het advies van je gids, dan is dat niet verkeerd; het is slechts een keuzeproces. Ze zijn er louter om hulp en assistentie te bieden. Het is niet verplicht om precies te doen wat je gids suggereert. Ze zijn alleen assistenten. Jij bent de meester van je lot.

D: *Onze gidsen en helpers proberen ons dus te beïnvloeden om te doen wat goed is?*

C: Dit moet verhelderd worden. Beïnvloeden is geen goede beschrijving. Gidsen en helpers proberen niet te beïnvloeden. Helpen of verlichten zou nauwkeuriger zijn. Het verschil mag dan heel subtiel lijken, maar het is zeer belangrijk. De aarde is de dimensie van vrije wil en keuze. Je bent volledig vrij om te kiezen wat je wilt. Als je hulp nodig hebt bij het maken van je keuze... dát is hun doel. Ze helpen je alleen en proberen je dingen te laten zien of te verhelderen. Het is niet zo dat jullie marionetten zijn die vanaf de andere kant worden bespeeld. Je hebt je eigen lot stevig in eigen handen. Er zijn omstanders die direct te hulp kunnen komen en wachten tot je hen om hulp vraagt. Je schept je eigen lot. Hetzelfde geldt voor de aardse dimensie. Jullie zouden elkaar onzelfzuchtig moeten helpen. Sommige mensen denken dat ze anderen moeten helpen, of die ander dit nu wil of niet. Denk alsjeblieft niet dat je altijd iedereen moet helpen. Maar doe het alleen als je echt het gevoel hebt dat je wilt helpen. Gedwongen hulp is erger dan helemaal geen hulp.

D: *Heeft dit te maken met vrije wil?*

C: Dat is exact wat het is.

D: *Dus je zegt dat omdat we een vrije wil hebben, we de vrijheid hebben om advies op te volgen of naast ons neer te leggen? En dat geldt voor het spirituele en voor het aardse vlak?*

C: Dat klopt, maar ik wil graag dat je over iets nadenkt, voordat we verdergaan. Stel je voor dat je een kind met een fles vergif ziet spelen. Je rent natuurlijk naar dat kind toe en pakt de fles af, nietwaar? Stel nou dat dat kind je in je gezicht zou slaan, je weg zou duwen en zou blijven proberen om de fles open te maken. Wat zou je dan doen?

D: Ik zou volhouden.

C: Stel nou dat dat kind net zo volhoudt als jij.

D: Dan zou ik zeggen dat hij krijgt wat hij verdient.

C: Wij ook.

D: Het is dus mogelijk voor een gids om te voorkómen dat we ons verwonden?

C: Ja. Ze zullen je informeren als er iets staat te gebeuren. Dat is assistentie. Ik kan je een voorbeeld geven wat je het gevoel zou kunnen geven dat een gids het van je overneemt. Als je autorijdt en je kunt niet zien dat er een tegenligger aankomt die een botsing kan veroorzaken, zou je stuur plotseling een ruk kunnen krijgen, zodat de botsing voorkomen wordt. Dit gebeurt natuurlijk niet, maar als je gidsen dit zouden mogen doen, zou er dat gebeuren. Jij stuurt en zij geven informatie.

D: Zouden ze nooit zoiets doen in geval van nood?

C: Als het nodig is, alleen in extreme gevallen. Ik mag hier niet te veel over praten, omdat het je dan bij voorbaat zou beïnvloeden ten aanzien van de krachten die in het spel zijn. Maar het belangrijkste dat je moet weten is dat je lot dat is wat je er zelf van maakt. Nogmaals, gedwongen hulp krijgen is erger dan helemaal geen hulp krijgen.

D: Maar het is fijn te weten dat er hulp is, als we die nodig hebben.

C: Ja. Aan deze zijde zijn we vaak geamuseerd om de heethoofdigheid en het ongeduld van de mens. Dat komt door het verschil tussen de spirituele en de fysieke wereld. In de spirituele wereld wordt een gedachte direct gerealiseerd. In de fysieke dimensie gaan de dingen niet zo gemakkelijk. De mens moet dus leren geduldig te zijn.

Aangezien een gedachte in de spirituele dimensie dingen onmiddellijk teweegbrengt, is het belangrijk op te merken dat we op aarde veel meer tijd krijgen tussen het denken en het materialiseren van de gedachte, zodat we de kans krijgen om van gedachte te veranderen. Als de dingen hier in onze fysieke wereld direct zouden gebeuren, zou dat veel problemen kunnen veroorzaken. Vanwege onze menselijke aard met zijn vele zwakten (egoïsme, afgunst, jaloezie etc.), zouden we waarschijnlijk chaos creëren. We zijn niet zo

134

zuiver van gedachte en intentie. Eerder is er gezegd dat intentie het allerbelangrijkste is ten aanzien van verwerkelijking.

C: De relatie tussen gids en degene die gegidst wordt is aan verandering onderhevig van incarnatie tot incarnatie en zelfs binnen een enkele incarnatie, al naar gelang de noodzaak. Er zijn geen vaste regels. De middelen worden bepaald door de noodzaak.

D: *Hoe worden gidsen voor mensen geselecteerd?*

C: Dat is afhankelijk van wat er nodig is in een bepaalde periode van je leven. Sommigen begeleiden gedurende de hele incarnatie. Anderen kunnen tijdelijk zijn of komen en gaan naargelang de noodzaak. Tijdens ons leven kunnen we verschillende gidsen hebben. Hun functie verandert wanneer onze levens veranderen.

D: *Is er verschil tussen een gids, een leraar en een spirit? Ik heb deze termen op verschillende momenten horen gebruiken.*

C: Gidsen zijn spirits, geesten. Een leraar is van een hogere orde dan een gids. Een leraar heeft veel meer kennis en ervaring. Een gids is veel persoonlijker en staat dichter bij een aardse incarnatie. Bijvoorbeeld iemand die kortgeleden de aarde heeft verlaten en dus nog bekend is met de ingewikkeldheid van het aardse leven. Een leraar is meestal al enige tijd verwijderd van een incarnatie en wordt aangetrokken voor informatie. Gidsen zijn meer kort geleden geïncarneerd en leraren zijn zover ontwikkeld dat ze niet meer hoeven te incarneren. Elk is op zijn beurt dus geschikt voor de taak die hij toegewezen heeft gekregen. Een gids weet mogelijk meer van het aardse leven. Een leraar heeft meer informatie.

Dit klinkt als een onderwijzer die naar een professor gaat of naar de directeur van een school voor een ingewikkelder advies over een student. De onderwijzer kent de student meer persoonlijk omdat hij hem elke dag ziet. De professor of de directeur kent de student misschien wel helemaal niet, maar kan advies geven, omdat hij meer kennis en ervaring in huis heeft. De directeur heeft ook al vrij lange tijd niet met studenten in het klaslokaal te maken gehad. Hij staat verder van de situatie af, maar als zodanig kan hij een meer onbevooroordeelde mening geven. Toen vroeg ik of we de namen van onze gidsen te weten konden komen.

C: Ze zullen met je praten wanneer dat nodig of relevant is. Er worden hier in de spirituele dimensie geen namen gebruikt. Er zijn alleen geluiden, vibraties en kleuren. Naamgeving is een gebruik dat beperkt is tot de menselijke soort. Het maakt identificatie gemakkelijk. Maar de namen die jullie graag aan gidsen geven zijn wat misleidend, omdat namen een vibratie hebben en het toekennen van een naam aan een gids kan de verkeerde vibratie geven. Het is dus beter een gids meer bij vibratie te kennen dan bij naam.

D: *Je zei dat het voor iedereen mogelijk was om gids te worden. Duurt het een lange tijd voordat je de positie krijgt om iemand anders te begeleiden?*

C: Het hangt enkel van je karma af. Mensen die in staat zijn om zich op een positieve manier te ontwikkelen, worden soms gids binnen één of twee levenscycli. Maar anderen moeten er langer aan werken. Het hangt helemaal van de individuele ontwikkeling af. Het is een kwestie van een bepaald spiritueel niveau. Wanner je deze dimensie eenmaal hebt bereikt, kun je ofwel gids zijn of plaatsnemen in de algemene Raad (zie hoofdstuk 13), afhankelijk van de manier waarop je je op dat bepaalde moment moet ontwikkelen. Wanneer je op de spirituele niveaus daaronder bent, groei je op andere manieren en doe je andere dingen om te helpen, maar niet zo rechtstreeks als gidsen dat doen.

D: *Ik heb gehoord dat sommige mensen vragen als ze overgaan: 'Mag ik nu andere mensen gidsen?' En het antwoord is 'Hoe kun je gids zijn wanneer je zelf nog een gids nodig hebt?'*

C: Er zijn altijd helpers die verder ontwikkeld zijn dan jij. Het is net als een volwassene die een tiener gidst, die op zijn buurt een kind helpt, die op zijn buurt weer een peuter helpt.

D: *Ik dacht dat je een bepaald aantal ervaringen moest hebben meegemaakt of aan bepaalde voorwaarden moest voldoen voordat je gids kon worden.*

C: Dat is zo. Wanneer je het niveau bereikt waarop je een ander in de aardse dimensie kunt gidsen, heb je dat stadium van spirituele ontwikkeling bereikt waarop je op een spiritueel volwassen manier met die verantwoordelijkheid, zonder uitglijders, om kunt gaan. Maar dat betekent niet dat jouw groeiproces is gestopt, omdat iemand die verder is ontwikkeld dan jij jou nog steeds helpt bij jouw groeiproces, terwijl jij op jouw beurt iemand anders bij zijn groeiproces helpt die nog niet zo ver ontwikkeld is als jij. En zo werkt het hele systeem.

D: *Maar je kunt nog steeds fouten maken als je nog niet klaar bent voor de taak een ander te gidsen.*

C: Maar je bent klaar voor de taak wanneer je de taak krijgt. Dat zou een fout zijn van de... dergelijke fouten worden niet gemaakt. Wanneer je overgaat, zijn de energiepatronen volledig duidelijk en dan blijkt direct waar je toe in staat bent en waar je past, welk niveau je hebt bereikt en wat je kunt doen. En dat is wat je te doen hebt. Het gaat zo, dat het je helpt te groeien en ontwikkelen zodat je nieuwe vaardigheden kunt verwerven.

D: *Er worden dus geen vergissingen gemaakt.*

C: Precies. Omdat het een vergissing in plaatsing zou zijn, niet een vergissing in wat iemand wel of niet kan. Als je iemand iets te doen geeft dat zijn capaciteiten te boven gaat, is dat niet zijn fout, maar jouw fout.

D: *Ze zeggen altijd dat je zelf veel leert als je anderen dingen leert. Wie zijn degenen die deze keuzes maken? Je zei dat het een vergissing zou zijn van de kant van degene die zou vertellen deze dingen te doen.*

C: Ik gebruikte dat als metafoor.

D: *Ik vroeg me af of er iemand daarboven is die zegt: 'Oké, nu ben jij aan de beurt om terug te gaan en gids te zijn', of iets dergelijks.*

C: Nee. Alles hier is energie, dus alles gebeurt afhankelijk van hoe jij in de energie past. Terwijl je anderen mensen helpt, bouw je zelf energie op. En wanneer je een bepaalde hoeveelheid energie hebt opgebouwd, is het tijd voor je om opnieuw naar de aardse dimensie te gaan, omdat het energie kost om door de barrière te gaan en weer opnieuw vanaf de aarde aan je karma te werken.

D: *Je weet het dus zelf. Er is niemand die zegt: 'Nu ben jij aan de beurt om dat te doen.'*

(In onze maatschappij zijn we gewend dat er iemand de leiding heeft. Ik probeerde dit alles dus binnen deze kaders te plaatsen.)

C: Juist. Alles is voor iedereen volledig duidelijk. Het gaat er dus niet om iemand te vertellen wat hij moet doen, omdat het voor jou en voor iedereen overduidelijk is welke behoeften je hebt en wat je kunt en zult doen. Alles wordt hier gezien in de vorm van energie. Elke gedachte en intentie heeft energie die zichtbaar is. En wanneer het tijd voor je is om naar de aarde terug te gaan, komt de algemene Raad in beeld, die bepaalt waar je in het patroon past. En dat bepaalt wanneer, waar en bij wie je in de fysieke dimensie wordt geboren.

D: De Raad heeft hier dus veel inspraak in.

C: Niet noodzakelijkerwijs meer inspraak. Het is een kwestie van helpen, ervoor zorgen dat de energie blijft stromen zoals het hoort. Wanneer iemand terug moet keren naar de fysieke dimensie, keert hij terug op dat energieniveau waar hij in moet terugkeren, op een manier die past bij zijn energie en de omgevingsenergie, om ervoor te zorgen dat hij uiteindelijk weer in contact komt met mensen met wie hij in eerdere levens contact heeft gehad. En zo krijg je dus verbonden karma's.

D: Wat zou er gebeuren als je er helemaal klaar voor bent en er is al gepland waar je terug moet keren en je bedenkt je op het laatste moment?

C: Dat gebeurt niet.

D: Wat als je besluit dat je wilt wachten en niet op dat moment wilt teruggaan?

C: De tijd voor uitstel is voorbij, wanneer je het proces om naar de fysieke dimensie terug te keren bent begonnen. Voor je beslist terug te keren, kun je zo lang in de spirituele dimensie blijven als je wilt. Wanneer het moment komt dat je beslist dat het tijd is om terug te keren, wordt het in gang gezet. Dan zit je aan je besluit vast, omdat je energie die kant op gaat stromen om terug te gaan naar de fysieke dimensie. Het is een wet van het universum dat, wanneer je het proces in gang zet, je het moet afmaken.

D: Ik dacht in het bijzonder aan baby's die dood geboren worden; dat de ziel zich misschien op het laatste moment had bedacht en niet het lichaam inging.

C: Nee, wat er gebeurt bij dood geboren baby's is dat ouders die ervaring op dat moment in hun leven nodig hebben voor hun eigen karma, om een bepaalde reden, afhankelijk van de individuele omstandigheden.

D: *Het leek mij logisch dat de ziel misschien nog niet helemaal klaar was en wilde wachten of onder het contract probeerde uit te komen. Of ook in gevallen waar ze heel jong sterven, bijvoorbeeld bij een paar maanden oud.*

C: Degenen die op hele jonge leeftijd sterven zijn meestal zielen die ontwikkeld genoeg zijn om af en toe naar de aardse dimensie te gaan, niet noodzakelijkerwijs omdat ze een aspect van hun karma moeten uitwerken, maar om het karma van iemand anders te helpen. Ze doen het om te helpen, als anderen om wat voor reden dan ook baat hebben bij hun aanwezigheid voor korte tijd.

D: *Slechts een paar maanden?*

C: Of zelfs een paar dagen. Dan gaat de ziel weer naar de spirituele dimensie en gaat hij verder met waar hij mee bezig was. Later gaat hij eventueel terug naar de fysieke dimensie om een ander levenskarma uit te werken. Maar soms gaan ontwikkelde zielen vrijwillig voor een korte tijd naar de aardse dimensie om het karma van een andere ziel een zetje te geven.

D: *Ik blijf denken dat ze een contract hadden dat ze moesten nakomen en dat ze aarzelden of het contract wilden verbreken.*

C: Contract is een slecht woord. Het is totaal niet van toepassing. Omdat wanneer een ziel de beslissing neemt 'ik wil de fysieke dimensie weer ingaan', hij die beslissing niet maakt, voordat hij er klaar voor is. Als hij voelt dat hij er nog niet klaar voor is, waarom zou hij dan die beslissing nemen? Nadat de beslissing is genomen, gaat de energie in die richting stromen. En het wordt op zo'n manier in het patroon ingepast, dat je karma zich blijft ontwikkelen en het in het algehele patroon van het universum past.

D: *Andere spirits waarmee ik gesproken heb, vertelden me dit. Ik denk dat we proberen dit in woorden te vatten die we vanuit ons aardse gezichtspunt kunnen begrijpen. Daarom gebruik ik deze woorden. Ze zullen het vanuit een ander gezichtspunt hebben bekeken. En wellicht praatte ik op dat moment met spirits die nog niet zo ver ontwikkeld waren.*

C: Dat is mogelijk. Soms nemen spirits op lagere spirituele niveaus niet waar hoe energie het hele systeem beïnvloedt, wanneer het tijd is om de fysieke dimensie weer binnen te gaan. Ze realiseren zich niet dat het feit van de beslissing een soort verbintenis is. Ik zal een analogie gebruiken. In jullie wereld heb je een soort amusement dat een waterglijbaan genoemd wordt. Het water wordt als het ware van bovenaf naar beneden gegoten. Je kunt het water pas onder aan de glijbaan opvangen, wanneer het van de rand afstroomt. Zo is het ook met het binnengaan van de aardse dimensie. De beslissing de fysieke dimensie in te gaan doet de energie stromen, net als het water dat boven aan de glijbaan wordt uitgegoten. Om het water op te vangen, dat wil zeggen, om je energie in de spirituele dimensie te verzamelen, moet je van de glijbaan afgaan. Je moet het met andere woorden doorzetten.

D: *Je kunt niet halverwege stoppen.*

C: Nee. Niet omdat er, bij wijze van spreken, iemand een pistool tegen je hoofd houdt, om je te dwingen. Het is gewoon één van de energiewetten van het universum. Wanneer energie eenmaal volgens dit patroon begint te stromen, moet de energie het patroon afmaken, voordat het voor andere dingen kan worden aangewend. Zielen op lagere ontwikkelingsniveaus hebben dit overzicht nog niet. Als zij dus de beslissing nemen om terug te gaan en beginnen te twijfelen, kunnen zij het gevoel hebben dat ze gedwongen worden om terug te gaan. Het is niet zo dat iemand ze dwingt om terug te gaan, het is simpelweg omdat ze al op de glijbaan zitten. Ze moeten de glijbaan afgaan voordat ze onder aan de glijbaan kunnen worden opgevangen.

D: *De dingen zijn al in beweging.*

C: Precies.

D: *Dan zouden deze antwoorden kunnen komen van mensen van een lager ontwikkelingsniveau.*

C: Ja, of misschien hadden ze het gevoel dat jij de antwoorden van een hoger niveau niet zou begrijpen.

Het is duidelijk dat ik spreek met zielen van verschillende ontwikkelingsniveaus. Hun antwoorden zijn dus mogelijk niet tegenstrijdig. Het is louter de waarheid vanuit hun gezichtspunt.

D: *Maar er zijn mensen in de aardse dimensie die hier niet lijken te willen zijn. Ze zijn heel boos.*

C: Ja, dat zijn zielen die moeite met negatief karma hebben en wat recalcitrant zijn. En zielen die aangetrokken worden tot negatief karma zijn meestal bozig dat ze weer in een lichaam zitten, omdat ze ervan overtuigd zijn dat ze weer fouten zullen maken.

D: *Daarom krijg ik het idee dat ze terug móesten komen en niet in een lichaam willen zijn.*

C: En dus lijkt het erop dat ze in een vicieuze cirkel rondrennen, zoals ik eerder al zei.

9. God en Jezus

Wanneer je iemand vraagt zijn beeld van God te beschrijven, stel je een hele ingewikkelde vraag, omdat er waarschijnlijk net zoveel definities van God zijn als er mensen zijn. Onze innerlijke verbeelding van God is geconditioneerd door onze godsdienstige opvoeding en dat is waar we meestal op terugvallen. Het is moeilijk om onze beelden van God en van de andere delicate onderwerpen in dit boek te veranderen. Het vraagt een open geest, waarbij je op zijn minst bereid bent naar andere ideeën te luisteren, zelfs als deze in eerste instantie belachelijk en absurd voor je lijken te zijn. Ik ben van mening dan de vroege kerk God op een zo eenvoudige manier moest voorstellen, zodat mensen uit die tijd überhaupt een idee van God konden krijgen. Ik denk dat door de tijden heen mensen deze vroege voorstellingen van Hem gewoon accepteerden en dat niet veel mensen de moeite namen om verdere vragen te stellen. Ze geloofden het beeld dat de kerk hen gaf. Er zijn echter ook in die tijd mensen geweest die zichzelf een breder begrip van God toestonden. Wanneer we de hersenspoeling en conditionering wegnemen en deze beelden met een frisse blik bekijken, is het verbazingwekkend te zien dat ze elkaar helemaal niet tegenspreken. Het zijn louter verschillende manieren om hetzelfde te zeggen.

In het volgende beantwoorden verschillende mensen in diepe trance de vraag hoe ze zich in de geestelijke toestand tussen levens in, God voorstellen.

C: We vragen je het volgende voor de geest te halen. In de hele schepping van de buitenste randen van elk universum tot het centrum ervan en weer terug bestaat een kracht, ongezien maar desalniettemin aanwezig. Dit is een onzichtbare structuur die alles bij elkaar houdt. In beton zitten stalen staven die voor het blote

oog onzichtbaar zijn, maar die het beton desondanks bij elkaar houden. Ben je hiermee bekend?
D: Ja, ik begrijp wat je zegt.
C: Dit is het concept van God. Het is het stelsel van stalen staven van het universum dat alles bij elkaar houdt, ongezien maar desondanks aanwezig. Want als dit zelfs maar een fractie van een seconde zou verdwijnen, zou er volledige en totale verwoesting zijn. Dit is het idee van God, dat in jullie wereld persoonlijkheidsstatus heeft gekregen.

C: Ik observeer de structuur van dit universum.
D: Kun je me vertellen wat je ziet?
C: Ik weet niet zeker of deze taal voldoende is.

Ik heb dit van elke entiteit die ik heb gesproken gehoord. Onze aardse taal is eenvoudig niet in staat het ware beeld te beschrijven dat men ziet. Ik vertelde haar dat ik dit begreep en vroeg haar het toch te proberen.

C: Op dit moment kan ik in delen van het spectrum kijken die jij niet kunt zien met je ogen. Ik kan kleuren en kosmische stralen zien die jij niet kunt zien. Ik kan recht in de harten van de planeten kijken en zie het fonkelende raster dat de atomen bijeenhoudt. Het is ontzettend mooi en krachtig. De smalle bundel golven die je met je ogen kunt zien bevatten verschillende kleuren en de bredere bundels die je niet kunt zien hebben ook verschillende kleuren, totdat je bij bundels aankomt die je alleen waarneemt door ze te horen. Maar ik kan ze nog steeds zien en hun kleuren ook. Het is deel van hetzelfde elektromagnetische spectrum.
D: Deze bundels zijn zodanig dat we ze alleen kunnen horen. Betekent dit dat geluid ook kleur heeft?
C: Ja. Geluid is veel langzamer dan wat jullie 'licht' noemen. Maar het zijn allemaal vibraties en energie en ik kan ze allemaal zien: de bundel die jullie als licht waarnemen en voorbij aan wat jullie als licht zien. Ik kan het allemaal waarnemen. Het is onmogelijk te beschrijven omdat ik de ether kan zien. Het is ontzettend mooi. Het lijkt veel op het noorderlicht. Stel je de hele ruimte voor met noorderlicht dat alle verschillende kleuren verbindt en met elkaar

vermengt, waarbij vlakken en gebieden van energie en kleur met elkaar communiceren, elkaar veranderen en wijzigingen veroorzaken. Het is heel complex.

D: Wij stellen ons de ruimte als zwart en leeg voor. Bedoel je dat ze in werkelijkheid vol is met al deze kleuren en vibraties?

C: Precies! Vibraties, kleuren, energie... en het gaat door alles heen. Het feit dat er een planeet om de zon draait wil niet zeggen dat deze de energie blokkeert of dat de energie erlangs gaat. De energie gaat er gewoon dwars doorheen. Dit hele universum is verbonden met andere universa.

D: Wat is de bron van al deze energie?

C: De energie is er altijd geweest. Ik weet werkelijk niet wat de bron ervan is. Misschien was er ooit een bron. En toch zijn de universa van deze energie gemaakt. En wanneer de universa hun levens hebben geleefd, worden ze weer afgebroken tot deze energie. En dan worden weer nieuwe universa uit deze energie gebouwd.

Dit klinkt als reïncarnatie op een gigantische schaal. Een nooit eindigende, zich constant herhalende cyclus die het grootste en ook mogelijk het allerkleinste van de hele schepping beïnvloedt.

D: We zijn zo gewend te denken dat het licht van de zon en dergelijke komt. Ik dacht dat deze energie wellicht ergens vandaan kwam.

C: Nee. Energie is al wat er is en vult al wat er is. Alles is energie. En in het wordingsproces van al wat is, transformeert het zich in verschillende structuren die uiteindelijk planeten, zonnen worden en energieën en gedachten en verscheidene universa en wat dies meer zij.

D: Wat voor beeld heb jij van dit 'al wat is'?

C: (zucht) Het is zelfs voor mij te groot om volledig te bevatten. De enige manier waarop ik het kan omschrijven is: al wat is, ooit, voor altijd en eeuwig. 'Al wat is', is energie. En wanneer energie fluctueert - zoals energie doet - ontstaan er diverse universa, als fluctuaties van deze energie.

D: Ik vraag me af of dat past in ons idee van God.

C: Dat idee is eigenlijk heel beperkt. Maar gezien de beperkte omvang van jullie geest, maak je er het beste van. Ik degradeer jullie niet. Ik noem gewoon een feit. Het ruimste idee dat jullie mogelijk van

144

God kunnen hebben is nog altijd zo klein als een speldenknop, vergeleken met dit 'al wat is'. Je moet bedenken dat veel van je medemensen een beperkt beeld van God hebben. Dat is jammer, maar helaas waar. Ze zijn te bang om zich voor hun volledige potentieel open te stellen.

D: *Ik vroeg me af of er iets was dat de schepping van het universum en van de mens leidde. Dat verwijst weer naar ons idee van God.*

C: Energie is georganiseerd. Energie is altijd georganiseerd geweest. Dat is deel van zijn basale structuur. Het is deze basale organisatie, tot de allerkleinste grenzen van zijn structuur voortgezet, die ervoor zorgt dat dingen geordend en georganiseerd zijn.

D: *Het komt door deze ordening dat mensen denken dat het door iets geleid moet zijn.*

C: Het ontwikkelt zich zoals het zich moet ontwikkelen volgens geordende fluctuaties in de energie. Er zijn regelmatige fluctuaties van één gebied naar een ander gebied en omgekeerd, die dit universum en andere universa op bepaalde manieren beïnvloeden. De schommelingen variëren van extreem groot tot de allerkleinst mogelijke, waarvan jullie wetenschappers nooit de grenzen zullen ontdekken. Ze blijven kleinere onderverdelingen van energie ontdekken, maar het lijkt er niet op dat ze ooit de meest basale structuur bereiken.

D: *Ik denk dat het zeer moeilijk voor mensen zal zijn om los te komen van het idee van een God die alles regelt. De mensen denken graag dat ze de dingen niet in eigen hand hebben en dat een algehele kracht de leiding heeft.*

C: Ja. Eén van de belangrijkste dingen in het volgende ontwikkelingsstadium van de mens is de realisering dat iedereen zijn eigen lot in handen heeft. Dat er gebeurt wat je wenst dat er gebeurt. Dingen die zomaar lijken te gebeuren, zijn het resultaat van oorzaken uit het verleden, oude gedachten en dergelijke die uitgezonden worden.

Een andere entiteit vatte dit in een concept dat ik gemakkelijker kon accepteren. Hij sprak over zielen die van de hogere niveaus naar ons niveau afdalen, om ons hier op aarde te helpen.

C: Het is soms nuttig om achteruit te reizen en degenen beneden je te helpen. Spirits van de hogere dimensies keren soms terug naar jullie dimensie en helpen degenen in de fysieke wereld hun bewustzijn te verhogen. Er wordt dispensatie gegeven aan hen die dit willen doen. Het is als het ware toegestaan. Dit is niet een ervaring in de stof.

D: *Wie of wat staat dit toe of keurt het goed?*

C: Dit wordt gedaan door de Raden die de universa regeren. Elk universum heeft een centrale Raad en dan zijn er nog de plaatselijke Raden.

D: *Dit idee is nieuw voor me. Ik dacht altijd aan slechts één universum. Kun je dit verder uitleggen?*

C: Er zijn gigantisch veel universa. Het universum waarin we hier nu zijn is slechts één van vele.

D: *Dit is moeilijk voor me om te bevatten. Zijn deze buiten ons universum of hoe zit het in elkaar?*

C: Ze zijn in de fysieke ruimte. Het idee vraagt een grote verbeeldingskracht om je een voorstelling te kunnen maken van de afstanden. Ze zijn politiek–politiek is geen nauwkeurige omschrijving, maar het is er een die hier begrepen kan worden. Er zijn regeringen op spirituele niveaus. In elk universum zijn er regeringen die de individuele en collectieve universa besturen.

D: *Zou dit het equivalent zijn van wat mensen een God of Opperwezen noemen?*

C: Natuurlijk! Het is dezelfde God voor allemaal. Mijn God is jouw God, God voor iedereen.

D: *Is Hij degene die de Raden opzet?*

C: Er wordt naar Raden gedelegeerd. Hij bemoeit zich hier zelf niet mee. Hij heeft wezens onder zich, die bij wijze van spreken het werk doen. Er is een hiërarchie in gezag. We willen je vragen met een ruimere blik te kijken en God louter te zien als waarnemer van Zijn kinderen bij hun werk. De kinderen verrichten de taken. God is eenvoudigweg. God is, punt. De kinderen doen. God is. God is de som van alles, van het geheel. We zijn God. We zijn samen God. We zijn individuele delen van God. God is niet één, maar God is alles.

D: *De Raden worden dus in verschillende delen van het universum opgericht, in verschillende gebieden?*

C: Ja. Plaatselijke overheden als je ze zo wilt noemen.

D: *Geldt dat ook voor onze planeet? Worden we geregeerd door een Raad?*

C: Ja.

D: *Ik probeer het te begrijpen. Met vele universa, bedoel je dan dat elk universum zijn eigen God heeft?*

C: Alle universa samen zijn God. Elk universum heeft het bewustzijn van God, alhoewel het bewustzijn verschillend is in de diverse universa, net als in verschillende gebieden binnen een universum. Hun concept van God zou anders zijn. De realiteit van God is onveranderlijk in alle universa, in de hele schepping. God is, wij zijn als individu deel van God. Maar wij allemaal samen, als geheel, zijn God.

D: *Is dit de kracht die alles heeft geschapen?*

C: Ja. Dit is louter een manifestatie van God.

D: *Hoe zit het dan met ons als individuele zielen? Heb je informatie over hoe we geschapen zijn?*

C: We zijn gepersonifieerd. We zijn delen van God, waaraan personificatie is gegeven.

D: *Waarom zijn we afgesplitst van God, als dit een juiste omschrijving is?*

C: Dit is onderdeel van het algehele plan–het grote, goddelijke plan dat alleen God zelf in al zijn volledigheid kent. Velen kennen kleine details ervan, maar niemand behalve God kent het plan volledig.

D: *Je zei dat we allemaal God zijn. En toch hebben we hier op aarde gebreken, we zijn niet volmaakt. Als we deel van God zijn, wil dat dan niet zeggen dat Hij niet volmaakt is?*

C: Er is een misverstand over het woord 'onvolmaakt'. Al wat is, is God. Maar God is volmaakt. Daarom is alles volmaakt. Wat we als onvolmaakt waarnemen, is louter onze waarneming. Onze waarnemingen zijn niet noodzakelijkerwijs hetzelfde, zelfs niet op andere delen van de planeet. Wat we dus waarnemen is niet absoluut. Wat wij als onvolmaakt waarnemen, is niet noodzakelijk ook zo vanuit het Godniveau. Onvolmaaktheden zijn menselijk, maar God houdt evenveel van onvolmaaktheid als van volmaaktheid. Dit zeg ik om God beter te begrijpen. Als je Hem kent, houd je nog meer van Hem, als je weet dat Hij van ons houdt om onze volmaaktheid, maar ook om onze onvolmaaktheid. De onvolmaaktheden zijn louter onvolmaaktheden voor óns, maar niet voor God.

D: *Je praat over God alsof Hij gescheiden van ons is en toch zeg je dat we allemaal nodig zijn om God te vormen. Kun je dat uitleggen? Je zegt dat Hij van ons houdt. Hoe kan dat als Hij geen aparte entiteit is, gescheiden van ons?*

C: Ten eerste, God is niet gescheiden van ons. Hij is nauw met ons verbonden. Misschien wordt het wat duidelijker als je het systeem van het bloed in het menselijk lichaam zou begrijpen. Deze is samengesteld uit individuele cellen. Het systeem zelf kan niet volledig zijn zonder de individuele hemoglobines etc. En toch is elke hemoglobine niet volledig als het niet in de bloedbaan is. Dus alles is één en één is alles. Het één kan niet zonder het andere.

Jezus

D: *Moeten we geloven dat de mens Jezus, de Zoon van God was?*

C: Dit is een zeer grove simplificatie, omdat God niet menselijk is. Hoe kan Hij een zoon hebben? Dit werd zo verwoord, opdat mensen het op een zeer basaal niveau zouden begrijpen. De term 'zoon' werd niet letterlijk bedoeld. Als je het duidelijk wilt weten: Jezus was een afgezant van een ander niveau van spirituele realiteit die veel dichter bij God staat dan wij. Zijn niveau was niet direct onder God. Er zijn met andere woorden niveaus die meer volledig zijn dan die van Jezus. Hij was echter van een niveau waar geen mens ooit vandaan was gekomen. De menselijke geest heeft moeite veel van deze ideeën te bevatten. Daarom moeten ze worden ingekleed en verwoord in termen die het menselijke begripsvermogen kan accepteren.

D: *De Bijbel leert ons dat Jezus bij God was en een deel van God was voordat Hij naar de aarde kwam. Zijn onze zielen op dezelfde manier een deel van God?*

C: Ja.

D: *Maar was Hij niet méér God?*

C: Hij stond op een hoger niveau, als je het zo wilt uitdrukken.

D: *Zijn er anderen die geïncarneerd zijn die in dezelfde - ik weet niet of je het zou kunnen omschrijven als 'rij' - geplaatst zouden kunnen worden; anderen die naar de aarde zijn gekomen als helpers die als net zo bijzonder beschouwd kunnen worden als de christenen Jezus beschouwen? Anderen waar we het mogelijk niet eens van weten en die in dezelfde geest incarneren?*

C: Als je het hebt over de huidige tijd, dan mag ik er niets over zeggen.

D: Zijn er in het verleden afgezanten zoals Jezus geweest?

C: Zeker. Er is uitgebreid over hen geschreven. De namen zijn niet belangrijk omdat men meestal het zicht op de intentie verliest en zich richt op de persoon. Er waren er die je mensen van de straat zou kunnen noemen, die niet zo bekend waren, maar die van hetzelfde niveau waren. Ze voerden hun taak bewonderenswaardig uit. Ze waren alleen niet zo bekend als Jezus.

D: Wat was het doel van de dood van Jezus?

C: Zijn dood was geheel zijn eigen keuze. De Bijbel zegt iets anders en het is oké als iemand dat wil geloven. Maar hij werd gedood door mensenhanden en menselijke wil en niet door een goddelijk lot. Het was zijn keuze om zichzelf aan het menselijk lot te onderwerpen.

D: Je hebt gelijk, in de Bijbel staat dat hij zelf heeft gezegd dat niemand hem het leven ontnomen heeft. Hij gaf het uit eigen vrije wil.

C: Dat is waar.

D: Maar wat was daar het doel van?

C: Dit was louter om het niveau van de menselijke relaties te onderstrepen en dit niveau bestaat nog steeds.

D: Stierf hij om aan mensen te laten zien dat ze opnieuw konden leven?

C: Als ze dat nodig hebben om te geloven. Letterlijk, nee. Figuurlijk, ja.

D: Wat was het letterlijk?

C: Er is als zodanig geen letterlijke noodzaak van zijn dood. Hij legde Zijn welzijn eenvoudig in de handen van de mens en stond hen toe te doen wat ze wilden. De uitkomst is veelvuldig beschreven.

D: Waarom koos hij zo'n verschrikkelijke dood?

C: Hij koos deze niet. Dat was in die tijd het gebruik. Hij stemde er slechts mee in. Hij had de macht om aan zijn dood te ontkomen, als hij dat had gewild. Hij koos ervoor om het te ervaren.

D: Ik denk dat we proberen te begrijpen wat hij probeerde te laten zien door op een dergelijke manier te sterven.

C: Zijn motieven zijn van hem alleen en ik ga niet proberen ernaar te raden. Als hij vandaag zou leven, zou er zich een soortgelijke situatie kunnen voordoen, waarbij hij ten onrechte van iets beschuldigd zou kunnen worden en als een misdadiger via een rechtsgang en vervolgens met een injectie of elektrische stoel, door kogel of ophanging om het leven gebracht zou worden. De kruisiging was simpelweg 'in de mode' in die tijd.

D: Het lijkt nogal zinloos als we de reden niet begrijpen.

C: Kijk niet naar Jezus, kijk naar je medemens. Het antwoord ligt in het feit dat hij geëxecuteerd werd. Het punt zit hem in de onrechtvaardigheid.

D: 's Mensen onrechtvaardigheid jegens elkaar? Bedoel je dat?

C: Ja.

D: Er wordt ons gezegd dat hij is gestorven voor onze zonden. Begrijp je dat verhaal?

C: Dit zijn gewoon verklaringen die in de Bijbel zijn gezet om te proberen het op een heel basaal niveau uit te leggen. Er is een veel breder begrip nodig om het leven en de ervaring van Jezus te begrijpen. Veel algemeen geaccepteerde overtuigingen zijn schadelijk voor een waar begrip, in die zin dat het de groei in bewustzijn van de ware functie van filosofie voorkómt.

D: In de Bijbel is vaak sprake van de Heilige Geest. Er wordt gezegd dat dit de geest van God is om mensen te helpen. Ik zou hier graag meer over horen, hoe het werkt.

C: We zouden zeggen dat dit een poging van je bewustzijn is om een aspect van de Goddelijke aard te begrijpen. Er is een vaag besef dat er verdelingen zijn in wat jullie 'God' noemen. Ze hebben drie benamingen gekregen, Vader, Zoon en Heilige Geest. Het begrip van de Heilige Geest is echter met jullie bewustzijn net zo moeilijk te vatten als God de Vader. Het volstaat te zeggen, dat deze geest een energie is, meer een levenskracht dan een levensvorm. Meer dat wat het leven ondersteunt en schraagt. De essentie van het leven zelf.

D: Kan iemand overleven zonder deze geest?

C: Nee, want hoe kan iemand overleven zonder leven? Het leven uit zich op vele niveaus, niet alleen fysiek leven, maar ook geestelijk leven. Het is het dragende element van het persoonlijke bewustzijn of de persoonlijkheid.

D: Je zegt dus dat het de geest van het leven zelf is. Dat is hoe we het zouden herkennen.

C: Als je het in woorden wilt zeggen die jullie kunnen begrijpen, dan zou dat wellicht juist zijn.

Het lijkt er dus op dat wanneer de kerken spreken over de drie-eenheid, de triniteit, ze dan in werkelijkheid dichter bij de waarheid zitten dan ze zich realiseren. Ze zijn elk apart, zoals wij ook gescheiden zijn van God, en toch zijn ze Eén. Ze zijn allemaal aspecten van hetzelfde en toch zijn hun beschrijvingen in vereenvoudigde woorden gesteld, opdat onze menselijke geest ze kan bevatten. Het is moeilijker voor ons om ons God voor te stellen als een energiekracht. Het is veel gemakkelijker voor ons om Hem te personifiëren. Uit de ontvangen informatie lijkt het erop dat de Heilige Geest en God essentieel hetzelfde zijn, een levenskracht die alles doordringt. Zonder hen kan er geen leven zijn, omdat dit de drijvende energie is. Het lijkt dus tegenstrijdig als de kerk zegt dat we de Heilige Geest moeten toelaten, omdat deze er al is. De afwezigheid van deze Geest zou de afwezigheid van het leven zelf betekenen.

151

10. De duivel, bezetenheid en demonen

D: We hebben gesproken over het Godsidee. Hoe zit het met de duivel of Satan?

C: Het is louter een idee, een analogie, een redenering die gebruikt wordt om het allemaal gemakkelijker te begrijpen.

D: Het is dus geen echte entiteit?

C: Er bestaat geen dergelijke entiteit, nee. Er is geen personificatie.

D: Maar mensen zeggen dat de duivel een wezen is, een persoon. Bestaat er zoiets?

C: Niet een wezen of boosaardige entiteit die als de duivel wordt beschouwd. Wanneer de meeste mensen het hebben over de duivel, praten ze over degene die bekend staat als Lucifer die in de tijd van de schepping aanwezig was en alles verloor door zijn honger naar macht.

D: Ze associëren hem met het kwaad?

C: Dat komt omdat de meeste elementalen die met het kwaad zijn geassocieerd rond hem samenkomen.

D: Denk je dat dit wanbegrip dit soort krachten meer macht geeft?

C: Ja, omdat ze het onbegrip voor hun eigen doeleinden gebruiken.

D: De mensen geven ze dus macht door aan hen te denken?

C: Macht wordt niet gegeven door alleen aan hen te denken. Het wordt gegeven door de daden van de mens. Dat is de reden dat telkens als iemand, wanneer hij iets heeft gedaan waarvan hij weet dat het verkeerd is, zegt: 'De duivel gaf het me in', hij die kracht meer energie geeft.

D: Ik heb horen zeggen dat er wel een duivel moet zijn omdat er een balans moet zijn. Als er goed is moet er ook kwaad zijn.

C: Dit is een poging om te begrijpen. De mens heeft iets nodig om te kunnen zeggen: 'O, dat begrijp ik.' Als we het niet begrijpen, voelen we ons niet prettig. Dit zijn redeneringen die ons op ons gemak doen voelen. We hebben veel redeneringen om uit te leggen wat we om ons heen zien, voelen en waarnemen, tot het punt dat deze redeneringen een eigen leven zijn gaan leiden. Ze moeten nu worden erkend als louter redeneringen en niet als zelfstandige entiteiten.

D: Is het goed of slecht dat mensen op deze manier redeneren?

C: Het doel wordt bereikt. Het geeft een gevoel van veiligheid. Het beperkt echter de groei om iets te begrijpen dat ingewikkelder is, omdat er verzet is tegen het opgeven van de redenering. Het is noch goed noch slecht, slechts neutraal ten aanzien van wat goed of verkeerd is.

D: Hoe zit het dan met het preken over zonde en dat je naar de hel gaat en zult branden in het vuur enzo? Zie je dit als een verkeerde vertaling?

C: Toen je klein was dreigden je ouders je voortdurend met de riem als je je bord niet leeg at of voor andere dingen. De angst voor deze straffen is wat je aandacht wegnam of je gedrag veranderde ten aanzien van de oorspronkelijke oorzaak van de confrontatie. Het was louter een dreiging van volwassenen om je datgene te laten doen wat zij als goed beschouwen.

D: Is er dan een werkelijke plaats als de hel?

C: Er is geen fysische hel. De geest zal ten tijde van overlijden zijn eigen hel creëren als hij dat verwacht. Stel dat iemand een slecht leven leidt en denkt dat hij vanwege zijn daden naar de hel gaat. Als hij daar stellig van overtuigd is, is dat hetgeen dat op hem wacht wanneer hij sterft.

Ik geloof niet dat mensen noodzakelijkerwijs een slecht leven hoeven te leiden. Ze kunnen een volkomen normaal Godvrezend leven leiden en naar de kerk gaan, maar de kerk heeft die angst in hen gezaaid. En omdat ze normaal zijn, weten ze dat ze niet volmaakt zijn en verwachten dus dat ze naar de hel gaan vanwege kleine, onbelangrijke zonden, omdat de kerk dit heeft gezegd. Ze voelen zich zo onwaardig, dat er geen ander hiernamaals voor hen kan zijn dan de hel. Dit soort hersenspoeling richt extreem veel schade aan bij mensen als ze daardoor verwachten naar de hel te gaan in plaats van naar de hemel. Ik denk dat de kerk op dit punt fout zit en meer kwaad dan goed doet. Door mensen zo bang te maken voor de hel, slaagt de kerk erin de hel voor hen te creëren.

C: Ze blijven vasthouden aan hun versie van de hel totdat ze beseffen dat het een product van hun eigen geest is. Dat kan een jaar duren of honderd jaar, maar omdat tijd aan deze zijde geen betekenis heeft, is het in een oogwenk voorbij. Wanneer ze zich realiseren dat ze daar niet hoeven te blijven, heeft het geen kracht om hen vast te houden en dan kunnen ze gaan naar waar ze echt horen.

D: *Maar er is veel 'kwaad' in de wereld.*

C: Kwaad is geen nauwkeurige uitdrukking. Dit refereert aan goed en slecht is. Men is verblind, dat zou een betere term zijn. Volgens onze waarneming zijn de dingen die jullie 'kwaad' noemen slechts energieën die verblind zijn of verkeerd gericht. Deze energieën zijn niet ontwikkeld. Het zijn geen personificaties van het kwaad. Het zijn geen entiteiten. Er zit geen duivel op de schouders van mensen die hen vertelt wat ze moeten doen. Aan deze zijde kennen we het idee van het kwaad niet, omdat kwaad slechts een disharmonie is tussen twee krachten. Het wordt 'kwaad' genoemd opdat jullie deze disharmonie kunnen begrijpen. Begrijp alsjeblieft dat er geen geïncarneerd kwaad is. Er bestaat niet zoiets als een Satan die op aarde rondloopt en zielen van mensen inpikt. Dit is een misvatting en een verhaal dat is verzonnen om disharmonie te begrijpen. Ik zal een analogie gebruiken. Een accu heeft een positieve en een negatieve pool. Als je een auto wilt starten moet je twee startkabels aansluiten, een positieve en een negatieve. En als je er eentje weglaat, gebeurt er weinig, nietwaar? Zo zie je dus dat ze allebei nodig zijn. Geen van beide is belangrijker, nuttiger of bruikbaarder, omdat ze allebei even belangrijk en bruikbaar zijn. Laat dus je fascinatie van goed en kwaad los, omdat dit een onjuist concept is dat je voorstellingsvermogen en begrip in de weg staat.

D: *Kwamen deze energieën hier van elders?*

C: Het zijn energieën die op deze planeet leven. We zijn allemaal energieën. Jij bent een energie, je ziel is een energie. Ik praat over energieën. We zouden het ook zielen kunnen noemen.

D: *Past dit bij het idee dat gedachten dingen zijn?*

154

C: Precies. Gedachten zijn energie. Gedachten zijn werkelijke manifestaties. Gedachten zijn, punt.

D: *Bedoel je dat mensen deze dingen in feite creëren, doordat ze denken over de slechte dingen in de wereld?*

C: Dat klopt. Denken aan de hel op aarde schept deze net zo goed als wanneer je de hel met eigen handen zou bouwen. Het gebeurt dan wel niet op dezelfde manier, maar gebeuren doet het zeker.

D: *Door dus aan deze dingen te denken en er bang voor te zijn, scheppen mensen een gedachtenenergie die krachtig genoeg is om deze dingen te doen ontstaan. Is dat juist?*

C: Zo is het precies. Een gedachte is energie. Je ziel manipuleert energie. Denken is manipuleren van energie. Een gedachte is een daad. Het gaat er om deze disharmonie te neutraliseren door verse energie, nieuwe ideeën, hoop, nieuwe richting in te brengen. Het is de intentie van de gedachte zelf die telt. Als je iemand liefde stuurt, is dat de intentie. Als je daarvoor iets in ruil wilt hebben, stuur je iemand misschien wel liefde, maar dan is dat niet de intentie.

D: *En dit kan niet worden verbloemd. Het ware gevoel komt naar boven. Bedoel je dat?*

C: De zender weet wat de intenties zijn. De ontvanger weet dat misschien niet.

D: *Als het dus waar is dat er niet zoiets als kwaad en de duivel bestaat, waar komt ons idee van kwaad dan vandaan?*

C: Wil je dat echt weten? Er is een woord dat het hele idee eenvoudig samenvat. (hij spelde) s-m-o-e-s-j-e-s. Het gaat om een gebrek aan verantwoordelijkheid, door anderen de schuld te geven van ontevredenheid en ongeluk. Het is veel gemakkelijker om de schuld naar buiten te richten dan naar jezelf. En ziedaar, daar heb je de duivel met zijn drievork die zegt dat anderen moeten doen wat ze normaal niet zouden doen. 'Wie ik? Nee, de duivel zei dat ik het moest doen.' Dit horen we al eeuwen. Dit wordt bedoeld wordt met 'smoesjes.' Dit is 'kwaad.'

D: *We waren ervan overtuigd dat kwaad een kracht was en we vroegen ons af waar het vandaan kwam.*

C: Het kwam van de verbeeldingskracht. Het werd bedacht en zo sluipt het de wereld rond om onschuldige baby's te verslinden, zich te buiten te gaan, te verkrachten en te plunderen. Dit is

155

geïncarneerd kwaad. De smoes is je te verstoppen voor je verantwoordelijkheden.

D: Het komt dus uit 's mensen geest?

C: Ja. Het komt voort uit de innerlijke verlangens van mensen en niet uit een kracht buiten hen, omdat er geen dergelijke kracht in het universum rondzwerft. Er is slechts een gebrek aan verantwoordelijkheid van degenen die de duivel de schuld willen geven.

D: Met zoveel mensen die geloven dat er kwaad bestaat en een duivel...

C: En dan bestaat de duivel.

D: Is het mogelijk dat door erin te geloven, je een bepaalde gedachtenvorm kunt creëren?

C: Je kunt geen entiteit creëren, dat kan alleen God. Je kunt situaties creëren die hun bestaan lijken te bewijzen. Je schept gebeurtenissen die je de geldigheid aantonen van wat je wilt geloven. Dit geldt niet alleen voor 'kwade' ervaringen, maar ook voor goede ervaringen. Dat wat je gelooft programmeert je ervaring vooraf. Geloof wat je wenst en dat is wat je zult aantreffen.

D: Maar we hebben gehoord dat je gedachtenvormen met je geest kunt creëren.

C: Dat is onjuist, want geen sterfelijk mens heeft scheppingskracht. Alleen God heeft dat recht, die kracht. Wat mensen scheppen zijn situaties of omstandigheden die het bestaan van deze duivel lijken te bewijzen. Kun je me een specifiek voorbeeld geven van wat je vraagt?

D: Ik heb horen zeggen dat als genoeg mensen zich zouden concentreren, ze dan een gedachtenvorm konden creëren.

C: Dat is niet zo. Ze kunnen energie creëren, die een verzameling is van energieën die daartoe gevoed worden. Het is een kwestie van verzamelen van energie. Dit kan ten goede of ten kwade worden gedaan. Maar er is geen schepping van een entiteit.

D: Het zou dus verdwijnen wanneer de energie ervan werd losgelaten?

C: Er werd niets geschapen en de energie zou dus verdwijnen en teruggaan naar de elementen. Ik herhaal, in deze is er geen schepping van enige entiteit; er worden slechts energieën verzameld en dat is een zeer krachtig proces. Er is geen schepping van leven door enig schepsel, zij het astraal of anderszins. Alleen God schept energie en dat is alles.

D: *We hoeven dus niet bang te zijn voor iets dergelijks?*

C: Dat klopt. De mensheid heeft te lang in de ketenen van angst gezeten en de tijd is nu aangebroken om die keten te doorbreken en de mens te verlossen, zodat hij zijn eigen verantwoordelijkheid accepteert. Er zijn zeker entiteiten die als demonisch beschouwd kunnen worden. Er zijn entiteiten die eigenlijk elementalen zijn en die verwrongen zijn door menselijk contact. Er zijn ook entiteiten die elementalen zijn die door menselijk contact zijn vooruit gegaan. De kracht is dezelfde. Het ligt eraan hoe deze wordt gebruikt. Er zijn geen zwarte of witte gebieden.

Op dat moment had ik moeite de term 'elementalen' te begrijpen. (zie ook hoofdstuk 6)

D: *Met elementalen bedoel je dat ze gewoon zeer eenvoudig zijn, dat ze nog niets hebben geleerd?*

C: Het zijn aardegeesten, ja.

D: *Aardgebonden geesten?*

C: Spirits van de aarde. Dat is iets anders.

D: *Mogen ze ook incarneren?*

C: Nee. Als we praten over bezetenheid, gaat het meestal over een overname door een elementaal.

D: *Zouden ze zich kunnen ontwikkelen tot een geest als jij?*

C: Ze kunnen zich ontwikkelen tot een hogere vorm, maar ze mogen nooit incarneren.

D: *De Indianen zeggen dat bomen en dieren spirits hebben, gaat het hier om hetzelfde?*

C: Dat klopt. Ze hebben beschermers die voor hen zorgen. Ze zijn meer een voelende, zintuiglijke spirit dan dat ze veel gedachten hebben.

D: *Hoe werkt het als ze problemen veroorzaken? Kun je met ze praten?*

C: Je kunt hen laten weten dat je hen niet uit de weg gaat en dat ze weg moeten gaan. En als je ze dat op de juiste manier zegt, moeten ze wel weggaan.

D: *Je kunt dus niet met hen praten als met een ander persoon? Zij zijn degenen die problemen veroorzaken?*

C: Niet altijd. Er zijn voorbeelden van goed gebruik van elementalen. Er zijn experimenten geweest in het juiste gebruik van elementalen, waardoor kennis verkregen werd.

D: *Als ze geen redenerende spirit zijn, dan kunnen ze niet begrijpen dat wat ze doen 'goed' of 'fout' is.*

C: Dat klopt. Elementalen leven op gevoelsenergieën. Sommigen wonen in kerken. Ze voelen de verhevenheid van gebed en troost die daar aanwezig is en voeden zich met deze emoties. Maar er zijn er ook die zich voeden met haat en lust en dergelijke en zij verzamelen zich rond plaatsen die déze emoties voortbrengen.

D: *Is er een manier waarop mensen zichzelf kunnen beschermen tegen de invloeden van deze ondeugende elementalen?*

C: Je kunt altijd een gebed van bescherming voor jezelf en je omgeving doen.

D: *Is er een bepaalde manier waarop je dat moet doen?*

C: Dat hangt af van de manier waarop je het Eeuwige Wezen en het universum ziet. Je kunt gewoon de ultieme kracht van het goede vragen je te beschermen.

D: *Geen bepaalde woorden die je op een bepaalde manier moet zeggen?*

C: Nee. Het moet gewoon van binnenuit komen en welgemeend zijn. Mensen die 'bezeten' lijken te zijn, zijn voorbeelden van zielen die veel negatieve energieën naar zich toe hebben getrokken. Het is zo sterk geworden dat ze in de fysische dimensie erdoor beïnvloed worden. Deze zielen moeten, wanneer ze overgaan, vrij lange tijd in de rustplaats doorbrengen om zichzelf hiervan te bevrijden.

D: *Ik probeer te begrijpen wat die negatieve zielen zijn.*

C: Niet zielen, energieën.

D: *Negatieve energieën. Ik denk dat mensen deze negatieve energieën meestal zien als de duivel en demonen.*

Een andere versie:

D: *Wanneer iemand bezeten is, is de entiteit die bezit neemt een volledige ziel?*

C: Het is een verwrongen ziel. Meer van het niveau dat jullie 'demonisch' zouden noemen. Ze zijn lager dan de menselijke ziel en verwrongen geraakt door contact met bepaalde entiteiten of zelfs mensen, zodat ze scheef zijn gegroeid en kwaadaardig geworden.

D: *Waar komen ze vandaan?*

C: Ze waren bij de schepping aanwezig. De gevallen van zogenaamde 'bezetenheid' ontstaan over het algemeen wanneer je karma ernstig uit balans is geraakt, waardoor er een leegte achterblijft in een deel van je karmische energieën waar andere energieën dan binnen kunnen dringen. Het zijn meestal wanordelijke energieën, want de energie waar je lichaam en ziel uit bestaat is niet de enige energie. Namen die vroeger in jullie taal gebruikelijk waren, zoals aarde - en watergeesten, kabouters en elfen en dergelijke verwezen naar een verzameling los georganiseerde energieën die meestal verbonden zijn aan bepaalde fysische kenmerken van de aarde. Door het soort energie waar ze uit bestaan worden ze tot bepaalde fysische situaties aangetrokken.

D: *Het gaat dus normaal gesproken niet over bezetenheid door een overleden menselijke ziel?*

C: Nee. Meestal is het een elementaal-spirit die ten allen tijde op aarde aanwezig is omdat het bij de aarde hoort.

D: *Hebben ze echt kwade bedoelingen wanneer ze dergelijke dingen doen?*

C: Nee. Ze gaan ergens binnen omdat er een ernstige onevenwichtigheid en een leegte is en het vacuüm opgevuld dient te worden. Het werkt als een magneet voor hen en ze worden erin getrokken zonder dat ze dat echt willen. Ze doen het niet expres, het is gewoon een ongelukje. En de schade die volgt ontstaat, omdat ze energetisch niet zo georganiseerd zijn als de menselijke ziel. Ze zijn losser van structuur en zijn dus niet in staat tot georganiseerde actie. Daarom is gewelddadige actie het resultaat.

D: *Ik dacht dat ze meer ondeugende spirits waren.*

C: Nee. Er zijn dingen die ze vanuit ondeugendheid doen, maar dergelijke dingen gebeuren meestal door energetische onevenwichtigheid. Het gaat wederom om de wet van oorzaak en gevolg. Deze energieën worden aangetrokken tot deze onevenwichtigheid vanwege de interactie van die energie met hun

159

energie. Het gaat om energieën die uitputten in plaats van opbouwen. Bezetenheid is echter een realiteit. Elementalen worden aangetrokken en zijn als zodanig geen indringers.

D: *Is er iets dat je kunt doen om hen te verjagen als ze zijn binnengekomen?*

C: Dat is moeilijk te zeggen. Het gaat erom je te realiseren dat het een onevenwichtigheid in jou was die dit veroorzaakt heeft. Het enige dat ik kan zien dat beschikbaar is op jullie huidige kennisniveau zou meditatie zijn, om de dingen terug in balans te brengen. Wanneer de dingen weer in balans komen, moeten de elementalen weggaan als een natuurlijke gang van zaken. Omdat de polariteiten van de betrokken energieën dan veranderen, kunnen ze niet langer blijven, omdat de energie niet meer op dezelfde manier werkt.

D: *Door de kerk werd en wordt wel aan exorcisme gedaan.*

C: Hier gaat het vooral om hulp bij de bewustwording van de betrokken persoon, dat er iets uit balans is om het weer in balans te brengen. Maar meestal is het niets meer dan het plakken van een pleister op een diepe wond. Het helpt niet de wond echt te genezen en het blijft rondom de pleister bloeden. De betrokken persoon moet zelf actief aan het werk gaan om de onevenwichtigheid in balans te brengen. En je verandert de situatie niet door water over je te laten sprenkelen en woorden te laten prevelen.

D: *Ik heb gehoord dat wit licht zeer effectief is om deze elementalen uit te drijven.*

C: Ja. Het is een effectieve bescherming ertegen, nou ja, niet 'tegen', dat is een slecht woord. Het kan als bescherming worden gebruikt bij mensen wier aura met je eigen aura lijkt te botsen.

D: *Ik hoorde eens iets over zogenaamde 'psychische vampieren'. Hier is sprake van als iemand jouw energie pakt, waardoor je je zwak en leeggezogen voelt. Het is niet zo'n goed woord, maar weet je wat ik bedoel?*

C: Ja. Het is een goede beschrijving in jullie taal. Deze psychische vampieren zijn zelf niet in balans en daar moeten ze aan werken.

D: *Soms gebeurt het niet expres.*

C: Dat is waar. Soms gebeurt het spontaan. Het komt niet zo vaak voor, maar het blijft verstandig jezelf te beschermen.

D: *Zei je niet dat je niet bezeten kunt zijn zonder je eigen medewerking? Of heb ik dat verkeerd begrepen?*

C: De enige manier voor een demon om binnen te dringen is stiekem.

D: *Kunnen ze zichzelf vasthaken via zwakke plekken in de aura? Is dit niet hetzelfde dat een andere entiteit zei over het zoeken van een zwakke, onevenwichtige plek, een vacuüm of gat dat wordt opgevuld?*

C: Ze kunnen zich op verschillende manieren vasthechten. Dit is inderdaad één manier.

D: *Is het mogelijk dat mensen die aura's kunnen lezen dit bij anderen zien?*

C: Ja. Als je je ervan bewust bent dat je wordt overgenomen, hoef je alleen maar te zeggen: 'Ik gebied je in naam van Christus te vertrekken' en dan moet het gaan. Het móet deze naam gehoorzamen, het heeft geen keuze.

D: *Wie moet dat bevel geven? Degene die bezeten is of iemand anders?*

C: Als iemand anders het doet, is het wat jullie exorcisme of uitdrijving noemen. Maar als degene die bezeten is hiervan bewust wordt gemaakt, kan hij de demon ook bevelen weg te gaan. Maar er moet kracht in het bevel zitten.

D: *Hoe is het als de persoon in kwestie zelf niet denkt dat hij bezeten is? Moet hem dan worden verteld wat te zeggen of wat te doen?*

C: Als men zelf niet denkt bezeten te zijn, kan iemand anders de uitdrijving uitvoeren. Het kan toch geen kwaad om iemand in naam van Christus te vragen te vertrekken? Als er niets aan de hand is, ondervindt niemand er schade van. Maar is er wel iets aan de hand, dan heeft het de persoon in kwestie goed gedaan.

D: *Kun je me vertellen of iemand ooit zijn fysische lichaam verlaat en een andere ziel dat lichaam binnengaat en gebruikt?*

C: O, ja. Misschien is de ziel ontevreden over zijn situatie en denkt hij dat hij het niet aankan, terwijl hij het tevoren wel dacht aan te kunnen. En als het lichaam om bepaalde redenen wel verder moet gaan, dan zou een andere ziel ervoor kunnen kiezen dit lichaam binnen te gaan en dat leven te leven.

Dit is een typische beschrijving van een 'walk-in', niet een geval van bezetenheid. Walk-ins worden in hoofdstuk 15 besproken.

D: *Is het ooit gebeurd dat een ziel gedwongen wordt uit het lichaam te gaan?*

C: Nee, dat is de beslissing van het eigen zelf.

D: *Er wordt veel over dergelijke dingen gepraat wat mensen bang maakt. Ze zeggen dat er een kwade geest kan komen die je kan dwingen uit je lichaam te gaan en die bezit neemt van je lichaam. Is zoiets mogelijk?*

C: Misschien, als er geen verlangen zou zijn om te blijven. Een hoogstaand iemand zou... het over kunnen nemen. Maar ik heb nog nooit van een dergelijk geval gehoord. Ik denk dat jij het hebt over gevallen waarbij een ander het lichaam tegelijkertijd bewoont.

D: *Twee zielen tegelijkertijd? Waarom zou dat zijn?*

C: Dat zijn rusteloze spirits, meer elementalen.

D: *Je hebt me eerder verteld dat een elementaal weinig begripsvermogen heeft. Gewoon een eenvoudig...*

C: (onderbreekt) Het is een zeer basale energie. Het werkt meer vanuit verlangen dan vanuit kennis.

D: *Hoe kan zoiets binnenkomen?*

C: Wanneer je bijvoorbeeld jezelf niet beschermt. Maar het is altijd mogelijk die spirit eruit te gooien wanneer je dat wilt.

D: *Ze zijn dus niet sterker dan de echte eigenaar van het lichaam. Als iemand bijvoorbeeld alcohol of drugs neemt, maakt dat het lichaam ontvankelijk voor een elementaal?*

C: Er zijn mensen die door deze dingen zeer open ervoor worden. En er zijn elementalen die rond dit soort mensen hangen, maar dit komt zelden voor. Het is geen dagelijkse kost als het ware.

D: *Alcohol en drugs verminderen dus niet het vermogen om...*

C: Jezelf te beschermen? Nee.

D: *Oké. Ik dacht dat het mensen meer open zou doen staan voor deze spirits?*

C: Alleen als ze zichzelf dat toestaan.

D: *Zolang je jezelf dus beschermt, hoef je je er geen zorgen over te maken.*

C: Vraag gewoon om bescherming van God of van Jezus. Het uitspreken van hun naam geeft onmiddellijke bescherming.

D: *Kan het witte licht ook op deze manier worden gebruikt?*

C: Ja, het licht van bescherming. Het uitspreken van de naam van Jezus of God en vragen om hun bescherming is hetzelfde, omdat het licht je dan direct omhult.

Het maakt blijkbaar niet uit wat je religieuze overtuigingen zijn. Alle entiteiten zijn het erover eens dat het oproepen van een hogere kracht ter bescherming voldoende is om de elementalen weg te houden. Ze zijn het ook allemaal eens over de kracht van het witte licht. Dit kan je persoonlijk beschermen. Het is zeer effectief als je visualiseert dat jijzelf, je auto, je huis of wat dan ook, wordt omringd door dit prachtige licht.

Het volgende is een zeer effectieve visualisatie ter bescherming die ik van een cliënt - in -trance kreeg.

C: Iets hardop zeggen is zeer effectief, maar je zou meer aan visualisatie moeten doen. Zie vollediger en vertrouw niet alleen op het gesproken woord. Want alhoewel het gesproken woord waarlijk een schepping van energieën is, is het efficiënter als je visualiseert en voor je geestesoog precies ziet wat je wenst. Want dit is werkelijk creatie. Zie jezelf of wellicht het hele gebouw waarin je je bevindt, omhuld door een piramide van witte energie. Zo wordt alles in die ruimte omhuld door deze witte energie. Moedig iedereen die deelneemt aan mee te doen en daardoor worden de energieën sterker. Het is zeer eenvoudig om een piramide te beschrijven die de aanwezigen omhult en aan iedereen te vragen deze piramide van witte glanzende energie te visualiseren, zodat geen oncreatieve energieën van buitenaf binnen kunnen komen. Vraag of alle niet-creatieve energieën binnenin getransformeerd kunnen worden en zich aansluiten bij alle creatieve energieën van het universum. Het zou op dat moment ook mogelijk zijn om te vragen om genezing voor de aanwezigen. Vraag of alle aanwezige niet - creatieve energieën die deze fysieke manifestaties van ziekten kunnen veroorzaken, zich kunnen richten tot het witte licht en op een creatieve manier naar het universum terug kunnen gaan. Op deze manier helpen de aanwezigen mee aan de genezing van wie dat ook maar wenst. Energie kan niet worden vernietigd, maar getransformeerd van negatief naar positief. Iedereen kan deze piramide van wit licht creëren en zichzelf ermee omhullen. Als deze zo wordt gecreëerd, zullen alle destructieve krachten die bij de piramide in de buurt komen, naar het universum terug worden gestuurd en getransformeerd tot creatieve en opbouwende energieën. Destructieve energieën zullen binnenin de piramide gebaad worden in dit witte licht en automatisch worden omgezet in harmonieuze, opbouwende en creatieve energieën. Visualiseer dat de hele piramide volledig omhuld en gevuld wordt door dit witte licht. En alle niet creatieve energieën erbinnen kunnen gevisualiseerd worden als duisternis in het licht. Zie hoe het licht het duister verandert, het duister verheft tot licht, of het duister in licht verandert. Iedereen kan deze witte energie om zich heen creëren. Je moet het echt willen geloven. Want als je niet echt gelooft in wat je wenst, zal het succes beperkt zijn.

D: *Ik heb horen zeggen dat je om bescherming moet vragen in de naam van Jezus. Is dit net zo effectief?*

C: Dat klopt. Het is precies hetzelfde. Het is gewoon een andere uitdrukkingswijze. Er zijn veel manieren waarop deze energie kan worden gericht al naar gelang je religieuze overtuiging. Het gaat er om wat bij je past en wat je persoonlijke voorkeur is.

C: We zeggen nogmaals dat jullie zelf scheppers zijn. Alles rondom jullie is door jullie geschapen. Daarom is al wat je aantreft echt, zelfs de dingen waarvan jullie zeggen dat ze fantasie zijn. Want fantasie is in werkelijkheid het palet van jullie creaties. Daarom is wat je je voor kunt stellen inderdaad echt. Of het nu fysiek of mentaal van aard is, het is echt. Deze kwade wezens, zoals jullie ze noemen, zijn inderdaad echt voor degenen die ze in hun geest scheppen. Er zijn mensen die niet in dergelijke dingen geloven, en dus bestaan ze niet. Het zou echter verkeerd zijn om te zeggen dat ze niet echt zijn voor hen die erin geloven, want ze zijn wel echt. Jullie vermogen om te scheppen wat je wenst is op dit moment belangrijker dan ooit tevoren. Het is essentieel dat jullie je van dit vermogen om te scheppen wat je wilt bewust zijn. Want als je dat doet, heb je de keuze goed en kwaad te scheppen. Het is geheel aan ieder individu welke realiteit je creëert. We genieten van deze gelegenheden tot communicatie. Zo was het ook op een bepaald moment in het verleden op jullie planeet toen iedereen net zo vrij kon spreken als wij nu doen. Toen kwam echter de zondeval. Deze werd niemand bespaard. We waren net als jullie slachtoffers van de zondeval. (somber en ernstig) En we voelen dat jullie weten waarover we spreken.

In de christelijke religie hebben we de term 'zondeval' altijd geassocieerd met de engel Lucifer die door God uit de hemel werd verbannen. Dit zou hem heerschappij over de aarde hebben gegeven en zou het geloof in satan en het kwaad hebben bewerkstelligd.

C: Dit was de tijd waarin kennis verloren ging, het bewustzijn daalde richting de aarde en de hogere energiedimensie ontkend en afgedankt werd. Je ziet dus dat vanuit een zuiver analoog standpunt er zeker een val in bewustzijn was van het hogere naar het meer basale, aardse niveau. Er was bij deze val geen sprake van een overstroming van het kwaad, zoals vroeger werd gedacht. De aandacht werd gewoon verplaatst van de hogere naar de lagere dimensies. Dit wordt met de zondeval bedoeld. Het is geen oordeel van goed of kwaad. Het is een waar feit. Je ziet dus dat wanneer je het zicht verliest op wie en wat je bent, je gaat dwalen, zoals de mensheid op deze planeet nu al vele millennia doet. De ware identiteit werd vergeten. Een verlaging van het bewustzijn en een vergeten dat ieder waarlijk deel van het geheel is.

D: *Ik denk dat het het belangrijkste is om het idee van hemel en hel recht te zetten voor de mensen.*

C: Dat is een moeilijke taak. De mensen zijn behoorlijk gehersenspoeld.

D: *Stonden deze ideeën oorspronkelijk in de Bijbel?*

C: Nee. Een verwijzing die wordt gebruikt, is de beschrijving die Jezus gaf van Gehenna (joodse naam voor hel) en de zee van vuur. Hij probeerde de toestand te beschrijven wanneer je overgaat naar de spirituele dimensie en je omgeven bent door negatieve invloeden. Maar de mensen die naar hem luisterden vatten het letterlijk op en dachten dat hij het had over een bestaande plek. Een andere keer zei Jezus: 'Heden zult gij met mij in het paradijs zijn', toen hij werd gedood. Hij verwees naar het feit dat als je doodgaat, je overgaat naar de geestelijke kant van het leven, dat het 'paradijs' genoemd wordt.

D: Ik dacht aan een ander stuk in de Bijbel waar gesproken wordt over iemand die in de hel is. En men vroeg iemand hem eruit te halen. (ik had moeite me in het vuur van het gesprek deze passage te herinneren)De spirit zei: 'Als je mijn lippen zou kunnen bevochtigen met één druppel water...'

C: Ja, die ziel werd geestelijke gekweld, op het fysieke vlak te vergelijken met koorts. Het betekent ook dat er bepaalde negatieve energieën rondom deze ziel waren. Toen hij vroeg zijn lippen te bevochtigen met een druppel water, vroeg hij in feite om een beetje wijsheid om deze negatieve energieën te doen verdwijnen. En wijsheid is als een verzachtende balsem.

D: Zodat hij die toestand kon begrijpen en eraan ontsnappen. Ik weet dat de kerken dat deel van de Bijbel vaak citeren en zeggen dat dit een permanente staat is waar hij niet uitkomt. Ze gebruiken het als voorbeeld van het branden in de hel.

C: Het was geen permanente staat. Op dat moment zat hij vast in een vicieuze cirkel en kon niet uit de keten van gebeurtenissen breken om de negatieve energieën te laten verdwijnen. Dus vroeg hij om een beetje wijsheid en zicht op hoe hij eruit kon komen.

D: Ik probeer me te herinneren of Jezus ergens in de Bijbel over de hemel spreekt. Ik weet dat er een zin is over 'hemel en aarde zullen vergaan, maar mijn woorden zullen duren'. Dat is het enige wat me op dit moment te binnen schiet.

C: Hij sprak enkel over het fysische universum. Hij zei dat zijn leringen altijd blijven, zelfs als dit universum vernietigd zou worden, omdat er meer universa zijn, en de hogere dimensies eeuwig zullen bestaan.

D: Ik denk dat het zeer belangrijk is dat mensen begrijpen dat dit geen fysische dimensies zijn waar ze naartoe gaan. Dat concept is zo beperkend en deprimerend.

C: Ja, dat is waar. Ze moeten begrijpen dat reïncarnatie niet tegengesteld is aan hun christelijke geloof.

D: Ik probeer hen te vertellen dat het slechts een filosofie is. Dat is wat mij is gezegd. Het is een manier van denken en niet een religie op zich.

C: Ja. Mensen die dogmatisch in hun filosofie of religie zijn, verliezen het zicht op hoe de dingen werkelijk in elkaar steken.

166

11. Spoken en klopgeesten

D: We horen nogal eens over spoken en klopgeesten. Heb je daar een uitleg voor?

C: Zeker, want wij zouden ook als zodanig beschouwd kunnen worden als we meubels zouden laten zweven en lichtknopjes aan en uit zouden doen. De terminologie wordt gebruikt voor entiteiten die hun bewustzijn zo gericht hebben dat ze manifestaties teweeg kunnen brengen op het fysische niveau. Velen kunnen dit als ze zich daarop richten. Het gebeurt wanneer intense emoties zoals boosheid, woede of jaloezie met het gehele bewustzijn in een bepaalde mate gefocust worden.

D: Proberen ze een boodschap over te brengen wanneer ze die dingen doen?

C: Niet noodzakelijk. Sommigen houden gewoon van amusement en vermaken naast degenen die doelwit zijn van hun kattekwaad, ook zichzelf. Dit is niet altijd het geval want, zoals je weet, bestaan er ook vaak minder verlichte individuen.

D: Ik denk dat iemand niet zo verlicht is, als je dergelijke spelletjes speelt.

C: Er worden altijd spelletjes gespeeld, aan deze en aan jullie kant. Dit is gewoon een andere vorm.

D: Zelfs wat meer ontwikkelde zielen kunnen deze dingen dus doen?

C: Ja. Soms wordt het bewustzijn door deze activiteit gewekt. De term 'klopgeest' wordt meestal toegeschreven aan een ziel die materiële objecten manipuleert. De definiëring is echter niet qua bedoeling afgebakend. Want vaak is de intentie positief, hulpvaardig en goed, omdat het de ontvangers van deze energie inzicht geeft in het feit dat er dingen zijn die je niet kunt zien, maar die, net als de fysische, echt zijn.

D: Maar soms maken deze dingen mensen bang.

C: Soms zijn mensen ook bang voor waar wij mee bezig zijn. (lacht) Want we weten nooit hoe ze zullen reageren.

D: *Hoe zit het met spoken?*

C: De manifestatie van de meeste spoken is niets meer dan projectie van energieën van de persoon die deze verschijningen ziet. Men projecteert zelf deze energieën die wellicht weerspiegelingen van hun eigen vorige levens zijn of bewustzijn van andere zielsdimensies. Men projecteert dit bewustzijn dan naar het fysische niveau. We zouden niet willen zeggen dat alle spoken projecties zijn. Integreer het echter in je bewustzijn dat dit mogelijkheden zijn. Dat het niet allemaal werkelijke geesten zijn, maar soms louter projecties zijn van degene die deze realiteit waarneemt.

D: *Is dit net zoals we feeën, nimfen en dergelijke waarnemen?*

C: Er zijn inderdaad energieën die worden waargenomen als feeën en nimfen; deze zijn echter niet gelijk aan de energie waar we het nu over hebben. Dit zijn aparte energieën die door een individu worden waargenomen en niet vanuit dat individu worden geprojecteerd. Deze geprojecteerde energieën zijn inherent aan en een wezenlijk deel van degene die ze waarnemen. Er zijn veel andere mogelijkheden van projectie en waarneming. We praten hier echter alleen over deze ene manifestatievorm en dat is een soort geprojecteerde waarnemingservaring.

D: *Sommige mensen denken spoken te hebben gezien die op verschillende plaatsen gebeurtenissen opnieuw uitspelen. Ze lijken vast te zitten in een tijdsperiode.*

C: Dit is een uitstekende analogie. Ze zitten inderdaad vast in een bepaald tijdsmoment. Het zijn aardgebonden entiteiten die bij wijze van spreken vastzitten in hun eigen handelingen en geen verlossing kunnen vinden. Ze zijn namelijk zo gedreven, dat ze slechts dat waar ze zich op richten, kunnen waarnemen. Ze zitten dus vast in een vicieuze cirkel en herhalen de omstandigheden die ervoor hebben gezorgd dat ze in die situatie terechtkwamen, totdat ze wakker worden. Mensen in fysieke vorm kunnen deze individuen veel beter helpen en assisteren dat wij in de spirituele dimensie. Alhoewel deze spookverschijningen ook een spirit zijn, zit hun bewustzijn vast in het aardse en kunnen ze alleen dat waarnemen. Ze kunnen dus de spirits in hun buurt die hen proberen naar hun waarheid te leiden, te verlichten en van hun ellende te verlossen, niet zien. Dit is een voorbeeld van waar het fysische niveau het meest capabel is om het spirituele te helpen.

D: Soms lijken ze zich niet bewust te zijn van de aardse mensen die hen waarnemen.

C: Dat klopt, want ze zitten vaak zo vast in hun eigen energie dat ze niets, zelfs niet het fysische, om hen heen zien, behalve dan hun eigen energie.

D: Vallen klopgeesten hier onder?

C: Nee. Dat is onjuist. Klopgeesten verplaatsen materiële voorwerpen en zijn zich bewust van de gevolgen daarvan. Ze zijn zich bewust van de fysische omgeving. Het is waar dat een klopgeest vast kan zitten in de aardse energie, maar je kunt niet stellen dat degenen die vastzitten in de aardse energie altijd klopgeesten zijn.

D: Ik dacht dat ze misschien aandacht probeerden te trekken van mensen bij hen in de buurt door op deze manier opschudding te veroorzaken.

C: Dat klopt. Dat is vaak het geval. Het gaat om de aandacht te trekken van degenen die bij hen in de buurt zijn, of dit nu vanuit plezier is of om het eigen ego te bevredigen.

D: Maar soms kan een klopgeest mensen door zijn handelingen schade toebrengen. Ik heb wel eens gehoord dat er brand is gesticht.

C: Ja. We willen niet beweren dat alle klopgeesten eerbare bedoelingen hebben, want dat is niet het geval. Het kan zijn dat ze meer willen dan alleen aandacht. Het kan bijvoorbeeld ook zijn dat ze op wraak zinnen.

D: Meestal is er een kind of puber in het gezin. Er is een theorie die zegt dat deze entiteiten die energie op een bepaalde manier gebruiken. Dit is niet volledig verklaard, het is slechts een veronderstelling.

C: Wij zouden zeggen dat pubers vaak als hun eigen klopgeest fungeren. Ze maken namelijk gebruik van energieën waar ze zich niet bewust van zijn. En zodoende creëren ze meestal de activiteit zelf, maar niet altijd.

D: Ze zijn zich er niet bewust van dat ze dat doen?

C: Dat klopt. Het is een manifestatie van hun eigen paranormale gaven en vaardigheden die naar voren komen door de verwarrende ervaring van de pubertijd, die zich dan uit als klopgeestactiviteit. Want er komt veel energie los wanneer je door je pubertijd heengaat. Er verandert veel in je lichaam dat zich vertaalt naar de mentale, emotionele en spirituele niveaus.

D: *Pubers doen dat dus niet om wraak op familie te nemen of iets dergelijks?*

C: Inderdaad. Het is gewoon een manier om energie kwijt te raken. Opgekropte emoties worden gefocust en de energie die dan vrijkomt is klopgeestactiviteit.

D: *Het is goed om dit uit te leggen omdat sommige mensen er bang voor zijn.*

C: Het is begrijpelijk dat ze er bang voor zijn. Want het zou betekenen dat er spirits zijn die hen kwaad toewensen. Zoals we eerder zeiden, is dit soms wel het geval. Het is echter niet altijd zo.

D: *Hoe kun je het stoppen, als je met schadelijke klopgeestactiviteit wordt geconfronteerd?*

C: Zoals ik eerder zei: daag de entiteiten die het lijken te veroorzaken uit in naam van God. En stuur ze, net zoals bij bezetenheid, weg in naam van God of Jezus. Als entiteiten schadelijk zijn, is er voldoende bescherming in de naam van Jezus. Als ze alleen verheldering willen brengen, accepteer dat dan en probeer het duidelijk te krijgen.

D: *Bestaat er iets dergelijks als een aardgebonden spirit?*

C: Wellicht in een diepere betekenis dan er normaal over wordt gesproken. Een aardgebonden geest is iemand die veel problemen heeft gehad en ze niet kan loslaten.

D: *Bedoel je dat hij zoveel van het leven houdt, dat hij de aarde niet wil verlaten?*

C: Het is ofwel dat, ofwel dat iemand hier op aarde hem zo stevig vasthoudt, dat hij niet weg kan gaan. Telkens als je om iemand rouwt die weg is, bind je die persoon iets steviger aan de aarde. Rouw is belangrijk voor verwerking, maar buitensporige rouw is slecht voor zowel degene die rouwt als voor degene waar om gerouwd wordt. Er is geen reden om te blijven rouwen. De meeste zielen zijn zeer tevreden aan deze zijde.

D: *Door in rouw aan hen vast te houden, bind je hen dus aan de aarde en dat is niet goed. De meeste mensen realiseren zich dat niet.*

Een andere versie:

D: Ik heb gehoord dat er aardgebonden spirits zijn. Wat gebeurt er in zo'n geval?

C: Dat is een verwarrende kwestie. Meestal is het zo dat ze geestelijk slaapwandelen. Ze zijn zich nog bewust van de aardse dimensie en merken dat er iets veranderd is, maar kunnen er niet achter komen wat. In de spirituele dimensie lijkt het alsof ze slaapwandelen. Het kan voor jullie lijken dat ze een hele lange tijd slaapwandelen als aardgebonden spirits of geesten of hoe jullie ze ook willen noemen. Maar na een tijdje zullen ze wakker worden en zich realiseren dat ze in de spirituele dimensie zijn en dat ze verder kunnen gaan.

D: Waarom zijn ze in de war? Wordt dat veroorzaakt door een plotselinge dood of iets dergelijks?

C: Meestal gebeurt het omdat het onderbewustzijn zich heeft misrekend wat betreft de hoeveelheid tijd die er nog over was om een bepaald karmisch aspect uit te werken. Men had meer tijd verwacht en wanneer de tijd wordt gekort, duurt het langer voordat de ziel zich opnieuw kan oriënteren.

D: Hangen deze aardgebonden zielen rond in de buurt van waar ze woonden of reizen ze meestal door de aardse dimensie?

C: Meestal blijven ze in gebieden die ze kennen. Waarschijnlijk om erachter proberen te komen wat er gaande is. Aangezien ze slaapwandelen, is het vooral hun onderbewustzijn die probeert de dingen op een rijtje te zetten, zodat het spirituele bewustzijn bij wijze van spreken weer in actie kan komen.

D: Proberen ze ooit in deze toestand terug te gaan naar een fysisch lichaam?

C: Dat gebeurt niet vaak. Het komt wel voor, maar de spirit die daar is houdt hen tegen en dan realiseren ze zich dat het niet kan. Het is hetzelfde wanneer je op straat tegen iemand aanbotst. Als dat een paar keer gebeurt, beginnen ze wakker te worden en houdt het slaapwandelen op.

D: Kunnen ze in die toestand niet geholpen worden om zich te realiseren wat er gaande is?

C: Wanneer ze diep in de staat van spiritueel slaapwandelen zijn verzonken, is het zeer moeilijk hen te bereiken. Soms moeten ze gewoon tijd krijgen, totdat er contact met hen kan worden opgenomen en ze kunnen worden geholpen om sneller wakker te worden.

D: Ik heb verhalen gehoord over geesten die rond cafés hangen of bij mensen die drinken of drugs gebruiken. Wellicht doen ze dat omdat ze die sensatie willen hebben. Heb jij ooit zoiets gehoord?

C: Ik heb het eerder gehad over de overgangsperiode. Sommige spirits, vooral degenen die veel negatieve invloeden hebben aangetrokken, hebben over het algemeen een moeilijke overgangsperiode omdat ze het fysische gevoel van dingen niet op willen geven. Dat zijn meestal de sensaties van verschillende drugs die in jullie samenleving worden gebruikt, alcohol, nicotine, heroïne en zo meer. Deze spirits blijven in de overgangsperiode bij gebruikers van dergelijke middelen hangen om te proberen deze sensaties te absorberen. Ze proberen plaatsvervangend ervan te genieten.

'Plaatsvervangend' is een interessant woord en is vooral in dit geval op zijn plaats. Het woordenboek omschrijft het als: 'De plaats innemen van een ander. Verdragen of uitgevoerd door iemand in plaats van een ander. Gevoeld door ingebeelde deelname aan de ervaring van een ander: als een plaatsvervangende sensatie.' Hij had geen geschikter woord kunnen gebruiken om zijn boodschap over te brengen.

D: Denk je dat deze zielen zich realiseren dat ze overleden zijn?

C: Soms wel, soms niet. Vaak realiseren ze zich dat ze dood zijn, maar hopen dat ze direct terug kunnen gaan naar de aardse dimensie. Ze zitten nog in de overgangsperiode en realiseren zich nog niet hoe de dingen in balans moeten worden gebracht. Anderen weten misschien echt niet dat ze overleden zijn en proberen deel te nemen aan aardse dingen, net als toen ze nog leefden. Ze realiseren zich niet dat mensen hen niet kunnen waarnemen. Uiteindelijk dringt het wel tot hen door dat ze dood zijn. Wanneer ze dat beseffen, worden ze zich bewust van de spirituele dimensie en ronden ze de overgangsperiode af.

D: Misschien denken ze dat wat hier op aarde is, alles is dat er is.

C: Ja. Zulke zielen denken dat in het begin inderdaad, maar hoe langer ze dood zijn, des te meer worden ze zich bewust van de spirituele dimensie, gewoon door de aantrekkingskracht van soortgelijke trillingen. Tijdens de overgangsperiode kan dit soort spirits soms niet onmiddellijk de helper die is gekomen, waarnemen. Hij kan hem niet onmiddellijk zien of voelen, omdat hij nog steeds te zeer op de aardse dimensie is afgestemd.

D: *Wat gebeurt er met zielen die rond de aarde lijken te willen blijven hangen?*

C: In deze gevallen lijken de zielen teruggetrokken te worden naar de aarde. Zij zijn degenen die langer tijd nodig hebben om zich aan te passen aan de spirituele dimensie. Ze hebben zo hun denkbeelden over waar ze vertrouwd mee zijn. Ze groeien niet verder omdat ze die vaste beelden als kruk gebruiken. Meestal blijven ze daardoor dus dicht bij de aardse dimensie. Deze zielen hebben soms hulp nodig. Vaak hebben ze wat betreft hun karma iets negatiefs gedaan en willen dat niet onder ogen zien. Ze zijn bang voor wat ze mogelijk zien als ze deze denkbeelden los zouden laten.

D: *Ze willen vast blijven houden aan wat bekend voor hen is.*

C: Precies. Uit angst. Als ze dicht bij de aardse dimensie blijven, blijven hun trillingen voldoende in overeenstemming met de aardse dimensie waardoor er soms echo's van henzelf op het aardse vlak zijn. Een echo heeft met geluid te maken, maar dit is een energetische echo. Dit verklaart sommige van de ectoplastische verschijningen die in jullie dimensie zijn voorgekomen. Wat jullie 'spoken' noemen en soortgelijke fenomenen.

D: *Zij zijn niet echt een spirit? Ze zijn slechts de echo van die ziel die rond het huis blijft hangen?*

C: Ja, wellicht gebruikt de ziel aan gene zijde een mentaal beeld van een huis. Als iemand pas over is gegaan, kan hij bijvoorbeeld een beeld hebben gemaakt van 'thuis' om zich te helpen zich aan te passen aan deze nieuwe fase van zijn leven. Wanneer hij zich een bepaald huis voorstelt als zijn huis, dan ziet hij het en ziet hij zichzelf in dat huis. Maar hij realiseert zich - of misschien realiseert hij zich dat niet - dat hij bang is om verder te gaan, en dus blijft hij vasthouden aan dit beeld van thuis als steun, omdat het bekend is. Hij is bang om weg te gaan en daarom blijft hij binnen dit ene huis. Daarom worden deze geestelijke echo's, die jullie spoken noemen, meestal gezien in een beperkt gebied. Omdat ze dit ene mentale beeld gebruiken om zich aan vast te houden, net als een baby aan een speentje. Omdat het oversteken van de grens een individuele ervaring is, hebben ze hun geest gesloten voor hun omgeving, omdat ze dit mentale beeld als kruk gebruiken. Op een bepaalde manier zijn ze helemaal alleen, omdat ze zich hebben afgesloten binnen deze illusie van 'thuis'. Ze zien niet dat er andere geesten klaarstaan om hen te helpen bij hun aanpassing. Het is alsof ze hun ogen en oren gesloten hebben en alleen aan thuis denken. Feitelijk zijn ze dus alleen en weerspiegelt hun echo dit, door zich niet bewust te zijn van andere mensen in de buurt. De nog levende inwoners van het aardse huis kunnen de geest zien, maar hij lijkt zich niet van hen bewust te zijn.

D: *Betekent dit dat ze dit blijven herbeleven?*

C: Ja. Ze houden vast aan dit ene beeld in hun hoofd dat om bepaalde redenen veel voor hen betekent. Ze concentreren zich alleen op dit ene beeld. Meestal gebeurt dat in gevallen waarin de ziel heel erg bang is en zich nog niet heeft aangepast aan het feit dat hij is gestorven. Hij houdt zich dus vast aan deze ene herinnering, dit ene moment van zijn meest recente leven. Zijn geest zit erin vast en visualiseert dit, en dus beleeft de geestelijke echo dezelfde handeling keer op keer. Het is net als wanneer iemand in jullie dimensie een irrationele angst heeft en een soort toverwoord gebruikt. Hij blijft dat woord herhalen om de angst af te wenden. Het is net zoiets.

D: *Soms gaat het om een moord of iets anders gewelddadigs en andere mensen zien dat spoken die bepaalde gebeurtenis blijven herhalen.*

C: Exact. De ziel kan een bepaald gebouw visualiseren als mentaal beeld en zich daaraan vastklampen. En hij kan ook een bepaalde handeling visualiseren uit zijn meest recente leven. Soms is er bij die handeling een andere persoon betrokken en visualiseert hij die ander ook. Dat verklaart waarom mensen in jullie dimensie twee spoken met elkaar zien communiceren bij steeds dezelfde gebeurtenis. Het is deel van deze herinnering die deze ziel als kruk gebruikt.

D: Als het negatief is, is het dan krachtiger?

C: Meestal gebeurt dit wanneer de ziel niet goed reageert op de overgang en deze vertaalt als negatieve ervaring. Het is de kracht van de angst die hem dit laat doen. Meestal is het zo dat wanneer je overgaat en je je realiseert dat het karma dat je deze keer hebt opgebouwd negatief is geweest, je de overgang niet wilt voltooien omdat je bang bent voor wat je te zien zal krijgen. Ondertussen zet je psyche zich vast in de bron van de angst en dat kan die ene gebeurtenis van je leven zijn die er de oorzaak van was dat het karma zich in negatieve richting heeft ontwikkeld. Dat is al waar je je dan op kunt richten. Men beseft vaak niet dat de dingen in de spirituele dimensie in balans worden gebracht. Zelfs als je naar een lagere dimensie zou gaan dan voorheen, is dat niet bedoeld om pijn of kwelling te veroorzaken. Het gaat erom dat een plek bij je past, zodat je je verder kunt ontwikkelen.

D: Mensen hebben ervaringen met 'spoken' of de 'geest' van iemand die is overgegaan. Ze komen met hen praten en geven berichten door. Is dat hetzelfde?

C: Nee. Meestal is het zo dat wanneer mensen contact hebben met een ziel die is teruggekomen om hen een bericht door te geven, het hun gids is die probeert contact met hen op te nemen. Als mensen ver genoeg ontwikkeld zijn om dit aspect van het leven aan te kunnen, neemt hun gids op deze manier met hen contact op om te helpen en hen op een meer directe manier van advies te dienen.

D: Bedoel je dat dit niet feitelijk de ziel van bijvoorbeeld hun geliefde is?

C: Soms is dat het geval, als de geliefde beschikbaar is om hulp te bieden. En meestal willen ze helpen omdat mensen verschillende levens lang karmisch met elkaar verbonden blijven. Zelfs als de geliefde al een tijd geleden is overgegaan, is hij nog steeds karmisch verbonden met deze persoon, omdat ze ongetwijfeld contact zullen hebben in een toekomstig leven. Ze zijn dus bereid te helpen. Vaak neemt hun gids contact op met een geliefde aan de andere kant. Ze werken samen om deze geliefde te helpen een echo van zichzelf over de barrière te projecteren, zodat men een bericht over kan brengen.

175

D: Ze reizen dus niet zelf terug? Ze sturen alleen een echo?

C: Precies. Het is een soortgelijk proces als andere zielen gebruiken als ze pas zijn overgegaan, maar dit proces wordt bewust gedaan en opzettelijk. Ze kalmeren hun geest om zichzelf in de juiste mentale toestand te brengen, maar het is een positieve ervaring en ze werpen een spirituele echo van zichzelf op de aardse dimensie. Soms moeten ze het verschillende keren doen, voordat degene in de aardse dimensie dit begint waar te nemen. Dat is de reden dat er soms eerst andere rare dingen gebeuren, voordat iemand een 'spook' of 'spirit' waarneemt. Ze zijn al aan het projecteren en proberen de aandacht te trekken, opdat men beter de spirituele echo kan waarnemen.

D: Soms zeggen mensen dat zielen terugkomen om hen advies te geven of hen bijvoorbeeld zeggen niet te treuren.

C: Ja, omdat buitensporig verdriet je kan belemmeren op je karmische pad. Je moet je realiseren dat je diegene die je zo erg mist en waar je zo om rouwt, opnieuw tegen zult komen. Je bent niet voor altijd van elkaar gescheiden. Het is slechts een tijdelijke scheiding en je moet het achter je laten en doorgaan met je eigen groei, zodat je klaar zult zijn voor je volgende leven.

D: Degene die advies wil geven is in staat zichzelf te projecteren om dingen te laten weten.

C: Dat klopt. Gidsen en mensen werken hier samen aan om hen het advies te geven dat ze op een bepaald moment in hun leven nodig kunnen hebben.

D: Bedoel je dat een gids ook aan iemand kan verschijnen terwijl hij lijkt op zijn geliefde?

C: Nee. Hij laat de geliefde zijn of haar echo projecteren. Er is er meestal minstens één aan de andere zijde, maar meestal zijn er meerdere.

D: De gids neemt nooit deze vorm aan om een boodschap over te brengen?

C: Nee. Soms brengt de gids zelf een boodschap over en dan zegt iemand een engel te hebben gezien of een ander onbekend hemels wezen.

12. Planning en voorbereiding

Een cliënt in regressie ervoer de fase tussen twee levens in en gaf de volgende beschrijving van een activiteit op één van de scholen.

C: De meest passende analogie is dat ik college volg. Het is een leersituatie waarbij één van ons een ervaring aan de anderen vertelt, zodat we er allemaal van kunnen leren.

D: Waar gaat het college over?

C: Ik weet niet of ik je dat kan vertellen, omdat het college wordt gegeven in ideeën en beelden in plaats van in woorden. Sommige beelden worden onbegrijpelijk wanneer je ze in woorden uitdrukt. Het is vreemd. Ik denk dat de beste manier om het uit te leggen is dat hij college geeft over hoe de zintuigen ons voor de gek kunnen houden. Om ons te laten zien dat je niet altijd af kunt gaan op wat je zintuigen je vertellen. Je moet afgaan op je intuïtie, omdat je instincten afgestemd zijn op de basale hartslag van het universum. En die zal je leiden. Op dit moment geeft hij een demonstratie die aantoont hoe zintuigen kunnen bedriegen. Hij laat ons bijvoorbeeld verschillende natuurlijke voorwerpen zien met een andere kleur en textuur om te laten zien hoe ogen kunnen bedriegen, zoals bij een blauwe, glanzende sinaasappel. (lacht) Hele bizarre dingen. Maar hij presenteert deze visuele beelden naast andere beelden, om te laten zien hoe neus en oren ons voor de gek kunnen houden. Het is een boeiend college. Ze moedigen ons hier aan onze intuïtie en paranormale gaven te gebruiken, omdat het veel gemakkelijker is ze aan deze kant te ontwikkelen. Hoe meer je deze gaven hier ontwikkelt, des te gemakkelijker kunnen ze in een aards leven naar boven komen en gebruikt worden. Dit komt omdat de fysische dimensie er een barrière tegen opwerpt en het moeilijker maakt er contact mee te maken.

177

Het is gemakkelijker als deze vaardigheden goed ontwikkeld zijn voordat je teruggaat naar de aarde.

D: Doen jullie daar dingen waarvan je voelt dat je ze nodig hebt?

C: Het hangt af van de fase waarin je zit. Het lijkt mij dat je aantrekt wat je nodig hebt. Zo werkt het. Het komt naar je toe, zodat je leert wat je moet leren of ervaart wat je moet ervaren. Dat maakt dat je je ontwikkelt.

D: Degenen die meer complexe dingen willen leren zoeken dat dus vanzelf op?

C: Ja, de kennis zal er zijn voor hen die kennis zoeken. Het komt naar je toe in de volgorde waarin je het nodig hebt, zodat je de kennis het beste kunt toepassen. Er zijn er die misschien wel denken dat ze willen leren, maar dat eigenlijk niet echt willen. Zij blijven zich maar afvragen waarom ze geen vooruitgang boeken. Ze komen steeds met andere verklaringen aanzetten.

D: Veel mensen willen natuurlijk gewoon meteen terug naar een leven en willen niets leren.

C: Dat is waar. Er zijn een aantal ongelukkige zielen die graag geketend willen blijven aan het karmische wiel. Maar hoe verder je je aan deze kant ontwikkelt, des te meer kan het je bevrijden van oorzaken uit het verleden. Dan kun je doorgaan naar grotere en betere dingen wat je karma betreft. Begrijp je wat ik bedoel?

D: Anderen snappen het misschien niet, maar ik begrijp wat je ermee bedoelt. Ik probeer altijd nieuwe dingen te leren.

C: Ja, jij bent net als wij. Je bent ook iemand die graag leert.

Een gebeurtenis die de voorbereiding beschrijft voorafgaand aan de terugkeer naar de aarde.

D: Wat ben je aan het doen?

C: Ik ben samen met andere spirits. We zijn met een groep bij elkaar gekomen. Je zou het een soort gespreksgroep of planningsgroep kunnen noemen. Het merendeel van ons is tijdens vorige levens karmisch met elkaar verbonden geweest. Onze belangrijkste gids voor de hele groep is aanwezig en onze individuele gidsen zijn er ook. We bespreken en plannen welke karmische problemen we tijdens het volgende leven zullen aanpakken, het leven dat deze cliënt momenteel leeft. En we bespreken en plannen hoe onze levens en karma's verweven zullen worden en wat we karmisch gezien hopen uit te werken.

D: *Zijn dat zielen waar je mee verbonden bent telkens als je naar de aarde gaat?*

C: Ja. Als blijkt dat twee mensen samen meer vooruitgang boeken dan alleen, kan dat ook van invloed zijn. Wanneer ze gescheiden zijn, boeken ze vooruitgang met een bepaalde snelheid. Maar samen vermenigvuldigt deze snelheid zich door de manier waarop ze met elkaar omgaan. Het wordt natuurlijk gestimuleerd dat hun paden zich in toekomstige levens blijven kruisen, opdat ze samen vooruitgang kunnen blijven boeken. Mijn persoonlijke gids zal bij me blijven tijdens mijn volgende incarnatie om me te leiden en te beschermen. Als een extra verzekering - ik denk dat je het zo wel zou kunnen noemen - en als vriend om me in de aardse dimensie te helpen me met de spirituele kant van het leven te verbinden.

D: *Is er een manier waarop je kunt weten wanneer hij er is?*

C: De gids? Een manier om dat te weten – tenminste voor deze persoon wanneer ik geïncarneerd ben – is dat mijn visuele waarneming van dingen zal veranderen, tot waar alles lijkt te glanzen. Zelfs dingen met een effen kleur zullen dan lijken te schitteren met intense flitsen van die kleur, alsof de kleur die het in de spirituele dimensie heeft erdoorheen komt. Vooral op die momenten zal mijn gids dicht bij me zijn en zullen we in harmonie met elkaar zijn, tot mijn ogen beginnen te kijken via zijn ogen. En het zal me ook een vredig gevoel geven.

D: *Heeft hij een naam waarmee je hem kunt roepen?*

C: Ik weet het niet zeker. Hij heeft vele namen gehad. Ik kan contact met hem opnemen door hem mentaal te roepen, door te roepen naar mijn spirituele vriend. Hij zegt dat dat genoeg is. Hij heeft een naam, maar hij zegt dat het niet nodig is die te weten. Het is misschien moeilijk voor me om me die te herinneren.

D: *Wanneer je hulp nodig hebt tijdens dit leven, hoef je dus alleen je spirituele vriend om hulp te vragen en dan kan hij je advies geven?*

C: Ja. Hij kan me advies geven door direct tot mijn geest te spreken of me emoties of gevoelens te geven of plotselinge inzichten die me helpen. Hij kan ook dingen laten gebeuren door ze een duwtje in een bepaalde richting te geven.

D: Sommige mensen vragen zich af hoe je kunt weten dat het echt je gids is die tot je spreekt en niet iemand die je kwaad toewenst. Weet jij hoe je het verschil kunt voelen?

C: Het is in deze taal moeilijk te beschrijven. Wanneer het je gids is, is er een bepaald warm, tintelend gevoel in je hartstreek en lijkt het alsof alles wat je doet die prachtige straling heeft. Het is een bepaalde combinatie die niet nagemaakt kan worden. En je gevoelens hierover zijn meestal gevoelens van troost, zelfvertrouwen en zekerheid. Als het een entiteit is die je probeert kwaad te doen, zou je je onzeker, bang en wellicht boos voelen. Als je overweegt iets te doen dat goed voelt, doe het dan. En als je overweegt iets te doen en je niet zeker bent of het goed is, of als je begint te trillen of bang wordt wanneer je ermee begint, wacht dan even en kijk of er andere gevoelens komen. Als je wacht, komt er meestal een ander gevoel en weet je: 'ja, dit is wat ik moet doen.' Soms zal dat iets heel anders zijn dan je van plan was en soms is het maar een beetje anders. Maar het zal een betere richting zijn.

D: Ik heb ook gehoord dat je echte gids nooit zal proberen je te dwingen iets te doen.

C: Nee, nooit. Ze zeggen gewoon: 'Je hebt me om advies gevraagd en dit is het beste wat je kunt doen. Maar de keus is aan jou. Als je liever iets anders doet, gaan we met die keuze aan de slag.'

D: Ik heb gehoord dat als er dwang bij betrokken is of als iemand probeert je iets te laten doen, dat het dan niet goed voor je is.

C: Dat klopt. Deze concepten vormen één van de onderliggende structuren van het universum.

D: Heb je ook andere gidsen die je gaan helpen?

C: Ja. Hij is de belangrijkste die vooral nauw contact met me zal hebben. Er zijn anderen die zich bezighouden met mijn vooruitgang, zoals ze zich ook bezighouden met de vooruitgang van anderen. En er is een groep gidsen die zich bezighoudt met onze vooruitgang als groep. We zijn in het verleden vaak karmisch verbonden geweest en je zou kunnen zeggen dat we als groep vooruitgang boeken, terwijl elk van ons individueel aan dingen went die we moeten ontwikkelen.

D: Is het een bepaalde plek waar je op dit moment bent?

C: Nee, het is niet een bepaalde plek. We zijn gewoon ... hier, dicht bij elkaar samengekomen. Aangezien we allemaal in de geestelijke vorm zijn, zou je kunnen zeggen dat we hier zweven. Het is in een andere dimensie, maar ik weet niet welke dimensie het is. Alles is hier heel vredig en bevorderlijk voor nadenken en planning. Degene die in de aardse dimensie de rol van mijn moeder zal vervullen is hier. Deze planningsconferenties zijn vrij zeldzaam omdat er meestal wel iemand van de groep in de aardse dimensie is. Maar wanneer de gelegenheid zich voordoet, vinden ze plaats. Soms gebeurt het dat we allemaal tegelijkertijd in de spirituele dimensie zijn en dan komen we bij elkaar om dingen te coördineren.

D: *Ja, ik kan me voorstelen dat het moeilijker is wanneer iemand al is teruggegaan.*

C: Precies. Alhoewel we, indien nodig, met hun onderbewuste kunnen communiceren. Maar die communicatie is minder helder.

D: *Is er daar nog iemand anders die belangrijk zal zijn in jouw aardse leven?*

C: Ja. Degene met wie ik karmisch verbonden ben en mijn zielemaatje is. Hij is hier. Hij zal kort voor mij teruggaan naar de aarde. En er is hier ook iemand die zich voorbereidt om al vrij snel naar de aarde terug te keren. Hij wordt mijn opa en moet teruggaan voordat mijn moeder terug kan gaan. Zijn verblijf op aarde zal maar kort het mijne overlappen, maar het zal genoeg zijn om een diepe indruk op mijn leven achter te laten. Hij is karmisch gezien een zeer ontwikkelde ziel. Het is wat mistig wanneer we vooruitkijken, maar als alles gaat zoals we het hier nu plannen, dan zal het zo gaan. Ik moet niet vergeten geduldig te zijn en af te gaan op mijn gevoel en niet op wat mij als kind wordt geleerd. Ik kan heel duidelijk zien dat wat mij als kind geleerd wordt, niet van toepassing zal zijn als ik volwassen ben.

D: *Dat is waar de vrije wil om de hoek komt kijken. Je moet zelf nadenken.*

C: Ja, ik zal een aantal veranderingen doormaken die moeilijk voor me zullen zijn. Mijn gids zal me daarbij helpen.

D: *Dus zelfs de kleine dingen worden uitgewerkt voordat je terugkomt?*

C: We proberen ze uit te werken. We bespreken hoe we contact met elkaar zullen hebben. We hebben op aarde onze vrije wil ten aanzien van dergelijke dingen. Maar als we deze dingen van tevoren uitwerken zijn we geneigd meer open te zijn voor de hulp van onze gidsen. Het is een manier om niet zo lukraak te werk te gaan bij het uitwerken van ons karma.

D: *Anders is het een kwestie van toevalstreffers, bij wijze van spreken.*

C: Precies. Alles komt uiteindelijk in balans.

Een andere gebeurtenis:

C: Ik praat met mijn geestelijke vriend, degene die mijn gids zal zijn wanneer ik weer incarneer.

D: *Kun je hem zien?*

C: Ja. Zijn verschijning is die van een volwassen man achter in de veertig. De tekenen van zijn leeftijd komen niet door zijn toestand maar zijn een persoonlijke keuze vanwege de reactie die hij bij anderen wil oproepen. Hij heeft zwart haar dat bij de slapen grijs is en een nette snor en baard. Hij ziet eruit als een Engelse dokter uit het begin van de vorige eeuw. Hij is gekleed in een ouderwets driedelig pak, heel sjiek met zwarte, gepoetste schoenen. Dat is slechts het imago wat hij vandaag aanneemt. We zijn op een plek die eruit ziet als een studeerkamer. Er ligt een parketvloer en een oosters tapijt en het bureau is met leer bekleed. Ook de stoelen zijn met leer bekleed en er zijn boekenplanken tot het plafond en een openhaard. Hij draagt een monocle en is zeer wijs.

D: *Ik dacht altijd dat gidsen witte gewaden droegen.*

C: Nee, niet altijd. Het is een kwestie van persoonlijke keuze. En hij wil een beeld op me overbrengen. Het gevoel van een vaderlijke beschermer, een oom of iemand die het beste met me voor heeft en me wil helpen en beschermen. Hij weet dat ik me meer op mijn gemak voel bij iemand die eruit ziet als een normaal mens dan bij iemand in een wit gewaad. Ik voel me dan sneller bij hem op mijn gemak. Hij heeft warme, bruine ogen en is zeer vriendelijk.

D: *Maar zie jij het alleen zo of zien anderen het ook zo?*

C: Hij en ik zijn alleen in deze studeerkamer. Dit is geen deel van een huis. Het is slechts een beeld wat ons omringt om een bepaalde sfeer te creëren. En als men het dus van buitenaf zou zien, zou

182

men slechts een groot stuk ectoplasma zien. Het zou eruit zien als een pluk mist. Maar door het psychische gevoel dat het uitstraalt zou men weten dan het een ectoplastische constructie was die voor een specifiek doel werd gebruikt. En men zou zich kunnen realiseren dat wij binnen deze constructie van ectoplasma zouden zijn.

D: Wat bespreek je met je gids?

C: Tijdens deze discussie met jou heeft hij me geholpen informatie zo op een rijtje te zetten dat jij het kunt begrijpen in deze taal. Maar hiervoor hebben we gesproken – ik zou eigenlijk moeten zeggen gecommuniceerd – over hoe ik mezelf wat betreft mijn karma kan helpen in de geïncarneerde dimensie.

D: Wanneer je de volgende keer terugkomt?

C: Ja. Wat hij tegen me zegt is moeilijk te beschrijven in jullie taal zodat jij weet wat hij bedoelt. Maar ik begrijp wat hij zegt.

D: Maar een andere keer dat je hem ontmoet kan het in een hele andere omgeving zijn of kan hij er heel anders uitzien?

C: Nee. Meestal ziet hij er zo uit wanneer we samenkomen, in elk geval is zijn gezicht net zo. Soms gaat hij anders gekleed. Soms heeft hij meer of minder grijs in zijn haar. Maar ik neem hem meestal met een bepaald gevoel waarin plaats van visueel.

D: Soms helpt het een beeld in je hoofd te hebben van hoe hij eruit ziet.

C: Ja, dat zal me helpen wanneer ik beneden ben in de geïncarneerde dimensie. Maar het helpt ook om het gevoel te kennen, zodat ik me ervan bewust ben wanneer hij dichtbij is en me helpt, zelfs als ik hem niet specifiek op dat moment heb gevisualiseerd.

Toen deze cliënt wakker werd en ik haar over de sessie vertelde, zei ze dat de beschrijving van de kamer en de man leek op terugkerende dromen die ze had. Ik stelde voor dat het handig zou zijn als ze de man en de kamer zou kunnen visualiseren wanneer ze met haar gids wilde praten en hem om advies wilde vragen.

Karma

C: Ik kijk naar karmische verbindingen.
D: Kun je uitleggen wat je bedoelt?

183

C: Door de levenscycli heen verschijnen telkens weer zekere verbindingen tussen bepaalde groepen mensen in verschillende variaties. In een leven kan iemand bijvoorbeeld je beste vriend zijn, in een ander leven je vader of moeder en in weer een ander leven een kind of een goede vriend. Deze verbindingen ontstaan opnieuw in verschillende levens en worden soms versterkt en soms verzwakt, maar groeien altijd. Uiteindelijk, wanneer we allemaal het ultieme bereiken (de bron), hebben de verbindingen zich zover ontwikkeld dat we, als het verlangen er is, een entiteit kunnen vormen die groter is dan wijzelf en waar we allemaal een deel van zijn.

D: *Ik heb veel over karma gehoord. Zou je er een definitie van kunnen geven vanuit jouw gezichtspunt?*

C: Het is zo allesomvattend en complex dat ik het geen recht zou kunnen doen. Ik betwijfel of ik je een goede definitie zou kunnen geven in jouw taal of zelfs in de mijne. Karma – ik heb eerder gesproken over de verschillende universa en hoe ze verweven zijn en op elkaar reageren. De energie van ieder individueel leven is als een universum in zichzelf en de manier waarop het verweven is en reageert op alle andere energie in het universum - vooral de energieën die voortkomen uit andere levensvormen - weeft het complexe kleed dat we karma noemen.

D: *Ik kan je een paar definities geven die ik heb gehoord en dan kun je me vertellen of ze kloppen of niet. Ik heb gehoord dat karma de wet van balans is, de wet van oorzaak en gevolg. Als je iets slechts zou doen of iemand zou schaden in een ander leven, dan zou je dat op een bepaald moment moeten terugbetalen. Maar ik heb ook gehoord dat het te maken kan hebben met goede dingen.*

C: Ja, zo is het. De wet van oorzaak en gevolg is één van de basale wetten die overal geldt, in welk universum je ook bent. Deze wet is één van de onderliggende principes van karma die de gehele structuur ondersteunt. En karma is van toepassing op hoe de verschillende energieën interactie met elkaar hebben in een complexe combinatie van bewegingen. Dit is wat karma opbouwt. En alles, elke handeling waartoe aanzet is gegeven, kan bestempeld worden als 'oorzaak' en alles wat gebeurt als resultaat daarvan als 'gevolg'. De actie die het gevolg ervan is, kan ook de oorzaak van andere gevolgen zijn. Het grijpt allemaal in elkaar.

Het is als bij een schakelketting. Elke schakel is verbonden met de andere schakels. Dat is de manier waarop karma verbonden is met alle levensenergieën.

D: *Ik heb gehoord dat het één van de universele wetten genoemd wordt, omdat je niet aan karma kunt ontsnappen, je moet het terugbetalen.*

C: Het wordt constant uitgewerkt. Ademhalen alleen al werkt karma uit. Ongeacht wat je doet, je werkt altijd oud karma uit en je creëert toekomstig karma. Dit is de levenscyclus.

D: *Is er geen manier om te voorkomen dat je toekomstig karma opbouwt?*

C: Het creëren van toekomstig karma is wat maakt dat het universum doorgaat. Je toekomstige karma hoeft geen slecht karma te zijn. Als je je karma uit je verleden uitwerkt en je je best doet in je huidige leven, zal het toekomstige karma dat je creëert goed karma zijn dat goede gevolgen heeft voor je toekomstige leven. En je zult door kunnen gaan en je toekomstige levens kunnen verbeteren totdat je het ultieme bereikt.

D: *Er zijn veel mensen die zeggen dat ze er gewoon vanaf willen zijn. Ze willen al hun schulden afbetalen en geen nieuwe schulden meer opbouwen.*

C: Wanneer je de hogere niveaus van karma bereikt, hoef je niet langer fysieke levens te hebben om het uit te werken. Je kunt het in de spirituele dimensie doen en toch naar het ultieme toewerken. En zelfs wanneer je het ultieme bereikt, zal jouw karma andere universa beïnvloeden en omvatten. Het zal het complexe tapijt van de universa helpen weven. Het moet niet als een gevangenis beschouwd worden. Het is slechts een natuurlijke cyclus waardoor je groeit en je je ontwikkelt tot je hoogste zelf.

D: *Veel mensen zeggen dat ze gewoon niet terug willen hoeven komen om het allemaal opnieuw te doen.*

C: Ze zijn nog onvolwassen. Ze moeten nog veel groeien in hun grote cyclus.

D: *Ik denk dat de meeste mensen karma zo zien: als ze iemand in het verleden pijn hebben gedaan, moeten ze er nu voor boeten.*

C: Dat is een onvolwassen standpunt. Dat is slechts een aspect ervan. Om het te vergelijken met jullie levenscyclus: wanneer je kind bent, denk je dat straf altijd slecht is omdat je iets deed wat niet

185

mocht. Later realiseer je je dat het hielp om je te leren wat je zou moeten doen om te overleven en een goed leven te hebben. Later wanneer je goede of slechte dingen overkomen, realiseer je je dat dat komt, omdat je een fout hebt gemaakt in het verleden en dat je nu de consequenties van je fout ervaart. Of omdat het een fout is die iemand anders heeft gemaakt. Wanneer je verder leeft en minder fouten maakt, word je leven rustiger tot het een comfortabel ritme krijgt. Deze mensen die spreken over karma als iets slechts dat ze in het verleden hebben gedaan, zitten in de fase waarin ze het zien als straf. Ze zouden het moeten beschouwen als leermiddel om te groeien. Ze zijn nog jong qua levenscyclus.

D: *Soms ziet het er ingewikkeld uit. Als iemand bijvoorbeeld een goed leven heeft geleid en op een gewelddadige manier sterft. Niemand kan begrijpen waarom zo'n goede persoon op een dergelijke manier moet doodgaan. Dergelijke dingen lijken zo onrechtvaardig.*

C: Soms biedt iemand aan wanneer hij naar beneden komt voor een levenscyclus om vrijwillig iets mee te maken dat niet in verhouding lijkt te staan tot het leven dat hij zal leiden. Omdat ze dat bereidwillig ervaren, helpt het een groot deel van hun karma uit te werken dat anders vele levens in beslag zou nemen. Het is niet omdat ze gestraft worden voor iets wat ze hebben gedaan. Ze hadden gewoon het gevoel dat ze klaar waren om een groot deel in compacte vorm uit te werken.

D: *Maar wanneer zoiets gebeurt, beïnvloedt het wel de levens van de mensen waar ze mee in relatie stonden.*

C: Dat is waar, maar de andere mensen kunnen het als leerervaring gebruiken en wijsheid vergaren.

D: *Dat heb ik eerder gehoord. Als je iets leert van een ervaring, is het het waard.*

C: Dat is waar.

D: *Je zei dat je keek naar de karmische cycli. Heeft dat te maken met je eigen leven?*

C: Ja, ik keek naar de verbindingen die consistent lijken te zijn in mijn levenscycli. En het lijkt erop dat ze ook in toekomstige levens consistent zullen zijn, tot wat jij het heden zou noemen en ook in de toekomst.

D: Bedoel je de mensen waar je mee in verbinding staat? En dat je in de toekomst met hen in contact zult blijven?

C: Ja. Ze zullen in haar huidige leven samen worden gebracht om bepaalde karmische dingen uit te werken. Ze hebben erom gevraagd in dit leven weer samen te zijn en dit verzoek is ingewilligd.

D: Je keek dus gewoon naar de patronen? Je kunt dus niets doen om ze te beïnvloeden, of wel?

C: Bedoel je in positieve richting?

D: Ja, hopelijk in positieve richting. We willen toch niet een negatieve kant op gaan, als we er iets aan kunnen doen?

C: Ik kan het karma in vorige levens niet beïnvloeden, omdat dat al gebeurd is. In het huidige leven kan ik het misschien hier en daar een duwtje geven. Ik weet niet of dat een beslissend effect zou hebben, maar het zou geen kwaad kunnen. Ik zou misschien wat gedachten in haar onderbewuste kunnen strooien om haar toekomstige levens te beïnvloeden. Ze zouden in de toekomst tot bloei kunnen komen. Elk leven beïnvloedt alle andere levens.

13. De Algemene Raad

Ik bracht een cliënt terug naar een periode tussen levens waarin ze zitting had in een raadsvergadering. De omgeving was etherisch, majesteitelijk mooi en bevond zich overduidelijk in een hogere dimensie.

C: Als je het met fysieke ogen zou bekijken, zou het lijken dat we, waar we bijeen zijn, zweven tussen hemel en aarde, maar dat is niet echt zo. Het wordt ondersteund door een energieveld dat jullie niet kunnen zien. Het energieveld heeft een prachtige, diepe violette kleur en het omhult ons allemaal. Er zijn niet echt muren of plafonds; alles heeft deze diepe violette en gouden kleuren. En temidden van dit energieveld bevindt zich een raadskamer, ik denk dat jullie het zo zouden noemen. Er zijn gouden zuilen rondom. Ze dienen niet echt een doel behalve ter decoratie, alhoewel ze voor het richten van kracht kunnen worden gebruikt. Ze zijn even ver van elkaar af geplaatst, zodat de hele structuur gebruikt zou kunnen worden om kracht te bundelen, maar ze zijn hier niet noodzakelijk voor bestemd. Erachter hangen gouden gordijnen. Het is erg mooi, het goud tegen het violet. Het meubel waar we op zitten is gemaakt van goud maar ziet eruit als van hout, alsof het gemaakt is van een massief gouden boom. Het is prachtig.

D: *Zit je rond een soort tafel?*

C: Nee, we bevinden ons aan de rand van deze raadskamer. Er zijn ongeveer vier of vijf rijen stoelen die trapsgewijs boven elkaar zijn geplaatst, zodat de mensen achterin over de hoofden van de mensen voorin kunnen kijken. Het zijn geen echte stoelen. Het zijn lagen – gladde trappen rondom, net als in een amfitheater. En ze staan rondom een lege ruimte in het midden. Als iemand naar voren wil komen en iets wil zeggen of iets wil presenteren, kan hij dat daar doen waar iedereen het kan zien. Het is als een ovale rechtszaal die omlijst is door gouden zuilen en gouden gordijnen, waarbij de lagen rondom omhoog gaan en een open ruimte overlaten waar een podium is. Maar het is sierlijker dan een gewoon podium. Het is als houtsnijwerk, behalve dat het in werkelijkheid van goud is gemaakt. Op het podium kan iemand iets laten zien. Zo kunnen er vanaf het podium dat wat jullie 'hologrammen' noemen worden geprojecteerd.

D: *Wat zou daar het doel van zijn?*

C: Het hangt af van wat er besproken wordt en wat er gepresenteerd moet worden. Over het algemeen komen we hier om te praten over de invloed die we op de aarde hebben gehad en de invloed die we in de toekomst zullen hebben en hoe dit in het grote plan past. De dingen die hier gepresenteerd worden in de open ruimte zijn dingen die het algehele patroon van dit bepaalde universum laten zien. En hoe onze karma's met dit patroon waren verbonden en welk pad we moeten volgen om uiteindelijk verlichting te bereiken. In onze zijnsvorm kunnen we zweven als we willen. We hoeven niet te zitten, maar de meeste van ons doen dat wel, gewoon omdat dat een aangenamere sfeer creëert.

D: *In welke vorm ben je?*

C: Ik zie spirituele entiteiten die eruit zien als witte lichten. Ze lijken op miniatuur zonnen in verschillende vormen en kleuren die vanuit het midden oplichten. Het lijkt op een energiebal die lichtstralen uitzendt. En terwijl het licht wordt uitgestraald vanuit het midden, draagt het witte licht tinten van andere kleuren in zich. Het is als morgenrood of een opaal, behalve dat wanneer je een opaal ziet, hij feitelijk maar één kleur heeft. Met deze entiteiten zie je stralen van andere kleuren die lijken aan te geven hoe ze zich voelen, welke stemming ze hebben, wat ze denken en hoe ver ze ontwikkeld zijn.

D: *Ik dacht dat het licht de vorm van een persoon zou hebben, maar het is dus als een bal?*

C: Het is alsof je naar de zon kijkt. Je ziet niet echt een duidelijke omtrek, omdat het te fel is. Maar je weet dat er daar een energiecentrum is en je ziet alle energie er in stralen uitkomen.

D: *Pulserend?*

C: Het is een geleidelijke stroom.

D: Stralend?

C: Dat is een goed woord – stralend vanuit een zelfde centrum. En ieder zweeft daar op een bepaalde plaats in lagen. Iedereen is zich van zichzelf bewust of is zelfbewust op de manier waarop jij en ik zelfbewust zijn. Zij nemen echter op een hoger niveau waar dan jij. En hun plaats in deze lagen wordt bepaald door een soort energie. Ze zweven tussen hemel en aarde en het hangt ervan af hoe hun energie zich verhoudt tot de energie van de omgeving. Deze lagen stralen energie in een bepaald soort patroon uit en het is net zoiets als zitten in een stoel. Ze ondersteunen zichzelf op dit kussen van energie terwijl ze verbinding hebben met deze lagen.

D: Je zei dat dit in een hogere dimensie was?

C: Ja. Iedereen die hier is bevindt zich tussen levens in. We hebben geprobeerd ons karma te verbeteren. (zie hoofdstuk 12) We hebben dit niveau bereikt waarop we, wanneer we niet direct met een leven bezig zijn, naar deze hogere dimensie kunnen gaan om ons toekomstige pad te plannen. En om manieren te plannen om anderen te helpen die nog niet zo ver ontwikkeld zijn als wij – net zoals wij geholpen worden door degenen die verder ontwikkeld zijn dan wij. We helpen elkaar allemaal. Alles staat op die manier met elkaar in verbinding.

D: Bedoel je dat dit een meer ontwikkelde plaats is dan veel andere mensen hebben bereikt, maar dat er nog andere dimensies zijn hoger dan deze?

C: Precies. De hoogste dimensie is wanneer je volledige verlichting bereikt. We hebben dat nog niet bereikt. Maar we werken eraan en er is ons verzekerd dat we goede vooruitgang boeken. Daarom wordt het ons toevertrouwd anderen te helpen die nog niet zo ver ontwikkeld zijn.

D: Net als een gids?

C: Wanneer we ons, zoals nu, tussen levens in bevinden, is de tijd niet van toepassing, zoals op de aarde. En de mensen die rechtstreeks bezig zijn met een leven in de aardse dimensie hebben soms hulp nodig. We kunnen ze vanuit deze dimensie helpen zonder dat dat veel energie kost, omdat we in een hogere dimensie zijn. Je zou kunnen stellen dat het inderdaad zoiets is als een gids. Het is net zoiets als een grote broer of zus die je af en toe helpt. Op dezelfde manier hebben anderen die zich op dit moment tussen levens in bevinden, maar nog niet zo ver ontwikkeld zijn als wij, vaak hulp nodig bij de planning voor toekomstige levens, zodat ze hun karma verder kunnen ontwikkelen. We geven hen advies en doen suggesties vanuit onze ervaring en dan kunnen ze hun eigen beslissingen nemen. Net zoals degenen in de hogere dimensies voor ons doen. Ze vertellen ons wat zij hebben gedaan om hun niveau van karma te bereiken en of deze dingen van toepassing zijn op ons eigen karma wanneer wij ernaar streven hogere doelen te bereiken.

D: *Als je dus vragen zou hebben waarop je het antwoord niet weet, zou je het dus aan degenen op dat andere niveau kunnen vragen? Kun je hen op die andere niveaus zien?*

C: Op dit moment niet. We zijn in een Raad op dit niveau en we behandelen de dingen totnogtoe zelf. Maar als we bijvoorbeeld voor een raadsel zouden komen te staan, kunnen we vanaf het podium met de krachtzuilen contact opnemen met degenen van de hogere niveaus en dan kunnen zij met ons komen praten.

D: *Je zou niet naar hun niveau kunnen gaan om contact met hen te maken? Zij zouden naar jullie niveau moeten komen?*

C: We kunnen contact met hen maken via communicatie op afstand, net als een radio op jullie niveau. Maar ze zouden naar ons niveau moeten komen om rechtstreeks contact met ons te maken, omdat we nog maar een bepaald niveau van verlichting hebben bereikt. We kunnen niet naar de hogere niveaus gaan, omdat ons energieniveau daar nog niet aan aangepast is. Maar we kunnen wel de lagere niveaus bezoeken, omdat we al door deze niveaus heen zijn gegaan en weten hoe we onze energie daaraan kunnen aanpassen. Dus we kunnen ernaar toe gaan en degenen helpen die daar zijn. Wanneer je je karma verbetert door je levens op aarde en wanneer je daarna terugkomt, zullen degenen op hogere niveaus je vertellen wat je bereikt hebt. En dan merk je dat je energie afgestemd is op het niveau dat je dan hebt bereikt. Je herinnert je hoe het was op de andere niveaus en dus kun je daar nog naartoe gaan om de mensen te helpen.

D: *Je zei dat je mensen kunt helpen vanuit jouw niveau zonder dat dat veel energie kost. Kost het op andere niveaus meer energie?*

C: Dat hangt van de omstandigheden af. Iemand kan mensen in de aardse dimensie helpen zonder dat het veel energie kost, omdat we herhaaldelijk contact hebben met die dimensie. Wanneer we aan deze zijde zijn, kunnen we zien hoe de onderliggende structuur van energie of licht alle dingen samenbindt. En dus kunnen we bij wijze van spreken hier en daar een duwtje geven om iemand een bepaalde richting op te helpen. Het hoeft niet iets groots te zijn, maar het zorgt ervoor dat de dingen een andere richting uit gaan in plaats van de richting waarin de dingen zich oorspronkelijk ontwikkelden.

D: *Wat kost het meeste energie?*

C: Het kost meer energie om contact te maken met de hogere niveaus omdat onze energie daar niet mee verenigbaar is. Het is een kwestie van onze energie concentreren en verfijnen zodat op het hogere niveau een meevoelende vibratie kan worden opgepikt. Wat ook veel energie kost is wanneer je mensen moet bezoeken en helpen die veel dingen hebben gedaan die negatief zijn voor hun karma. Hoe negatiever iemands karma is, hoe meer er sprake is van onverenigbaarheid qua energie. En dat maakt het moeilijker om te communiceren en te helpen. Het lijkt op een poging dezelfde polen van twee magneten bij elkaar te brengen. Je weet hoe die elkaar afstoten. Het is alsof je in dat soort situatie je werk moet doen. Ze werpen energiebarrières op zonder dat ze dat bewust doen, naar wij denken. Ze realiseren zich niet wat ze met hun karma doen. Ze lijken hierin in een nooit eindigende cyclus te geraken. Meestal moeten we hen zorgvuldig in de gaten houden en ze proberen te benaderen op kwetsbare momenten, zodat we door kunnen breken en ze een sprankje hoop kunnen geven. Slechts het zwakke schijnsel van een boodschap om hen te helpen deze cyclus te doorbreken en positieve vooruitgang te boeken in hun karma.

D: *Dit is veel moeilijker dan met mensen werken die meer open staan voor jullie.*

C: Precies. Degenen die voortborduren op negatief karma rennen maar rond en zitten vast in dezelfde vastgeroeste gewoontes. Of als het heel erg is, lijkt het op een neerwaartse spiraal met iemand die hen probeert op te vangen om hen te helpen weer naar boven te gaan. Bij mensen die werken aan hun karma in positieve richting is het als het beklimmen van een trap. De situatie is veel opener en het is veel gemakkelijker contact met hen te maken. Bij de mensen die werken aan negatief karma is het meestal een gesloten soort situatie waarbij het moeilijk is om een doorbraak te bewerkstelligen.

D: *Ze realiseren zich waarschijnlijk niet eens dat je er bent.*

C: Precies. Ze hebben geestelijk rondom zich heen een muur opgetrokken van energie om alles af te weren waar ze niet aan willen werken.

D: *Zijn sommigen van jullie speciaal toegewezen aan enkele van deze mensen of help je gewoon degenen die je ziet?*

C: Het is niet zo dat we aan specifieke mensen worden toegewezen. Je moet aan een beeldscherm denken. Er wordt ons gezegd een bepaald deel van het algehele beeld in het oog te houden en wanneer we een deel zien dat een duwtje nodig heeft of een beetje hulp, komen we in actie en handelen volgens onze eigen intuïtie. We helpen niet noodzakelijkerwijs steeds dezelfde persoon. Wanneer we hen een duwtje geven om te helpen bij het algehele beeld van positief karma, kan een bepaald iemand daar soms voordeel van hebben. Maar meestal is het een handeling waar veel mensen de vruchten van plukken.

D: *Hebben deze mensen gidsen die aan hen toegewezen zijn?*

C: Ja. Maar waar ik ben, werken we meestal met algemene gebeurtenissen in plaats van met specifieke personen.

D: *Zou het juist zijn om te stellen dat je hoger bent dan de gewone gidsen? Of is er niet een dergelijke hiërarchie?*

C: Ik denk het niet. Ik denk dat het soort taak dat ze je geven afhangt van waar je bent in je karma. Taak is niet het juiste woord. Wanneer je in de aardse dimensie bent, werk je aan je karma, maar het is niet de enige plek waarop je aan je karma werkt. Wanneer je tussen levens in bent en in andere dimensies zoals deze, werk je ook aan je karma, maar op een andere manier. Het is moeilijk uit te leggen – de aardse talen hebben geen nuance. Degenen die bepaalde mensen begeleiden, zijn op een andere plaats in hun karmische ontwikkeling. Ze moeten wellicht op een bepaalde manier groeien om dingen in een breder verband te zien, dat ook de noodzaak van het begeleiden van individuele mensen omvat. Mogelijk hebben ze al gedaan wat ik nu doe; er is geen bepaalde volgorde. Het hangt er gewoon van af hoe je individueel groeit. In mijn geval ben ik in het verleden ook korte tijd gids voor individuen geweest. Degenen boven mij hadden het gevoel dat het mijn karma het meest ten goede zou komen als ik nu in deze algemene Raad zou zitten. Ze zien graag dat iedereen de kans heeft om in deze Raad zitting te nemen, zodat je meer overzicht krijgt. Op die manier kun je een vrij goed beeld krijgen van de vooruitgang die je boekt, zodat je je in de juiste richting kunt blijven ontwikkelen. Meestal boeken mensen vrij goede vooruitgang nadat ze in deze Raad hebben gezeten, omdat ze een beter overzicht hebben.

D: *Je zei dat je het meest betrokken bent bij gebeurtenissen, maar dat je ook met bepaalde mensen werkt om te proberen dingen tot ze door te laten dringen. Kun jij contact maken met hun gidsen en hen ook suggesties doen?*

C: Ja. We werken nauw samen met de zielen die dienst doen als individuele gidsen. Ze willen volledig op de hoogte zijn van gebeurtenissen, zodat ze deze mensen kunnen helpen bij hun karma. Soms vertellen ze ons dat iemand vastbesloten is iets bepaalds te doen. Ze vragen ons hoe dat de algemene gebeurtenissen zou beïnvloeden en of we het een beetje zouden moeten bijstellen, zodat het het meest positieve effect heeft voor de meeste mensen. We werken dus nauw samen, we zijn allemaal met elkaar verbonden.

D: *Vanwaar jij bent, kun je dus de mogelijke effecten zien van wat ze doen? Je kunt met andere woorden in de toekomst kijken?*

C: We zien algemene patronen van wat er waarschijnlijk zal gebeuren en meestal komt dit ook uit. Meestal zijn de details anders vanwege individuele beslissingen die onderweg zijn genomen. Soms kan iemand op een cruciaal moment een totaal andere beslissing nemen dan die hun gids adviseert en dan verandert het hele beeld op dat moment. Dan moeten we later andere gebeurtenissen wat aanpassen. Maar zo is het altijd geweest en dit is wat het universum levend en gevarieerd houdt.

D: *Je geeft hen een zetje om terug te gaan naar het oorspronkelijke pad?*

C: Niet noodzakelijkerwijs hen persoonlijk, maar als ze een beslissing nemen die een gebeurtenis beïnvloedt, kan het nodig zijn dat we later een andere gebeurtenis een duwtje geven om de negatieve effecten die zich voorgedaan kunnen hebben te minimaliseren.

D: *Op die manier hebben ze nog steeds de vrije wil om te doen wat ze willen.*

C: Zeker.

D: *Je probeert ervoor te zorgen dat het het algemene patroon niet beïnvloedt, is dat het?*

C: Precies. Iedereen heeft de vrijheid te doen wat hij wil. Maar als mensen een beslissing nemen die voor veel andere mensen negatieve gevolgen zal hebben ... deze mensen hebben er niet voor gekozen om op die manier beïnvloedt te worden. En dat doet feitelijk afbreuk aan hun vrije wil. Als iemand bijvoorbeeld de beslissing neemt dat een drastisch, negatief gevolg heeft voor andere mensen, proberen we de gebeurtenissen te beperken, zodat ze minder dramatische gevolgen zullen hebben voor andere zielen.

D: *Dit klinkt moeilijk.*

C: Het is ingewikkeld, maar het is onderdeel van onze groei en we doen het graag.

D: *Het zou zeer ver gaan, als het veel mensen zou beïnvloeden.*

C: Het is gewoon een kwestie van de dingen binnen het patroon houden. Het is moeilijk om dat in jullie dimensie uit te leggen, maar hier is het patroon zeer duidelijk zichtbaar. We zien niet noodzakelijkerwijs dingen in termen van individuele mensen en individuele gebeurtenissen, tenminste niet in deze algemene Raad. Wat we zien is het algehele patroon, als schitterende energiewebben. En als er een knoop in het energieweb komt, werken we eraan met andere energie en daardoor geneest het en wordt het web weer heel. Op deze manier beïnvloedt het de gebeurtenissen op aarde, omdat het algehele energiepatroon ervoor zorgt dat alles is zoals het is en gebeurt zoals het moet gebeuren.

D: *Maar je hebt geen absolute macht, of wel? Maken jullie ook wel eens fouten?*

C: We hebben geen absolute macht, maar we maken over het algemeen ook niet vaak fouten omdat de hogere niveaus ervoor zorgen dat we niet meer krijgen dan we aankunnen.

D: *Het klinkt alsof alles met elkaar verbonden is en zo ingewikkeld, dat je bij wijze van spreken wel eens een uitglijder kunt maken.*

C: Als we dreigen uit te glijden, zal iemand van de hogere niveaus ons adviseren, net als wij mensen op de lagere niveaus van advies dienen.

D: *Er zijn in de geschiedenis grootschalige negatieve gebeurtenissen geweest die helemaal uit de hand gelopen lijken te zijn. Ik denk aan oorlogen en dergelijke.*

C: Ja. En degenen die in deze Raad zitten hebben hun best gedaan om deze grote negatieve beslissingen in toom te houden. Vaak kunnen dergelijke dingen worden teruggevoerd tot een handjevol mensen die zo vast zitten in hun negatieve karma dat niets tot hen doordringt. Het gaat erom de resultaten van hun beslissingen in toom proberen te houden, op een zodanige manier dat de schade beperkt blijft.

D: *Je zei dat je al die dingen in de gaten hield. Kun je dingen op aarde zien gebeuren van waar je bent?*

(ik hoopte informatie te krijgen over gebeurtenissen in onze toekomst)

C: Op dit moment niet. We zitten in een raadsvergadering om iets anders te bespreken dat een andere dimensie beïnvloedt, niet de aardse dimensie. Wanneer we te maken hebben met aardse zaken, houden we ons meestal bezig met het algehele patroon der dingen. We concentreren ons meestal op de karmische energie in plaats van op individuele mensen en dingen. We werken nauw samen met degenen die individuele mensen begeleiden. Deze gidsen zien dingen zoals ze zich voordoen in de aardse dimensie. Zij kunnen dus de mensen helpen.

D: *Kan een persoonlijke gids zien wat er zal gebeuren, als iemand een bepaalde actie onderneemt?*

C: Ja. We schakelen heen en weer tussen levens om te bepalen of we in een algemene Raad zoals deze zullen werken of een specifieke gids zullen zijn. We doen beide zaken verschillende keren, omdat je hier nooit teveel ervaring in kunt hebben. En gidsen hebben meestal daarvóór zitting gehad in de algemene Raad of hebben er nauw genoeg mee samengewerkt om te weten hoe het werkt.

Wanneer we samenwerken, hebben zij de mogelijkheden om heel duidelijk het algehele patroon van dingen te zien, net zo goed als wij de kans hebben ons te richten op individuen en kunnen zien hoe ons werk met het algehele patroon hen beïnvloedt. Er wordt dus veel informatie uitgewisseld. Het is gewoon een kwestie van verschillende gezichtspunten.

D: *Maar je zei dat wat jullie nu in de raad bespreken te maken heeft met een andere dimensie?*

C: Ja. Er zijn enkele zielen die onlangs zijn overgegaan naar de geestelijke wereld. Ze hebben de aarde onlangs verlaten en zitten nu in het overgangsproces. Elke ziel heeft een overgangsperiode nodig wanneer je van de aardse dimensie naar de spirituele dimensie gaat en omgekeerd, om te wennen aan de nieuwe situatie voordat je weer aan je karma kunt gaan werken. Terwijl deze zielen dus in hun overgangsperiode zitten, komt de raad bij elkaar en bespreken we wat hun situatie is en wat ze nodig hebben. En hoe we hen het beste kunnen dienen om hun karma te ontwikkelen in de nieuwe fase waarin ze nu zitten. Er zijn een aantal zielen die deze overgangsperiode hebben doorgemaakt in één bepaalde spirituele dimensie. We verzamelen de laatste details, zodat we contact met hen kunnen maken wanneer ze klaar zijn en hen kunnen helpen, zodat ze deze periode tussen levens in constructief kunnen gebruiken, voordat het tijd is om terug te keren naar de aardse dimensie.

D: *Wanneer ze in het begin overgaan, krijgen ze dan een bepaald soort omgeving, zodat het gemakkelijker voor hen is om zich aan te passen?*

C: Ja, afhankelijk van hun spirituele ontwikkeling. Hun persoonlijke gidsen werken met ons samen en door te kijken naar de energievibraties en hun karmische ontwikkeling kunnen we zien welk niveau van spirituele ontwikkeling ze hebben bereikt. Wanneer ze overgaan naar deze zijde bekijken ze eerst wat ze aankunnen. En meestal zorgen we ervoor dat, waar mogelijk, enkele andere spirituele entiteiten waar ze in hun meest recente leven mee verbonden waren, aanwezig zijn om bij de overgang te helpen. Wanneer deze tenminste nog in de spirituele dimensie zijn. Om hen te helpen bij deze aanpassing, omdat het in het begin altijd wat moeilijk is. Maar als ze het feit hebben geaccepteerd dat ze over zijn gegaan en in een nieuwe bestaansdimensie zijn, is het een kwestie van tijd om te wennen aan deze nieuwe situatie. Tegen die tijd liggen de ervaringen van de aardse dimensie niet meer zo vers in het geheugen, zodat ze meer kunnen gaan denken vanuit het spirituele perspectief. Dan kunnen we hen helpen hun groei voort te zetten, totdat ze klaar zijn om opnieuw het fysische bestaan in te gaan.

D: *Op die manier is het niet zo'n schok. Is dat wat je bedoelt?*

C: Precies. De overgang is op zichzelf al een schok, maar we proberen de schok zoveel mogelijk te verzachten, zodat de entiteit geen grote terugslag krijgt.

D: *Deze omgeving kan dus van alles zijn. Ik heb me dat altijd afgevraagd. Mensen met bijna-dood-ervaringen beschrijven soms dezelfde dingen.*

C: Ja. Ze beschrijven wat ze zien tot aan de barrière tussen het aardse en het spirituele. De weg naar deze barrière is meestal in grote lijnen dezelfde, omdat je door dezelfde soort energievelden moet gaan om over te gaan naar de geestelijke wereld. Maar wanneer ze voorbij gaan aan wat meestal wordt omschreven als een fel licht aan het einde van een tunnel, - dit felle licht is overigens de grens zelf - zien ze verschillende dingen, afhankelijk van hun individuele ontwikkeling.

D: *Men geeft wel beschrijvingen van dingen en mensen en soms lijkt het als de gang door een tunnel. Maar dat alles leidt dus tot de grens?*

C: Precies. Het gaat erom hen te helpen zich in zo kort mogelijk tijd voor te bereiden op de schok die ze doormaken. Het verlaten van het lichaam is een hele natuurlijke actie, het is net als ademhalen. Maar de overgang van de aarde naar de spirituele zijde kan een schok zijn voor het systeem. En de dingen die ze zien, dienen ertoe om hen ervan te doordringen dat ze zich aan het voorbereiden zijn om over te gaan en om hen te helpen moed te vatten.

D: *Als ze eenmaal voorbij dat licht zijn, kunnen ze dus niet meer terug in het aardse lichaam?*

C: Dat klopt. Wanneer ze dat licht opnieuw doorkruisen, is dat om een ander lichaam binnen te gaan.

D: *Er is me verteld dat er een koord is dat de ziel met het lichaam verbindt.*

C: Ja, en wanneer je door dat witte licht gaat, snijdt dit het koord door, omdat je door een intens energieveld gaat. Het koord dat het astrale lichaam verbindt met het aardse lichaam is een soort energie. En wanneer je door de energiegrens gaat, lost het op.

D: *Mensen die bijna-dood-ervaringen beschrijven gaan dus maar tot zover. Ze zeggen dat ze het gevoel hebben dat ze naar het licht toe getrokken worden en daarna komen ze terug. Blijkbaar zijn ze niet ver genoeg gegaan.*

C: Het was nog niet hun tijd om over te gaan. Wanneer ze nu doodgaan, zullen ze hetzelfde trekkende gevoel kennen, maar dan zullen ze de overgang voltooien. En het is een hele plezierige ervaring. Het is gewoon een grote verandering en in die zin is het dus een schok.

D: *De mensen die deze ervaringen hadden waren dus echt aan het doodgaan?*

C: Ja, ze hebben het proces alleen niet voltooid.

D: *Door zich om te keren en terug te gaan, konden ze dus naar hun lichaam teruggaan. Ze zeggen soms dat hun leven is veranderd na een dergelijke ervaring.*

C: Ja, en zo hoort het ook. Wanneer dergelijke dingen gebeuren is dat meestal omdat hun gids zag dat ze in een doodlopende straat wat betreft hun karma zaten. Ze wilden hun patronen niet echt doorbreken. Zoiets gebeurt om hen wakker te schudden, zodat ze nieuwe wegen kunnen gaan en hun karma in nieuwe richtingen kunnen sturen, hopelijk positiever.

D: *Dit is dus wat ze bedoelen met het woord 'overgaan': je gaat over die energiebarrière heen.*

C: Ja. Er zijn vele metaforen voor in aardse talen. De Jordaan oversteken, door de sluier gaan of overgaan – elk van deze metaforen verwijst naar dit deel van de ervaring. Ik probeer termen te gebruiken waarvan ik denk dat je ze kent. De metafoor je kleren uittrekken en nieuwe kleren aandoen, verwijst naar het energiekoord dat door de barrière wordt opgelost en naar de intrede in een nieuw bestaan.

D: *Zie je op dat moment de omgeving of andere dingen?*

C: Wanneer je door de barrière gaat, zie je alleen heldere energie. En je hebt het gevoel gereinigd te worden, omdat de energie je eigen spirituele vibraties aanpast, zodat deze overeenkomen met het niveau dat je bereikt hebt. Dit komt overeen met de metafoor schoongewassen worden in de Jordaan, wanneer je overgaat. Wanneer je aan de andere kant aankomt, zie je mogelijk aan het begin van je overgangsperiode dingen die lijken op wat je je herinnert of wat je je tijdens je periode op aarde hebt voorgesteld, maar deze zijn veel vollediger en mooier dan je je ooit had kunnen voorstellen. Wanneer je je begint aan te passen, realiseer je je dat dit feitelijk constructies zijn van je eigen geest en dan ga je zien zoals het werkelijk is. Maar het is een hele soepele overgang, omdat het wordt geleid en bepaald door wat je geest aankan. Je geest construeert de beelden die je ziet, totdat je er klaar voor bent de dingen te zien zoals ze in werkelijkheid zijn.

D: *En hoe zijn ze in werkelijkheid?*

C: Het hangt ervan af op welk niveau je zit. Het is moeilijk te beschrijven hoe alles werkelijk is, omdat de aardse natuurkundige wetten hier niet van toepassing zijn. Als je je bijvoorbeeld voorstelt dat je ergens bent, dan denk je dat je op een planeet staat met een bepaalde omgeving. Maar in de spirituele dimensie is dit niet noodzakelijkerwijs het geval. Je kunt in een bepaald soort energieveld zijn met verschillende eigenschappen. En verschillende gebeurtenissen vinden plaats dankzij jouw interactie met dit energieveld en met de anderen die ook in dit energieveld zijn. Het hangt er dus van af wat de dimensie is en daarom is het moeilijk te omschrijven. Soms zie je analoge beelden om je te helpen verbinding te maken met wat je ziet, in vergelijking met wat je al ervaren hebt.

D: *Moet je teruggaan naar je Raad? Ik stoor je toch niet?*

C: Nee hoor. Wanneer begripvolle zielen uit jullie dimensie contact maken met ons hier in de raad, is het deel van ons karma om te helpen, door zo duidelijk mogelijke antwoorden te geven. En het is deel van jouw karma en van deze cliënt, om jullie dimensie meer kennis te bezorgen van de hogere dimensies om weer andere zielen te helpen vooruitgang te boeken in hun karma. Het maakt allemaal deel uit van het patroon.

D: *Daarom moet ik proberen er woorden aan te geven, zodat mensen het kunnen begrijpen, omdat het heel ingewikkeld is. Het is zeer belangrijk dat ik het breng op een manier die ze kunnen bevatten en dat is moeilijk.*

C: Dat is één van de redenen waarom ik deze taak heb gekregen om beelden te geven. De hogere spirits vertellen me dat ik goed ben in het verzinnen van metaforen die begrijpelijk zijn voor mensen in de aardse dimensie, zodat ze zich een voorstelling kunnen maken van dingen die niet voor te stellen zijn.

D: *Ja, ik heb metaforen en analogieën nodig. Het maakt het makkelijker voor me om dit allemaal te begrijpen. Anders zou het langs me heen gaan. Ik verwelkom alle informatie die je me kunt geven omdat ik nooit weet welke kant we opgaan. Alle informatie is belangrijk.*

C: Deze vragen waarvan je denkt dat je ze zelf bedenkt zijn feitelijk suggesties van je gids. Blijf contact houden met je creatieve deel en blijf open voor de vragen die uit het niets in je op lijken te komen en stel deze vragen ook. En van deze kant zullen wij blijven proberen je deze informatie te geven op een manier die jij en de anderen in de aardse dimensie kunnen bevatten.

D: *Ik denk dat de tijd is aangebroken dat mensen hiervan op de hoogte raken.*

C: Ja, dat is zo. Je gids gaf je die gedachte. Omdat wij degenen zijn die zeggen wanneer mensen er klaar voor zijn om meer over deze zaken te leren.

Er is me verteld dat er naast de algemene Raden ook vele niveaus daarboven zijn. Ik weet niet of er een limiet is, omdat me is verteld over universele raden die gaan over hele universa en ook raden op het niveau van de Schepper. Degenen op dat niveau worden als medescheppers van God beschouwd en werken aan het creëren van nieuwe universa of wat er ook maar nodig is, ad infinitum, oneindig.

Ik denk dat het onmogelijk is te verwachten dat onze sterfelijke geesten zelfs ook maar een deel van waar het allemaal over gaat, kunnen bevatten of begrijpen. Maar het is fascinerend om je te realiseren dat het veel ingewikkelder in elkaar zit dan we ooit hadden kunnen dromen.

14. Inprentingen

Het radicale idee van inprentingen kwam per toeval aan de orde, toen ik één van mijn cliënten een vraag stelde.

D: Heb jij veel levens op aarde gehad?
C: Dit is mijn eerste aardse leven, mijn eerste echte incarnatie op deze planeet. Ik heb inprentingen van vele anderen gehad en assisteerde anderen. Dit is echter mijn eerste werkelijke incarnatie op aarde.

Wat bedoelde hij hiermee? Dit was verwarrend omdat we het tijdens onze eerste sessies gehad hadden over vier andere levens die zeker op deze planeet hadden plaatsgevonden. Wat was er tijdens die eerdere sessies gebeurd?

D: De andere levens die we eerder hebben besproken waren dus niet echt?
C: Het waren inprentingen en assistenties, het waren geen echte aardse incarnaties.

Er zijn me veel opzienbarende zaken onthuld tijdens mijn onorthodoxe zoektocht naar kennis, maar dit verbaasde me zeer. Ik had nog nooit van een inprenting gehoord. In mijn regressiewerk gold dat je of een leven leefde of niet. Het enige andere alternatief is dat de cliënt fantaseert of alles verzint. Ik ben altijd trots geweest op het feit dat ik dit onderscheid kon maken. In alles wat ik heb gelezen over mogelijke verklaringen voor de herinneringen aan andere levens, was ik nog nooit iets tegengekomen over 'inprenting'. Het verwarde me. Als een leven niet wordt beschouwd als een werkelijke aardse incarnatie, hoe kon ik dan weten waar ik mee te doen had?

*D: Bedoel je dat wanneer sommige zielen een leven binnengaan, niet
zelf deze exacte vorige levenservaringen gehad hebben, maar ...*
C: Ze kunnen informatie vergaren uit de Akashakronieken en in hun
ziel prenten, en dan zal het hun eigen ervaring zijn.

Andere onderzoekers hebben gezegd dat de Akashakronieken
geen tijdvermelding kennen, maar enkel verslag doen van
gebeurtenissen, emoties en de lessen die geleerd zijn.

*D: Kun je me vertellen hoe ik het onderscheid kan maken wanneer ik
dit werk doe?*
C: Nee, omdat zelfs ik het verschil niet kan bepalen. Als ik in een
inprenting zit, is die inprenting net zo echt als wanneer ik het
feitelijk ervaren had. Alle emoties, herinneringen, gevoelens,
vrijwel alles over dat leven is in die inprenting. Vanuit mijn
gezichtspunt ben ik dus niet in staat het onderscheid te maken,
omdat ik geheel in de ervaring opga. Dat is het idee van een
inprenting. Het is het vermogen om duizenden, honderdduizenden
jaren op een planeet te leven, zonder dat je er in werkelijkheid ooit
geweest bent.
D: Wat zou daar de reden voor zijn?
C: Als iemand nog nooit een leven op aarde heeft ervaren of als er
wellicht lange tijd is verstreken sinds de laatste incarnatie, zou er
geen referentiepunt zijn, niets om op terug te vallen of mee in
verband te brengen. Als iemand naar deze planeet zou komen
zonder de hulp van inprentingen, zou hij totaal verloren zijn. Je
zou geen weet hebben van gebruiken, godsdiensten, politiek of
hoe men zich behoort te gedragen in het sociale verkeer. Dit is de
noodzaak van inprentingen, als er geen voorgaande aardse
ervaring van menselijk bestaan in je onderbewuste is. Wil je je op
je gemak voelen, moet er iets zijn om op terug te vallen en iets
waarmee je de dagelijkse ervaringen mee kunt vergelijken. Want
als dit er niet zou zijn, zou je je vrijwel dagelijks volledig uit
balans voelen, totdat het moment zou aanbreken waarop je terug
kunt kijken en een gelijkenis in de geschiedenis zou vinden. Dat
zou dan later in het leven zijn. De verwarring en disharmonie van
deze ervaring zou echter afbreuk doen aan elke leerervaring,
omdat er altijd disharmonie zou zijn waar alle lessen doorheen

moeten filteren. Alle lessen zouden gekleurd worden door deze disharmonie en zouden uiteindelijk helemaal geen lessen zijn. Er moet dus inprenting zijn wil het voertuig zich op zijn gemak voelen in zijn nieuwe omgeving en in vreemde ervaringen. Want zelfs eenvoudige zaken als een ruzie zouden zo beangstigend worden voor het voertuig, dat hij er totaal door uit het veld geslagen zou worden. Deze onschuldigen hebben, in tegenstelling tot jullie, geen ervaring met boosheid of angst. Het zou hen uitschakelen en verlammen. Ze zouden totaal getraumatiseerd raken.

Veel mensen geloven trouwens dat al deze dingen geconditioneerd zijn door de omgeving. Dat de ziel van een baby helemaal blanco is en alle informatie geleerd en geabsorbeerd wordt tijdens de groei en het leven als kind. We vertrouwen blijkbaar meer op onze onbewuste herinneringen dan we ons realiseren. Het lijkt een computerbank te zijn van waaruit we voortdurend vergelijkingen maken in ons dagelijks leven. Volgens dit nieuwe idee moet een ziel die voor de eerste keer in een aards lichaam komt in een vreemde nieuwe cultuur iets in zijn herinnering hebben om zich op te oriënteren, iets waarmee hij het in verband kan brengen. Ik vond dit idee opzienbarend en het opende een totaal nieuwe denkwijze. Het zou mijn hele kijk op reïncarnatie kunnen veranderen.

D: *Is er dan een manier waarop ik kan bepalen of het een herinnering is aan een echt leven of dat het een inprenting is, wanneer ik met mensen werk?*
C: Waarom wil je dat weten?
D: *Waarschijnlijk om te helpen bewijzen wat ik probeer te bewijzen.*

Ik moest van binnen lachen, omdat het in feite neerkwam op de vraag: wat probeer ik eigenlijk te bewijzen? Hij leek mijn gedachten te lezen.

C: En wat probeer je te bewijzen?

(ik schudde mijn hoofd en lachte verbijsterd) Dat is een goede vraag!

C: We zullen je spoedig laten zien dat je je eigen vraag zult beantwoorden.

D: *Ik probeer de realiteit van reïncarnatie te bewijzen, omdat veel mensen er niet in geloven. Door iemand een leven te laten herbeleven en daarna aan te tonen dat die persoon inderdaad bestond in die tijd, probeer ik het te verifiëren. Maar als iemand zich een inprenting herinnert, zouden we het dan ook kunnen verifiëren?*

C: Ja, want de ervaring is daadwerkelijk geleefd, zelfs als het niet was geleefd door het voertuig waar je op dit moment mee praat. Alle informatie zou echter hetzelfde zijn, alsof je daadwerkelijk praat met de ziel die op dat moment in het voertuig heeft gezeten. Inprentingen worden in werkelijkheid deel van die ziel en worden zo met zich meegedragen.

D: *Zou dit een verklaring zijn voor de theorie dat soms meer dan één persoon hetzelfde vorige leven lijkt te hebben geleefd? Bijvoorbeeld meerdere Cleopatra's, meerdere Napoleons. Zou inprenting daar van toepassing zijn?*

Ik heb dit nog nooit meegemaakt, maar het is één van de argumenten die door sceptici wordt aangedragen.

C: Absoluut. Want er is geen ... (hij had moeite het juiste woord te vinden) bezitter van deze inprentingen. Ze staan voor iedereen open. En het wordt dan dus zinloos om te proberen te achterhalen wie werkelijk die persoon was, omdat het zonder betekenis is.

D: *Dit is één van de argumenten die mensen aanvoeren tegen reïncarnatie. Ze zeggen dat als we veel mensen vinden met dezelfde levens, het dan niet waar kan zijn.*

C: Ze worden uitgedaagd hun kennis te verbreden. Ze krijgen feiten die hun kortzichtige overtuigingen tegenspreken en worden dus uitgedaagd hun bewustzijn uit te breiden.

D: *Het maakt dus niet uit of iemand bijvoorbeeld de echte Cleopatra of wie dan ook was. We hebben nog altijd toegang tot de informatie over hun leven.*

C: Het kan net zo gemakkelijk worden geverifieerd met de daadwerkelijke ziel als met één van vele honderden anderen die dezelfde inprenting ervaren. Het maakt geen verschil.

D: *Maar zouden verschillende mensen de inprenting misschien op een andere manier waarnemen? Als je twee mensen die zich beiden een leven als Cleopatra herinneren zou bevragen over dat leven, zou hun begrip dan mogelijk verschillen?*

C: Dat is een goede vraag. We zouden zeggen dat de menselijke ervaring lijkt op een filter die de waarnemingen kleurt. Als een ervaring in die Cleopatra-incarnatie dus afgewezen werd door het bewustzijn van de persoon die het vertelde, zou deze worden gewist of veranderd om het zodanig te presenteren dat het geen verstoring brengt voor de entiteit.

Dit klinkt als een eigen bewerking van de werkelijkheid. Zou dit dan de fouten kunnen verklaren die soms opduiken? Zou dit niet veel weg hebben van de manier waarop mensen onderzoek interpreteren en gebruiken voor hun eigen doeleinden, om hun eigen standpunten te bewijzen?

D: *Het zou desalniettemin waar zijn, het zouden gewoon verschillende manieren zijn om ernaar te kijken.*

C: Ja. Het zou worden voorgesteld op een zo nauwkeurig mogelijke manier, maar ook op de meest gemakkelijke manier.

D: *Zou dit ook het eventuele bestaan van parallelle levens verklaren, twee levens die zich schijnbaar op hetzelfde moment lijken voor te doen of die elkaar overlappen?*

C: Ja, dit is de paradox of tegenstrijdigheid die parallelle levens oproepen. Het gaat daarbij om het verkrijgen van maatschappelijke ervaringen en om wetten, regels en gewoonten te leren kennen om effectief in een incarnatie te gebruiken.

D: *Het maakt dus niet veel uit of het bewezen kan worden of niet?*

C: Precies. Wat doet het ertoe? Iemand kan wel duizend jaar doorgaan met het achterhalen van zijn 'vorige levens' en in dit opzicht zou dat totaal nutteloos zijn. Je kunt echter veel leren van dergelijke herinneringen. Niet alleen persoonlijk voor de cliënt die in regressie gaat, maar ook voor degenen die erover lezen of horen.

Veel kennis kan gedeeld worden en dus is het voor iedereen heel nuttig.

D: *Sommige mensen hebben veel baat bij het herbeleven van vorige levens, zoals inzicht in hun relaties met anderen.*

C: Ja, dat is waar.

D: *Hoe wordt er besloten welke inprentingen jij of anderen zullen hebben? Worden er bepaalde inprentingen gekozen voor bepaalde mensen?*

C: Inprenting wordt bepaald door het doel van de incarnatie. Als iemand bijvoorbeeld een leider of president zal worden, kan hij inprentingen hebben van verschillende soorten leiders, van bijvoorbeeld een stamhoofd, vorige presidenten, een burgemeester of een bendeleider. Als de nadruk op leiderschap ligt, kunnen veel inprentingen rondom leiderschap gebruikt worden, zodat de entiteit bekend is met datgene wat leiderschap inhoudt. Gebruik van inprentingen geeft ook nog mogelijkheden om nederigheid en geduld te leren en plezier en vermaak te ervaren. In deze inprentingen zijn alle mogelijke ervaringen mogelijk. De manier waarop inprenting plaatsvindt, gaat mijn pet te boven. Het effect ervan is het ervaren van meerdere levens, mogelijk tegelijkertijd, mogelijk opeenvolgend. Maar het gevolg is dat je lessen leert uit de ervaringen van andere mensen. De lessen worden gedeeld. De ervaringen die elk van ons in dit leven nu heeft, zullen aan het einde van onze levens beschikbaar zijn om gebruikt te worden door iedereen voor wie het nuttig kan zijn om zich deze in te prenten. Het is simpelweg als het lenen van boeken uit de bibliotheek, waarbij je elk leven als een boek beschouwt dat je kunt lezen en dan onmiddellijk kunt begrijpen.

D: *Bedoel je dat het is alsof de levensenergie in een boek opgeslagen wordt, in een bibliotheek gezet en beschikbaar is om ingeprent te worden in de levens van andere mensen als ze deze informatie wensen te gebruiken?*

C: Dat klopt. Er zijn geen beperkingen aan de hoeveelheid mensen die een bepaald leven kunnen gebruiken. Duizenden mensen kunnen tegelijkertijd dezelfde informatie inprenten.

D: *Ik zou dus wellicht meer dan één persoon naar een bepaald leven terug kunnen leiden, als het toevallig zo zou zijn dat de inprenting beschikbaar was in beide individuen?*

C: Dat klopt. De inprentingen worden vóór de incarnatie gekozen. Er is een methode die veel te ingewikkeld is om te begrijpen. Maar je zou kunnen zeggen dat er een computer is, een meestercomputer, die toegang heeft tot alle levens van iedereen. De informatie over wat van dit leven wordt verwacht wordt ingevoerd en vervolgens worden de juiste inprentingen gekozen. Er is een hiërarchie van entiteiten die deze taak hebben. Er is een raad die dit overziet. Ze helpen de ziel. Deze computer of raad krijgt alle informatie over de missie en de vorige ervaringen van de voertuigen die beschikbaar zijn. En zo wordt er gekozen op grond van overeenkomst tussen dat vorige leven in de verslagen en de ervaring die op het punt staat te beginnen. Het hele geheugen, alle gedachten, zintuiglijke waarnemingen, alles waaruit een echt bestaand leven bestaat, is aanwezig en intact. Het is een hologram, een driedimensionaal totaal van dat leven. Alle ervaringen, herinneringen en emoties worden in die ziel ingeprent en worden deel van die ziel. Deze informatie wordt daarna meegenomen als de incarnatie voorbij is en is een extra cadeau dat dan deel van de permanente kroniek of ervaring van die ziel wordt.

D: *Zou je de inprenting niet kunnen vergelijken met een patroon? Zou dat een ander woord ervoor zijn? Dat je deze patronen oppikt en gebruikt om je leven ermee vorm te geven?*

C: Dat zou gebruikt kunnen worden.

D: *Ik had net een interessant idee. Het is net als onderzoek doen in een bibliotheek, vind je niet?*

C: Ja. Je krijgt boeken over veel onderwerpen en met die kennis op zak ga je verder.

D: *Maar wanneer je een echt leven leidt, kan je veel baat hebben bij de dagelijkse ervaring van het concreet leiden van dat leven. Heeft dat net zoveel waarde als een inprenting?*

C: Je spreekt vanuit een karmisch standpunt en wij zouden zeggen dat dat niet klopt, omdat inprenting eenvoudigweg een referentiekader biedt dat men kan gebruiken. Het helpt niet bij het uitwerken van karma. Het is eenvoudigweg een toegevoegd hulpmiddel waarmee karma uitgewerkt wordt. Als iedereen inprentingen zou ontvangen, zou er een stilstand ontstaan waarin niemand echte levens zou leiden. En er zou uiteindelijk niets relevants zijn om in te prenten. En zijn dus, of moeten, echte levens zijn om toegevoegd te worden aan deze kroniekenbibliotheek.

D: *Ja, na een tijdje zou de ziel de kortere weg verkiezen boven de feitelijke ervaring.*

C: Voor sommige zielen is de kortere weg geschikt en voor anderen weer niet. Want dit voertuig leidt nu een leven dat geschikt is. Je zou kunnen zeggen dat hij eenvoudigweg had kunnen wachten, totdat iemand anders een incarnatie in deze tijd beleefd zou hebben en dat hij dan de inprenting had kunnen ontvangen, denk je niet? Er zou dan echter niet aan de feitelijke ervaring geleerd worden. Er is hier sprake van de vrije wil van de ziel, in die zin dat de inprenting gedaan wordt door de vrije wil van de ziel en niet door de vrije wil van iemand anders. Alle betrokken informatie wordt in deze computer ingevoerd en de geschikte incarnaties worden dan aangegeven voor inprenting. De inprentingen zijn beschikbaar bij deze bron maar het individu maakt de uiteindelijke beslissing. De ziel heeft de macht een inprenting af te wijzen als hij vindt dat deze om wat voor reden dan ook niet acceptabel voor hem is. Als hij eenvoudigweg zijn autoriteit gebruikt door te zeggen 'die wil ik niet', dan gebeurt het ook zo.

D: *Dat vind ik verwarrend. Bedoel je dat er niet zoiets is als reïncarnatie zoals wij dat kennen?*

C: Laat ik zeggen dat er de voortgang is van lichaam tot lichaam. Er zijn ook inprentingen. Iemand kan bijvoorbeeld feitelijk vijf levens hebben gehad, maar toch de ervaring hebben van vijfhonderd levens. Het is een combinatie.

D: *Dat is met andere woorden informatie die je vanaf je geboorte hebt en gebruikt tijdens je leven.*

C: Inprentingen zijn compleet ten tijde van de geboorte. Maar tevens zijn extra inprentingen, waar nodig, beschikbaar. Dit zou je kunnen vergelijken met het inpakken van bagage voor een reis en onderweg erachter komen dat je iets vergeten bent. En daarvoor zijn er onderweg winkels. Ben je bekend met overlays van kaarten? Je hebt bijvoorbeeld de landsgrenzen van Amerika zonder de politieke grenzen van staten of provincies. Maar deze kunnen worden aangegeven op een transparant vel. Elk transparant vel wordt dan bovenop de ander gelegd om het volledige beeld te geven. Dit kunnen we gebruiken als een analogie voor inprentingen. De inprentingen kunnen er op veel manieren overheen gelegd worden, zoals bijvoorbeeld in een droom of een bepaalde soort fysieke ervaring. Het kan een traumatische ervaring zijn zoals een sterfgeval in de familie of het verliezen van een baan of elk moment waarop iemand door een bepaalde ervaring van binnen open is. Of deze nu vreugdevol is of verdrietig of ergens ertussenin, de innerlijke opening is hier de sleutel. En de inprenting die noodzakelijk is zal er netjes tussen worden geplaatst, zonder dat de entiteit dit merkt. Maar het is een feit dat je ook daadwerkelijk vele levens kunt leiden zonder dat je een inprenting hebt. Inprentingen zijn slechts hulpmiddelen. Ze zijn niet voor iedereen nodig.

D: *Er schoot me net iets te binnen. Is het leven van Jezus beschikbaar om ingeprent te worden?*

C: Dat leven is beschikbaar en is door de hele geschiedenis heen gebruikt. Dit is een zeer uitzonderlijk leven dat beschikbaar is gemaakt. Dat leven belichaamt alle idealen waar de mensheid naar streeft.

D: *Dit zouden de principes zijn van het leven van Jezus, is dat wat je bedoelt?*

C: Ja.

D: *Het zou dus prachtig zijn om deze inprentingen te hebben.*

C: Het zou zeer goed zijn. Het zou een innerlijke relatie van vriend tot vriend betekenen. Zijn ervaringen kunnen ook als het ware over een persoon heen gelegd worden. Velen die nu geïncarneerd zijn hebben deze inprenting. Jezus kwam als het fundament voor deze huidige evolutie, om dit bepaalde leven in te prenten ten behoeve van de genezing van deze planeet. Dit is wat het 'Christusbewustzijn' wordt genoemd. En iedereen die dit pad loopt in vriendschap met Jezus of als genezer, zoals hij, heeft deze inprenting. En je kunt je deze inprenting herinneren wanneer je een bepaald stadium van bewustzijn in je ontwikkeling hebt bereikt.

D: *Ik vroeg me af of deze ervaring hetzelfde betekent als wat Christenen de levensverandering van 'opnieuw geboren worden' noemen? Gebeurt dat als je de Christusinprenting herinnert?*

210

C: Het is een ontwaken van deze inprenting en dit wordt gevoeld als 'opnieuw geboren worden'. Velen beschrijven het als de intocht van Christus in hun leven, terwijl het of Hij er in feite altijd is geweest. Het is alsof je een sieraad in de kast vindt.

D: *Zo verandert hun leven wanneer ze zich hiervan bewust worden?*

C: Dat is zeker zo.

D: *Wanneer er een werkelijke verandering plaatsvindt, vindt er dan een verandering in hun bewustzijnsniveau plaats, zodat ze dan handelen vanuit het Christusbewustzijn?*

C: Ze werken dan innerlijk met hun Christusbewustzijn. De geest van Christus wordt dan als een eeuwige vlam in het hart gebracht en brandt daar als onvoorwaardelijke liefde.

D: *Dit is dus een echte ervaring, die door vele gelovige mensen ervaren is.*

C: Ja. Het is een hele diepgaande ervaring, als een licht dat in de duisternis wordt aangestoken.

D: *Ik hoopte altijd dat er een manier zou zijn waarop ik het werk dat ik doe zou kunnen verweven met de ervaringen die Christenen hebben gehad en aan zou kunnen tonen dat er echt geen tegenstelling is.*

C: Het is een kwestie van terminologie. Er wordt veel conflict veroorzaakt door geruzie over hoe we deze ervaringen zouden moeten benoemen. Het is slechts een kwestie van semantiek of naamgeving, en de manier waarop mensen aangetrokken worden tot hun eigen godsdienstige overtuiging. Iedereen zal het verschillend ervaren en er een andere naam aan geven en daar gaat de ruzie over. Iedereen hecht aan zijn idee of waarneming als de meest ware. Er moet veel gedaan worden om deze mensen te verzekeren dat hun overtuigingen geldig zijn, zelfs zonder ze te labelen. Want het label wordt de kruk, zodat ze zich kunnen vastklampen aan het ongeziene. Het benoemen wordt dan belangrijker dan hetgeen benoemd wordt.

D: *Zijn deze ervaringen uniek voor de christelijke godsdienst?*

C: Er bestaan vanaf het begin soortgelijke ervaringen in de hele mensheid en dat zal doorgaan zolang de mens bestaat. Het komt voor in alle godsdiensten en in de ontwikkeling van alle culturen. Zoals gezegd, zouden duizenden mensen dezelfde ervaringen tegelijkertijd kunnen inprenten. Het geïncarneerde lichaam van

Jezus was op deze planeet niet de enige incarnatie van Christusbewustzijn. Deze planeet heeft velen gekend die het Christusbewustzijn hebben belichaamd, zoals Gautama de Boeddha, Mohammed, Mozes, Elijah enzovoorts.

D: *Ik denk dat het neerkomt op 'waar is waar', hoe je het ook noemt.*

C: Dat klopt.

D: *Dat zou helpen verklaren dat er in werkelijkheid niet zoveel verschillen zijn als de mensen wel denken.*

C: Het gaat louter om het benoemen en de onenigheid die hiermee gepaard gaat. We moeten de mensen laten zien wat onder de labels zit en hen leren de labels te laten en te accepteren voor wat ze zijn.

15. Walk-Ins

Mijn eerste ervaring met een walk-in kwam geheel onverwacht. Het zou trouwens toch onmogelijk zijn zoiets te voorspellen. Wanneer cliënten door de geboorte-ervaring worden geleid, beleeft de meerderheid van hen dat ze op de conventionele manier in dit leven komen. Ik was dus niet voorbereid op deze radicaal andere manier van incarneren.

De jonge vrouw die een sessie bij me deed had me het verhaal verteld van haar geboorte in dit huidige leven. Ze zei dat ze dood geboren was tijdens een thuisbevalling. De dokter had niets voor haar kunnen doen en had haar slappe lichaampje weggelegd om intussen voor haar moeder te kunnen zorgen. Ze had haar leven te danken aan het ingrijpen van haar tante. Alhoewel de dokter tegen haar had gezegd dat het geen zin had het te proberen, had haar tante minutenlang geprobeerd haar tot leven te wekken, totdat ze ten langen leste een zwak kreetje slaakte. Deze jonge vrouw had dit verhaal haar hele leven lang gehoord. De familie was er vast van overtuigd dat ze niet geleefd zou hebben als haar tante niet zo volhardend was geweest.

Ik wilde haar door de geboorte-ervaring leiden om te kijken wat er echt was gebeurd. Dergelijke sessies zijn vaak heel verhelderend. Het geeft cliënten vooral veel inzicht in de gevoelens en houding van naaste familieleden, omdat het bewezen is dat een entiteit zich volledig bewust is van alles wat er tijdens zwangerschap en geboorte plaatsvindt.

Ik had genoeg cliënten door hun geboorte-ervaringen geleid om er zeker van te zijn dat deze jonge vrouw op dat moment niet eens in het lichaam van de baby was, maar dat ze haar intrede om een bepaalde reden had uitgesteld. Misschien was ze nog in gesprek met haar leraren en meesters op de school in de andere dimensie en was ze bijna te laat geweest. Misschien twijfelde ze aan deze incarnatie en moesten haar leraren haar overtuigen. Het komt vaak voor dat een entiteit te veel karma op het programma zet wanneer hij zijn lesprogramma voor dit aardse klaslokaal opstelt. Hij begint zich dan af te vragen of hij te veel op zijn schouders heeft genomen. Je kunt het vergelijken met jezelf inschrijven bij de universiteit. Er zijn vaak verplichte vakken die moeilijker zijn dan de bijvakken. Vaak realiseert een student zich dan dat hij meer op zich heeft genomen dan hij eigenlijk aankan. Zo is het ook met incarneren. In het voorbereidingsstadium lijkt het altijd gemakkelijker dan het is. Maar vaak zijn de plannen dan al in werking getreden en zijn de karmische relaties al in gang gezet. En dan kun je er niet meer onderuit.

Ik heb in mijn werk ontdekt dat er minstens twee belangrijkste manieren zijn waarop een entiteit geboren wordt. Je kunt het lichaam binnengaan terwijl je nog in de baarmoeder zit en de geboorte daadwerkelijk meemaken, als je dat wilt. Je kunt ook in de buurt van de moeder buiten het lichaam blijven en alleen toekijken. Je hebt in deze periode nog de vrijheid om heen en weer te gaan naar de spirituele dimensies en je bent dan nog niet volledig aan de baby gebonden. Welke manier je ook kiest, de belangrijkste eis is dat je het lichaam van de baby binnengaat bij de eerste ademhaling. Doe je dat niet, dan leidt dat tot de geboorte van een dood kind.

Vanwege de omstandigheden van haar geboorte vroeg ik haar terug te gaan naar het moment waarop ze voor het eerst het aardse lichaam, tot wie ik nu sprak, inging, in plaats van haar te vragen terug te gaan naar het moment van haar geboorte. Wellicht was het deze bewoording die dit voorval triggerde. Ik telde af en vroeg wat ze aan het doen was.

C: Ik ben aan het kijken.

(dit verbaasde me niet omdat ik wist dat ze niet in het lichaam van de baby zou zijn)

D: *Waar ben je?*
C: Aan het voeteneinde van het bed. (diepe zucht) Ik bereid me voor om voor de laatste keer het lichaam binnen te gaan. Tot nu toe was het slechts voor korte periodes.
D: *Bedoel je het lichaam van de baby?*

C: Nee, het is niet het lichaam van een baby. Het is een volwassen lichaam.

Dit was een schok en kwam zeer onverwachts. Wat bedoelde ze?

D: Bedoel je dat je niet in een babylichaam komt dat pas geboren is?
C: Nee.
D: Dit is niet gebruikelijk of wel?
C: Nee, maar het komt meer voor dan veel mensen denken.
D: Je zei dat je totnogtoe nog maar voor korte perioden in dit lichaam was geweest. Wat bedoelde je daarmee?
C: Er heeft een wisseling van zielen plaatsgevonden. Er was een proefperiode, zo zou je het kunnen noemen, om te beslissen of de ander zou opgeven. Of ze inderdaad zou accepteren waar ze om gevraagd had.
D: Ze had hierom gevraagd?
C: Ja. Het werd gewenst en de andere entiteit voelde dat haar tijd erop zat.

Ik had moeite dit te aanvaarden. Het leek veel op wat een 'walk-in' wordt genoemd. Het is een term die voor het eerst genoemd werd in de boeken van Ruth Montgomery en die nu door veel mensen wordt gebruikt. Het betekent zoveel als een ziel die een levend lichaam 'binnenloopt' in plaats van als baby geboren te worden. Ik was dit fenomeen nog maar één keer eerder tegengekomen in regressiehypnose. Bij die ervaring was een entiteit het lichaam binnengegaan van een jong kind dat erg ziek was. Er vond een uitwisseling van zielen plaats toen de ziel die eerst in het lichaam zat eruit wilde. Die ervaring deed zich voor tijdens een sessie in de jaren '60, lang voor de term 'walk-in' was ontstaan. (Ik doe hiervan verslag in mijn boek Five Lives Remembered)

D: Waarom? Is er iets gebeurd? Wat is hier de reden van?
C: De beslissingen die invloed hadden op dat leven... Ze dacht dat ze de problemen aankon die ze zich had toebedeeld, maar toen ze merkte dat ze te groot waren, vroeg ze of ze terug naar huis mocht.
D: Kun je me uitleggen wat je bedoelt?

215

C: (diepe zucht) Ze had niet de kracht die ze dacht te hebben; daarom vraagt ze of ze uit de situatie verlost kan worden.

D: Kon dat niet gebeuren door de dood van het lichaam?

C: Ja, maar waarom het lichaam dood laten gaan, wanneer een ander de plaats kan innemen en veel goeds kan doen. Het was de ziel die besloot dat ze het gekozen karma niet aankon en besloot het lichaam te verlaten... De tijd voor de dood van dit lichaam is nog niet gekomen. Het moet doorgaan. In dit soort gevallen blijft het lichaam doorgaan, zodat er een andere ziel in kan komen.

D: En zoiets wordt geaccepteerd?

C: Het zou niet geaccepteerd worden als ze het leven zou benemen van het fysieke lichaam.

D: Bedoel je zelfmoord?

C: Ja. Maar als ze afstand doet ten behoeve van een ander die het goed zal doen, is er geen kwaad geschied en is het niet slecht. Dit is een ruil die met wederzijdse instemming plaatsvindt.

Hetgeen me het meest verwarde was dat het zoveel leek op bezetenheid. Er waren de laatste tijd zoveel films als the Exorcist, dat het idee me beangstigde.

C: Het lijkt er totaal niet op. Bezetenheid vindt plaats wanneer een verwrongen ziel een ander overheerst. Bij een walk-in is er geen overheersing. Er is slechts één entiteit in dat lichaam. Er is slechts één mogelijkheid waarop een entiteit in dat lichaam kan komen en dat is als de ander bereid is er afstand van te doen. Er is volledige toestemming. Bezetenheid is precies zoals het woord het zegt, het is onrechtmatig bezit.

D: Waar wordt dit alles besloten? Waar wordt het uitgewerkt?

C: In de geestelijke wereld. We bespreken dit met de meesters en dan worden de beslissingen genomen.

Ik vroeg me af of de aardse persoonlijkheid er iets over te zeggen had. Deze jonge vrouw was zich absoluut niet bewust van een beslissing van een dergelijke omvang.

D: Gaat ze op bij momenten ergens heen om het te bespreken?

C: Ja, wanneer ze in een toestand is die lijkt op slaap, gaat ze op reis.

Dit was een verontrustende gedachte voor me. Om me te bedenken dat we als bewuste mensen zo weinig te zeggen hebben over wat er gaande is in ons leven. Het is alsof ons bewustzijn slechts een dun laagje is, dat een zeer gecompliceerde binnenwereld bedekt.

D: Is de discussie al een tijdje aan de gang?
C: Ongeveer twee maanden.
D: Hoe oud is het aardse lichaam dat je binnengaat?
C: Eenentwintig.

Eenentwintig? Dat was weer een schok. Ik had haar kort na haar tweeëntwintigste verjaardag ontmoet. Dat wilde zeggen dat deze uitwisseling had plaatsgevonden kort voordat ik haar had ontmoet. En toch leek ze niet anders dan anderen waar ik contact mee had.

D: Ze bleef lange tijd in dat lichaam.
C: Ja. Er waren veel dingen helder geworden. Ze had gewoon te veel karma op zich genomen dat niet allemaal kon worden uitgewerkt.

Was dit de reden voor haar vertraging toen ze oorspronkelijk incarneerde bij de geboorte? Twijfelde ze of ze alle opdrachten die ze zichzelf had gegeven wel aankon? Ze had in haar jonge leven al veel problemen gehad en het had er alle schijn van dat ze ze dapper tegemoet was getreden en bewonderenswaardig had opgelost. Had ze echt haar leven met tegenzin geleid en had ze slechts door volharding de leeftijd van eenentwintig weten te bereiken?

Betekent dit dat we iemand nooit echt kennen? Wil dit zeggen dat we onszelf nooit echt kunnen kennen? Deze situatie gaf me voor het eerst het vreemde gevoel van gescheidenheid van de verschillende delen van een mens en hoe weinig controle we feitelijk hebben over deze andere delen.

D: Wie besliste over wie het lichaam binnen zou gaan?
C: De meesters besloten dat er genoeg gelijkenis was tussen de zielen, zodat de verandering niet al te zeer zou opvallen.
D: Kende je de andere entiteit?
C: Ja, we hebben ook andere levens gedeeld.

D: Je zei dat dit steeds vaker voorkomt. Waarom? Wordt de druk van het leven op aarde te groot?

C: Ja. Daarbij komt het feit dat degenen die 'binnenlopen' het trauma van de geboorte en de jeugd niet meegemaakt hebben, waardoor ze opener zijn voor invloeden van deze zijde. Op dit moment en in de toekomst is er een grote noodzaak voor deze openheid. Dit zijn mensen die anderen in de komende tijden zullen leiden. Eén van de redenen voor walking-in is dat er een gebrek is aan tijd en aan voertuigen. Zij die een open oor hebben voor de geestelijke wereld zijn hard nodig. En dan is het een goede oplossing dat ze niet de geboorte en de jeugd hoeven mee te maken, waardoor ze de herinneringen aan de tijd ervóór verliezen. De energie die een walk-in met zich meebrengt, beïnvloedt op vele manieren - die niet altijd aan de oppervlakte zichtbaar zijn - ook degenen om hem of haar heen. Er wordt veel belangrijk werk gedaan.

Door mijn regressiewerk heb ik een theorie ontwikkeld over kinderen en herinneringen aan vorige levens. Wanneer een ziel het lichaam binnengaat, zijn de herinneringen nog zeer aan de oppervlakte. Het moet zeer frustrerend zijn om plotseling te merken dat je in een babylichaam gevangen zit en niet kunt communiceren. Geen wonder dat baby's zoveel huilen. Ze proberen de gedachte aan anderen over te dragen dat ze daadwerkelijk een intelligente oude ziel zijn die veel meer weet dan wij ons mogelijk voor kunnen stellen. Tijdens de eerste twee jaar houdt de geest zich zozeer bezig met hoe het dit nieuwe lichaam kan laten werken en met opnieuw leren te communiceren, dat de herinneringen tot zwijgen worden gebracht en naar de achtergrond worden verdrongen. De weinige kinderen die zich wel dingen herinneren en proberen dit aan anderen te vertellen, krijgen meestal kritiek over zich heen of worden belachelijk gemaakt, totdat ze het maar niet meer proberen en maar proberen 'normaal' te doen. Ik ben van mening dat als dergelijke kinderen aangemoedigd zouden worden, in plaats van dat men hun het gevoel geeft anders te zijn, ze zouden leren deze mogelijkheden ten goede te gebruiken. De walk-in gaat echter helemaal fris het lichaam binnen zonder het geboortetrauma en zonder jaren te hoeven leren hoe het lichaam werkt. Zij zijn dus zeer paranormaal begaafd, omdat de herinneringen

218

en de meegenomen vaardigheden uit de andere dimensie zeer ontwikkeld, vers en levendig zijn.

D: *Merkt het fysieke lichaam enig verschil wanneer de wisseling plaatsvindt?*

C: Nee, hartslag en ademhaling gaan gewoon door. In veel gevallen vindt de wisseling plaats op het moment van sterven, daar waar een persoon lijkt te sterven, maar daarna verder leeft. Maar dit is niet altijd het geval. Vaak gaat iemand gewoon slapen. En wanneer je wakker wordt, ben je die persoon en is de ander weg. Maar alle herinneringen zijn geabsorbeerd en zo ben jij dus die persoon.

D: *Hoe zit het dan met het karma van de andere entiteit? Ga jij hiermee verder ten behoeve van die ander?*

C: Ja. Bij de afspraken horen ook bepaalde dingen waarvan de ander heeft geëist dat ik die afmaak.

D: *Jij werkt het karma uit van die ander?*

C: Niet zozeer het karma. Er zijn bepaalde dingen die de oorspronkelijke persoon op zich heeft genomen vanaf de geboorte. Er is zoveel interactie met andere zielen dat als bepaalde verplichtingen niet na zouden worden gekomen, het te veel levens zou beïnvloeden. Daarom moet er een overeenkomst worden gesloten, zodat deze verplichtingen kunnen worden nagekomen.

D: *Bedoel je dat de ziel die binnenkomt alle verplichtingen kent die de vorige bewoner van het lichaam had? En dat hij zich, voordat hij binnenkomt, volledig bewust is van wat hij moet...*

C: (onderbreekt) Wat hij moet doen, ja.

D: *Je hebt dus je eigen herinneringen en je absorbeert tevens haar herinneringen?*

C: Ik draag haar herinneringen van dit leven, maar geen ander verleden.

D: *Dus je draagt de verslagen niet van haar andere incarnaties.*

C: Nee, alleen die van mezelf.

Dit bracht me op een ander interessant idee. Betekende dit, dat als ik met haar een paar jaar daarvoor een regressiesessie had gedaan, ze dan herinneringen zou hebben gehad aan geheel andere levens dan waar ze me in het jaar dat ik met haar had gewerkt had verteld? Dit is andere onderzoekers overkomen en het is een punt dat vaak door psychiaters en sceptici wordt aangegrepen om reïncarnatie te verwerpen.

D: Waarom weet de persoon in kwestie, de fysieke entiteit, niet dat er iets dergelijks is gebeurd?
C: Voor sommigen kan het te traumatisch zijn om dat op dat moment te weten. Er zijn walk-ins die er voor de rest van hun leven geen weet van hebben. Maar ze leiden betere en gelukkiger levens dan voorheen en doen veel goed aan anderen. De herinnering is niet altijd belangrijk. Het goede wat wordt gedaan wel.
D: Als het aardse lichaam soms niet eens weet dat iets is gebeurd, betekent dat dan dat het fysische lichaam een aparte entiteit is?
C: Is dat niet zo dan? Als je in een lichaam geboren wordt, kan het lichaam nog een tijdje doorgaan zonder dat de ziel erin zit. Daarom kent het een zekere afgescheidenheid.
D: Bedoel je wanneer de ziel in en uit gaat als het lichaam een baby is?
C: Ja.

Dit is iets dat in veel regressies naar voren is gekomen; het feit dat de ziel het babylichaam voortdurend voor lange perioden verlaat wanneer de baby klein is. Dit gebeurt meestal wanneer de baby slaapt. En iedereen weet dat baby's veel slapen. Dit duurt voort totdat het kind ongeveer twee jaar oud is. De ziel is in deze periode meestal in gesprek met leraren op de school en neemt de laatste besluiten. Dit is tevens een mogelijke verklaring voor wiegedood. De ziel is te lang weggebleven of besloot het contract te verzaken. Op deze manier kan het lichaam dus afgescheiden zijn en enige tijd blijven bestaan zonder dat de levenskracht erin zit. Ik denk dat dit ook gebeurt wanneer mensen in coma zijn. Het lichaam blijft in leven, maar de ziel is ergens anders heengegaan. Daarom denk ik dat het verkeerd is, een lichaam dat klinisch dood is, in leven te houden. Wanneer het lichaam te lang vacant is geweest, is het niet erg waarschijnlijk dat de ziel ervoor zal kiezen om erin terug te keren. Het lichaam kan ook dusdanig beschadigd zijn, dat het onmogelijk is voor de oorspronkelijke ziel of een andere ziel om erin terug te keren. In dergelijke gevallen kan het lichaam soms niet gereactiveerd worden.

Haar stem klonk vermoeid en haar antwoorden begonnen af te zwakken. Ze wilde niet langer vragen beantwoorden of ze kon zich de antwoorden op de vragen niet meer herinneren. Ik heb dit vaker gezien, bijvoorbeeld op het moment dat de entiteit een babylichaam is binnengegaan. Wanneer ze van de andere zijde worden afgesneden, wordt de kennis ook afgesneden. Ze denken dan niet langer spiritueel, maar raken geïnvolveerd in het fysieke bestaan.

D: *Ik weet dat je moe wordt omdat, wanneer je dat lichaam binnengaat, je alles begint te absorberen. Ben je nu in het lichaam?*
C: Ja.
D: *En het aardse lichaam slaapt 's nachts wanneer het gebeurt?*
C: Ja.
D: *En de andere entiteit is eruit gegaan?*
C: Ja.

(Haar antwoorden kwamen steeds langzamer, alsof ze in slaap viel)

C: (zachtjes) Het is vreemd het hart weer te voelen. Om het lichaam te voelen.
D: *Was het je bedoeling zo snel weer terug te komen, of was je van plan aan de andere kant te blijven?*
C: Het zou spoedig zijn. Dat heb ik veel liever. Ik heb zo minder problemen op te lossen dan weer op te moeten groeien. Er moet nu veel werk worden gedaan. Het is zo veel gemakkelijker.
D: *Dan zal ik je laten rusten, want ik kan me indenken dat het best vermoeiend is om zoiets te doen.*

Deze sessie had bij mij ook veel teweeggebracht.
Toen deze jonge vrouw wakker werd en ik haar vertelde wat ze in trance had gezegd, was ze op zijn zachtst gezegd verrast. Ze kon het niet geloven. Ze voelde zich niet anders, ze wist dat ze nog steeds dezelfde persoon was. Haar bewuste verstand kwam in opstand tegen het idee en ze had net zoveel moeite als ik om iets van deze omvang te bevatten. Ik zei tegen haar dat ze het idee niet hoefde te accepteren, als ze dat niet wilde. Ze zou de informatie gewoon kunnen

beschouwen als een interessante curiositeit. Ze vertelde wel dat haar ouders opgemerkt hadden dat ze anders leek, dat ze het afgelopen jaar veranderd was. Maar dat zou puur kunnen zijn gekomen door het natuurlijke proces van volwassen worden. Niemand van ons blijft dezelfde, we groeien voortdurend.

Aangezien het verhaal van haar geboorte een welbekend feit was dat vaak in haar familie was verteld, was het duidelijk dat deze informatie, dat ze een walk-in was, wel het laatste was dat ze van deze sessie had verwacht.

Later ontving ik van andere cliënten informatie over dit onderwerp met veel gelijkenissen.

D: Heb je ooit gehoord van het woord 'walk-in'?
C: Ja.
D: Kun je het me uitleggen?
C: Zoals we al eerder zeiden, wachten er meer zielen om te incarneren dan dat er lichamen beschikbaar zijn. Soms komt er een tijd in iemands leven waarop hij beseft dat hij echt niet langer in het fysieke leven wil blijven. De ziel heeft een punt bereikt waarop het gewicht en de zorgen van het aardse bestaan hem zo zwaar wegen, dat de ziel zich niet langer kan handhaven. En dan krijgt het individu de keuzemogelijkheid om over te gaan naar gene zijde. Er ontstaat dan de mogelijkheid voor iemand uit de geestelijke wereld om dat lichaam te komen bewonen. Er is dus als het ware sprake van een wederzijdse plaatsverwisseling. Ze hebben hier beiden baat bij. Want de oorspronkelijke ziel keert naar zijn ware huis terug. En het individu aan de andere kant krijgt een voertuig om karma uit te werken.
D: Als de ziel terug wilde gaan, waarom zou het lichaam dan niet gewoon doodgaan?
C: Dat zou het verlies van een voertuig, van het fysieke lichaam betekenen. En vaak moet er ook rekening gehouden worden met een tijdsbestek. Stel bijvoorbeeld dat de oorspronkelijke gastentiteit of ziel een relatie moest uitwerken met zijn vrouw en de situatie zou zich zo ontwikkelen dat de man vond dat hij niet langer in die situatie verder kon en overging naar de spirituele zijde. De entiteit die in het lichaam zou komen, zou dan de verantwoordelijkheid krijgen om het karma met de vrouw uit te

werken. Nadat de verschillende taken die vooraf overeen zijn gekomen zijn afgewerkt, mag de nieuwe entiteit aan zijn eigen taken en karma beginnen.

D: *Hij moet er dus mee instemmen om af te ronden waar het voertuig mee is begonnen?*

C: Ja. Er is geen uitwisseling zonder instemming van beide kanten. Dat wil zeggen, de een draagt het karma over en de ander neemt het karma op zich.

D: *Hoe wordt er besloten wie het lichaam binnen zal gaan dat nog in leven gehouden moet worden?*

C: Dat gaat net zo als bij het besluit dat iemand sowieso naar de aarde gaat. Het hangt er ook van af wie karma met de andere mensen in de omgeving heeft uit te werken. Of men het gevoel heeft dat de persoon in kwestie datgene aankan wat gedaan moet worden. En of de persoon ver genoeg ontwikkeld is om de lessen van de kindertijd en de geboorte over te slaan en in een entiteit te komen met een volledig geheugen.

D: *Dat maakt het moeilijker om die herinneringen niet kwijt te raken bij de geboorte?*

C: (nadrukkelijk) Mensen verliezen hun herinnering niet bij de geboorte. Kinderen hebben ze nog. Je kunt ze waarnemen in sommigen kinderspelletjes waarin ze 'doen alsof'. Als volwassenen snoeren we ze op zoveel manieren de mond of we dat nu zo bedoelen of niet. Maar de herinneringen worden naarmate men ouder wordt, méér vanwege deze invloeden van buitenaf rustiger, dan vanwege iets in de entiteit zelf.

D: *Ik dacht dat geboortetrauma en opvoeding en de gerichtheid op het lichaam misschien de herinneringen weg zouden duwen.*

C: Sommige herinneringen, maar niet alle.

D: *Als iemand ouder wordt, vergeet hij deze herinnering als hij zijn geheugen niet oefent. Ik begin dit nu beter te begrijpen, maar ik denk dat het me altijd zo bezighield omdat het leek op bezetenheid.*

C: Zoals gezegd, is er geen uitwisseling zonder uitdrukkelijke toestemming van beide zielen. Het wordt vooraf overeengekomen en soms wordt er een agenda opgemaakt. Een overzichtelijk plan met de procedure die gevolgd moet worden. Er is dus helemaal geen sprake van dwang of onwetendheid. Het is een afspraak tussen twee partners.

D: Hoe zit het dan met het bewuste voertuig? Is de persoon zich bewust van de veranderingen die er hebben plaatsgevonden?

C: Vaak weet het voertuig niet dat het van eigenaar is gewisseld. Want de inplanting van de nieuwe ziel gaat gepaard met alle herinneringen van het leven van het voertuig. Vanuit het aardse gezichtspunt is er dus geen overduidelijke verandering van eigendom of voogdijschap.

D: Het bewuste voertuig heeft er dus niets over te zeggen. Hij wordt, met andere woorden, niet geconsulteerd.

C: Het bewustzijn wordt nooit onderbroken. Het onderbewuste is zogezegd van eigenaar veranderd. Er is geen ongemak en geen onderbreking. Soms als het nodig of gewenst is, is er realisatie en herinnering van de feitelijke overdracht. En vaak komt er met de tijd een geleidelijk besef en mogelijk de herinnering van de exacte tijd van overdracht.

D: Ik denk dat dat hetgeen is dat me dwarszit. Het lijkt alsof je er zo weinig over te zeggen hebt.

C: Het is niet zo dat we er niets over te zeggen hebben. We hebben eenvoudigweg meer te zeggen dan ontvangen kan worden.

Het was duidelijk dat hij mijn opmerking niet begreep. Ik verwees naar de fysieke persoon die er niets over te zeggen heeft. Hij dacht dat ik bedoelde dat hij zelf niet genoeg informatie gaf. Dit toont aan hoe letterlijk het onderbewuste opmerkingen interpreteert, wanneer de cliënt in trance is.

C: We weten eenvoudigweg niet wat jullie vragen zijn, totdat jullie ze stellen.

D: Dat is waar. Je zei eerder dat de vragen net zo belangrijk zijn dan de antwoorden.

C: Ja, er moet een leegte zijn voordat deze leegte kan worden gevuld.

D: Het wordt dus niet afgekeurd als een ziel weg wil of de afspraak niet wil nakomen?

C: Het is geen kwestie van niet nakomen; het is gewoon een situatie waarin de ziel terechtkomt. Want het wordt aan deze zijde goed waargenomen en het is welbekend dat niet alles volgens plan verloopt. Het is dus eenvoudigweg een situatie waar een ideale oplossing voor is. We houden van deze overdracht, omdat het zeer bewonderenswaardig en nobel is. Het is veel nuttiger en effectiever dan het voertuig toe te staan te sterven, want dan heeft het lichaam verder geen nut meer en kan het geen goed meer doen.

D: *Ik probeer het verschil te bepalen tussen walk-in en zelfmoord. Is het omdat zelfmoord het lichaam vernietigt?*

C: Ja.

D: *Dat is wat afgekeurd wordt?*

C: Dat klopt. Niet omdat het lichaam doodgaat zonder dat iemand het opvult. Het veroorzaakt een verstoring in de harmonie van de ziel. Het is een daad waar geen excuus voor is.

D: *Het lichaam had dus dingen te doen en onderbrak de gang van zaken?*

C: Ja.

D: *Zou je me kunnen vertellen op welk moment of op welk tijdstip onder normale omstandigheden in de voortgang van de menselijke fysieke ontwikkeling de ziel of de spirit het lichaam gaat bewonen?*

C: Het is op het moment waarop de ziel ervoor kiest het te gaan bewonen. Het kan op het precieze moment van de bevruchting of de conceptie zijn, of wellicht enige tijd na de geboorte-ervaring, zodat men het geboortetrauma niet hoeft te beleven. Deze keuze is geheel aan de individuele ziel. Het wordt tevens bepaald door de lessen die de ziel moet leren.

D: *Je zegt dus dat je voor een bepaalde tijd leven kan zonder een ziel of spirit te hebben?*

C: Nee, omdat de levenskracht nodig is. Het inwonerschap is echter geen vereiste voor de levenskracht, omdat de levenskracht bijvoorbeeld kan voortkomen uit de moeder. Het inwonerschap van de ziel in die vorm is optioneel of aan de individuele ziel zelf te bepalen. Hij kiest zelf het moment waarop hij de voogdij op zich wil nemen voor die levensvorm. En vanaf dat ogenblik zal hij het in zijn eigen realiteit integreren en het beginnen te voeden met zijn eigen levenskracht.

D: *Je zegt dus dat we het exacte moment waarop het leven werkelijk begint niet kunnen vaststellen.*

C: Dat klopt. Abortus moet dus niet bekritiseerd worden alsof het gaat om het doden van een ziel, omdat het niet mogelijk is vast te

225

stellen op welk moment die fysieke levensvorm inderdaad een ziel heeft.

D: *Als ik goed begrijp wat je zegt, zou abortus in alle waarschijnlijkheid niet het doden van een echt leven betekenen. Klopt dat?*

C: Het kan wellicht het beste worden begrepen als je weet dat in het nemen van de beslissing om al dan niet abortus te laten plegen, twee partijen zijn. De verantwoordelijkheid wordt gedeeld door de moeder èn de levenskracht die het voertuig dat geaborteerd wordt zou bewonen. Het wordt op een iets dieper niveau van bewustzijn dan het onderbewuste gedaan, maar niet geheel in de innerlijke wereld. Er is enigszins bewuste communicatie die inherent is aan dit beslissingsproces. Het is op een niveau dat enigszins innerlijk is en toch ook uiterlijk, of tegelijkertijd.

D: *Ik heb nog een vraag die hiermee verband houdt. Is het gerechtvaardigd om aan het einde van een leven een lichaam in leven te houden dat niet meer kan functioneren?*

C: Nogmaals, deze beslissing wordt gedeeld. Degenen die deelnemen aan het beslissingsproces moeten naar binnen gaan, naar hun eigen bewustzijn en zich afstemmen, niet alleen op zichzelf, maar ook op het individu die deze keuze voor zichzelf zou maken. Dit beslissingsproces is een afstemming op de levensenergie die betrokken is bij deze beslissing.

D: *Als we teruggaan naar de ziel die een levensvorm overneemt: is het denkbaar dat een ziel om wat voor reden dan ook, die bepaalde levensvorm zou afwijzen?*

C: Ja.

D: *Wat zou er dan met dat voertuig of lichaam gebeuren?*

C: Dat zou in jullie termen wiegedood worden genoemd. Dat wil zeggen dat de levenskracht het voertuig eenvoudigweg heeft verlaten en de levensenergie met zich heeft meegenomen.

D: *Zou dit de belangrijkste reden zijn voor wiegedood?*

C: Ja, er werd een omgekeerde beslissing genomen of het was nodig om zich terug te trekken. Wellicht gebeurde er iets op het fysieke niveau of in een spirituele dimensie waardoor het nodig was dat de energie zich terugtrok. Wellicht was er een karmische verbinding voor die zuigeling verloren gegaan. Of het kan zijn dat iemand waarmee de baby een afspraak had gemaakt om in de toekomst te ontmoeten, dood was gegaan door een ongeluk of ziekte. Of misschien had die entiteit besloten niet te incarneren. Wellicht zou de levenskracht er dan voor kiezen om niet te incarneren omdat het contract dan niet nagekomen zou kunnen worden.

D: *Zijn er ook gevallen waarbij de ziel gewoon van gedachte verandert?*

C: Ja.

D: *Als de geplande ziel het voertuig niet overneemt...*

C: (onderbreekt) Ja, dan zou het voertuig beschikbaar zijn voor een ander om die vorm te bewonen. Het is mogelijk voor een andere ziel om van plaats te ruilen. In zulke gevallen lijkt de baby als door een wonder weer tot leven te komen. Het is helemaal aan de individuen die erbij betrokken zijn. Er is vaak zeer ingewikkeld karma mee gemoeid dat buiten jouw huidige bevattingsvermogen gaat.

Wij, als bewuste mensen zijn blijkbaar de minst geïnformeerde deelnemers in het hele aardse scenario.

16. De terugreis

Vóór de terugreis naar het aardse leven heeft de ziel niet alleen planningssessies met de meesters en leraren. Er wordt ook overleg gepleegd met andere mensen waar ze karma mee zullen gaan uitwerken. Tevens neemt hij een kijkje bij het gezin bij wie hij overweegt geboren te worden. Een vrouw die ik hierover vertelde, vond dat een eng idee. Ze vroeg met grote ogen: 'Wil je zeggen dat mijn baby tijdens mijn hele zwangerschap naar me keek?' Het idee is wellicht soms beangstigend, maar blijkbaar is het allemaal deel van het plan. Het toont tevens aan dat de ziel volledig baas is over zijn eigen geboorte-ervaringen. Er volgen nu een paar voorbeelden van een ziel die alvast een kijkje gaat nemen, voordat hij weer in een gezin geboren wordt.

D: Wat ben je aan het doen?
C: Ik kijk naar het gezin waarin ik geboren zal worden.
D: Je bent nog niet teruggekeerd naar de aarde?
C: Nee, ik bestudeer hen en informeer me, zodat ik weet hoe ik met hen om moet gaan.
D: Waarvandaan kijk je naar hen?
C: Ik ben hier.

Ze beschreef de plaats waar het gezin woonde. Ze zou spoedig geboren worden bij een boerengezin in China.

D: Weet je waarom je dit gezin hebt gekozen?
C: We hebben elkaar eerder gekend en er zijn dingen die ik moet bereiken. Het zijn mensen waar ik dingen mee uit te werken heb en ze zullen me helpen veel tot stand te brengen.

D: Wat doe je nu? Wacht je hier gewoon totdat het tijd is om geboren te worden?

C: Nee. We kijken en leren, en soms gaan we terug naar de meesters om weer dingen te leren.

D: Je hoeft dus niet de hele tijd bij het gezin te blijven? Wanneer ga je het nieuwe lichaam in?

C: Soms voor de geboorte, soms bij de geboorte en soms kort daarna.

D: Je hoeft dus niet in het lichaam van de baby te zijn voordat het geboren wordt?

C: Nee. Sommigen gaan pas dagen na de geboorte het lichaam binnen. Het hangt af van de lessen die geleerd moeten worden. Deze keer zal ik er waarschijnlijk voor kiezen om vóór de geboorte het lichaam binnen te gaan.

D: Bedoel je dat de ziel als het ware rond de baby hangt?

C: Ja. Het komt ook voor dat degenen die het lichaam al binnen zijn gegaan het weer voor korte perioden verlaten. Wellicht willen ze niet blijven en zijn ze hierover in conflict. In de meeste gevallen is er in het allereerste begin altijd een keuzemogelijkheid of je blijft of niet. Dat je beslist dat het om een bepaalde reden niet goed is en besluit om weg te gaan.

D: Welke redenen zouden er zijn om van gedachten te veranderen?

C: Wellicht zijn er bepaalde dingen veranderd sinds je besloot te incarneren. Misschien besloot je dat de ouders niet klaar waren, niet klaar om te geven wat je nodig hebt. Of dat je er zelf gewoon nog niet klaar voor bent.

D: Het is dus geen waterdicht systeem. Er zijn manieren om terug te krabbelen. Je zei dat je soms voor korte tijd weg kunt gaan en heen en teruggaan. Is dit veilig voor het lichaam?

C: Meestal wordt dit gedaan, wanneer het lichaam slaapt. Dat kan geen kwaad, tenzij de ziel te lang wegblijft. Dát kan veel schade aanrichten. Het lichaam kan dan sterven.

D: Maar meestal kun je weggaan en weer terugkomen?

C: Het is een nieuwe ervaring. Niet nieuw in de zin dat je dit nog nooit eerder hebt gedaan, maar je bent het misschien vergeten. Vooral als je al enige tijd in de geestelijke wereld bent geweest. Dan kun je je gevangen voelen.

D: Dat begrijp ik goed. Je mag dus een tijdje weggaan als de baby nog heel jong is en dat kan geen kwaad. Is er een bepaalde leeftijd waarop je hiermee moet ophouden en in het lichaam van de baby moeten blijven? Zijn hier bepaalde regels voor?

C: Bij voorkeur houdt dit op als de baby ongeveer een jaar oud is. Maar er zijn mensen die dit tot hun derde of zelfs vijfde jaar hebben gedaan. Er zijn mensen die het zich langer dan anderen herinneren hoe het aan deze zijde was.

D: Maar het lichaam weet niet wat er gaande is, of wel?

C: Nee, het functioneert in die perioden gewoon door.

D: Weet je wat jij in het leven waar je nu naartoe gaat moet leren?

C: Ik moet de betekenis leren van ... niet zoveel te willen. Ik moet leren hoe ik in een één-op-één-contact met mensen kan omgaan en om niet zo hebzuchtig te zijn, zoals er in een boek staat.

D: Een boek? Wat bedoel je?

C: Het is één van de dingen waardoor we leren, een soort gids. Hopelijk zal ik deze dingen onder de knie krijgen.

D: Wilde je in het verleden te veel?

C: Soms wel, ja. Dit is wellicht iets moeilijker om te leren dan andere dingen, want als je niets hebt en je ziet dan mensen die wel spullen hebben, dan wil jij ze ook. Want je zegt dan: 'Waarom is die persoon beter dan ik, dat zij zoveel meer hebben.' Dit is iets waar ik mee om moet leren gaan.

D: Het is heel menselijk. Je hebt iets niet nodig, maar je wilt het wel.

C: Je moet het verschil leren tussen nodig hebben en willen en hier de gulden middenweg in zien te vinden.

D: Is dat één van de dingen die je hopelijk gaat leren in dit leven?

C: Ik ga het proberen.

D: En je denkt dat dit gezin je hierbij kan helpen?

C: Dat is te hopen.

D: Oké, maar nu kijk je alleen naar hen en bereid je je voor op de tijd waarop je terug zult gaan. Ben je min of meer aan dat gezin toegewezen?

C: Ja, de keuze is gemaakt.

D: Het zal wel enige tijd geduurd hebben om allerlei dingen samen te laten komen, zodat alle factoren kloppen.

C: Ja en de tijd van de geboorte moet ook kloppen.

D: Het klinkt allemaal ingewikkeld. In mijn oren wel, tenminste. Maar voor degenen die de leiding hebben, zal dat wel niet zo zijn.

C: Het lijkt ten minste te werken.

Het was ironisch dat dit leven niet zo liep als de entiteit voor de incarnatie had gepland. Zijn belangrijkste les had moeten zijn om niet zo hebzuchtig te zijn, terwijl in zijn leven de verleiding te groot bleek. En natuurlijk herinnerde hij zich zijn zorgvuldig overwogen planning niet, die zijn ziel aan de andere zijde had gemaakt. Hij werd een zeer doortrapte Chinese handelaar. Ik zag hem als een dief of ten minste als een afzetter met een vlotte babbel. Hij beschouwde zichzelf echter als een slimme zakenman. Hij ging ten onder toen hij een zwarte parel wilde hebben en erin slaagde deze te bemachtigen. Maar hierdoor werd hij gearresteerd en veroordeeld tot de dood door geseling. Zoals een andere entiteit zei: de dingen zien er in de spirituele dimensie zo eenvoudig uit, maar wanneer je op aarde bent, wordt alles ingewikkelder en verlies je het zicht op je doel.

Een ander voorbeeld uit de tijd vóór de geboorte:

C: Ik kijk naar de vrouw die mijn moeder zal worden. Dan weet ik wat me te wachten staat.

Ze beschreef het gezin en het huis.

D: *Wat denk je van het gezin?*
C: Ik ben er niet zeker van. Ze zijn zeer veeleisend. Ze hebben bepaalde ideeën over wat ze willen bereiken. De definitieve beslissing is nog niet genomen.
D: *Wanneer zal deze worden genomen?*
C: Spoedig. Ik heb een keuze. Ik moet beslissen of de lessen waarvan ik denk dat ik ze moet leren in dit specifieke bestaan geleerd kunnen worden.
D: *Hoe lang kijk je het aan, voordat je beslist?*
C: Soms een paar dagen, soms langer.
D: *Als je zou besluiten dat je hier niet geboren wilde worden, zou er dan een andere ziel gaan?*
C: Ja, maar ik heb deze situatie nodig. Ik kan er veel van leren.
D: *Wat hoop je in dit leven te leren?*
C: Nederigheid. En dagelijkse omgang met anderen, leren anderen te tolereren. Ik moet leren vrijer mezelf te geven. Me niet in te

houden, met anderen samen te werken en een goede relatie met hen te hebben in plaats van te onafhankelijk te zijn.

D: Is dat wat je in het verleden hebt gedaan?

C: Ja, ik moet leren deze tekortkoming in mezelf te corrigeren.

D: Zijn er mensen in dat leven waar je karma mee uit te werken hebt?

C: Ja, er waren problemen in de relatie met de ziel die mijn moeder zal worden. We moeten deze oplossen en leren elkaar lief te hebben ondanks onze tekortkomingen.

D: Zijn er andere mensen in dit leven waar je al afspraken mee hebt gemaakt?

C: Ja, er zullen anderen bij me zijn. Ik zie iemand die me om raad zal vragen. Ik moet proberen deze hulp te bieden. Er is gefaald en dit moet worden rechtgezet.

D: Weet je wat je in dit leven zult worden?

C: Ik zal priester worden. Het is nodig dat ik dat pad volg, zodat ik mijn schulden terugbetaal.

D: Ik veronderstel dat dit schulden zijn die je in vorige levens hebt opgebouwd. Is het leven al voorbereid?

C: De dingen die gepland zijn waren al beschikt. De vrije wil is er echter nog steeds bij betrokken.

D: Ik heb gehoord dat er sommige dingen zijn die gebeuren móeten. Dat er geen manier is waarop ze kunnen worden veranderd. Klopt dat?

C: Als je het nodig hebt om je groei te versnellen, dan zal het gebeuren ongeacht wat je verlangen is.

D: Maar ze zeggen wel dat de beste plannen vaak verkeerd lopen. Komt dat voor? Begrijp je wat ik bedoel?

C: De plannen van 'muizen en mensen'? Iemand zou zeggen dat ... Maar, dit is geen plan dat door de mens gemaakt wordt, daarom kan niet alles wat gepland is veranderd worden. Als het nodig is, zal het geschieden.

D: Je kan de dingen dus niet zo waterdicht maken dat er geen uitweg is. Dat zou je je vrije wil ontnemen. Zelfs als je alles dus zeer zorgvuldig voorbereidt, loopt het niet altijd zoals je zou willen, of wel?

C: Soms niet.

D: Maar je kan altijd hoop hebben, toch?

C: Geen hoop, je moet ergens in geloven. Hoop heeft geen macht of kracht, maar geloof wel. Met geloof kunnen we werken aan onze uiteindelijke bestemming.

Het is wederom ironisch dat de plannen voor dit leven in de praktijk ingewikkelder waren dan in theorie. Hij is inderdaad priester geworden, maar dit was niet zijn eigen keuze. In de tijd waarin hij leefde, was het zo dat als een gezin veel kinderen had er meestal één zoon naar het klooster werd gestuurd om priester te worden, zodat er een mond minder was om te voeden. Dit was het lot van velen binnen de kerk in die tijd en omdat ze deze godsdienstige wereld niet waren binnengestapt uit verlangen om de mensheid te helpen, waren de oversten vaak bitter en werden de monniken vaak wreed behandeld. De entiteit werd dus priester, maar niet om anderen van dienst te zijn. Hij leidde een kaal, eenzaam en ongelukkig leven, totdat hij eraan ontsnapte door op vroege leeftijd aan een hartaanval te overlijden. De best voorbereide plannen 'van muizen en mensen' waren wederom scheef gelopen.

Ik heb veel cliënten door de geboorte-ervaring geleid. Het bevestigt wat al eerder is uitgelegd, dat de ziel er soms voor kiest naar de geboorte te kijken om pas na de geboorte het lichaam van de baby binnen te gaan. Of de ziel kan beslissen het lichaam binnen te gaan, wanneer de baby nog in de buik van de moeder zit om de fysieke geboorte mee te maken. Men is niet graag in de zich ontwikkelende foetus; het is een verkrampt, ongemakkelijk gevoel. Ze voelen de warmte maar zitten in het donker. Ze kunnen ook alle emoties beschrijven die de aanstaande moeder voelt. Ik heb een paar droevige regressies meegemaakt waarbij de moeder de baby niet wilde en waarvan de ziel zich zeer goed bewust was. Maar ze voelden dat er geen weg terug was en dat ze misschien de situatie konden rechtzetten, nadat ze eenmaal geboren waren. Om bepaalde redenen voelden ze nog steeds de noodzaak om in dat gezin geboren te worden, waarschijnlijk was het iets karmisch.

Het is heel vreemd om iemand te zien die het feitelijke geboorteproces herbeleeft. Vaak voelt men hevige druk op hoofd en schouders. Soms snakt men naar adem alsof men moeite heeft met ademhalen. Op dergelijke momenten moet ik proberen lichamelijk ongemakken te minimaliseren. Men ziet niets, totdat men in het felle licht komt. Dan hebben baby's het heel koud en zijn totaal verward. Een cliënt zag mensen in het wit, maar zei dat ze anders gekleed waren dan de mensen 'thuis', die ook in het wit waren gekleed. Ze zijn zich bewust van ieders gedachten en worden niet graag van de moeder gescheiden. De eerste kreten zijn kreten van frustratie, omdat ze niet met die vreemde wezens in de nieuwe omgeving kunnen communiceren. Dan lijkt een zachte golf van vergeten hen te overspoelen, wordt hun respons zwakker en worden de herinneringen aan de andere bestaansvormen minder sterk.

Veel mensen hebben zich de bekende vraag gesteld. Ze zeggen dat er nu meer mensen op aarde zijn dan de totale bevolking die ooit op aarde heeft geleefd en dat het aantal toch maar blijft toenemen. Als het steeds dezelfde zielen zijn die keer op keer terugkomen, hoe kun je dan de toename van bevolking verklaren? De mensen die deze vragen stellen worden duidelijk gehinderd door een beperkte blik. Ze denken dat de zielen die sinds de geschiedenis zoals wij die kennen, zijn geïncarneerd, alle zielen zijn die er bestaan.

C: We begrijpen je vraag. Waar komen al die nieuwe zielen vandaan? Je moet begrijpen dat er veel meer zielen zijn dan er voertuigen beschikbaar zijn. Want als het omgekeerde waar zou zijn, dan zouden er lichamen rondlopen zonder ziel. Kun je je dat voorstellen? Dat zou nog eens interessant zijn. Er zijn dus meer zielen beschikbaar om te incarneren dan er lichamen zijn. En daarom moet men wachten tot het juiste voertuig beschikbaar komt.

D: *Ik denk dat hun argument is dat de bevolking nu groter is dan ooit tevoren. En als dit alle mensen zijn die ooit eerder hebben geleefd...*

C: Dat is onjuist. Want als iedereen zou incarneren, zou er niemand meer in de geestelijke wereld zijn om, bij wijze van spreken, een oogje in het zeil te houden. Er moeten altijd zielen aan deze zijde zijn om te helpen, als gids te dienen en de weg te wijzen. Want er moet ook hier werk verricht worden in bestuurlijke zin, net als op jullie planeet.

D: Ik heb geprobeerd dat te vertellen. Dat niet alle zielen die geschapen zijn geïncarneerd zijn.

C: Dat klopt. Want er is nooit een totale instroming geweest van alle zielen op deze planeet. Als dat wel het geval zou zijn, zou je overal op aarde schouder aan schouder tot je middel in de mensen staan.

D: En dat willen we niet.

C: En wij ook niet. De zielen incarneren nu in een tempo die past bij het aantal beschikbare voertuigen.

Er zijn vele lessen die men op aarde kan leren. Wanneer bepaalde lessen geleerd zijn, worden andere gemakkelijker.

C: We zullen nu met je spreken over onvoorwaardelijke liefde. Om te weten wat dat is, moet je het gemis kennen van deze energie die we onvoorwaardelijke liefde noemen. In het grote plan keer je dus terug vanuit de duisternis en het gemis aan liefde en begrip. En vandaaruit ga je terug naar het licht aan deze kant en word je omringd door hen die deze onvoorwaardelijke liefde geven. Dan kan iemand zich gemakkelijk het gemis ervan herinneren en het op een harmonieuze manier relateren aan een overvloed ervan. Dit is de les die de planeet in zijn geheel nu aan het leren is. De verwarring en de disharmonie op deze planeet heeft deze liefde verduisterd en verwrongen in die mate, dat deze bijna onherkenbaar is geworden. Deze overgang van voorwaardelijke liefde naar onvoorwaardelijke liefde bevindt zich nu in de latere fasen.

D: Kun je onvoorwaardelijke liefde voor me definiëren?

C: Het is vrijwel onmogelijk om dit in jouw ideeënwereld en taal nauwkeurig te omschrijven, omdat er geen taal voor is die het recht doet. Het kan omschreven worden, maar niet gedefinieerd.

D: Zou je het dan kunnen omschrijven of me een analogie geven?

C: Het meest treffende beeld op jullie planeet zou de liefde van een moeder voor haar kind zijn, omdat ze van het kind houdt, ongeacht of het zich aan de maatschappelijke normen houdt. Als je erachter komt dat je kind de wetten van de maatschappij heeft overschreden en daarvoor moet boeten, wordt er meer liefde gegeven en meer begrip geboden. En zo zou het moeten zijn, omdat er vanuit het gezichtspunt van het kind meer behoefte is aan liefde en begrip. Deze liefde wordt dus onvoorwaardelijk gegeven, ongeacht de omstandigheden of de overtredingen. Deze liefde wordt eenvoudigweg gegeven vanwege de natuurlijke band die er tussen hun tweeën bestaat. Dit is een voorbeeld van onvoorwaardelijk liefde.

D: Is dit wat we van elkaar moeten leren?

C: Ja.

D: Maar je weet hoe mensen zijn. Liefde is heel moeilijk voor sommige mensen, laat staan onvoorwaardelijke liefde. Dit is voor sommige mensen heel moeilijk om te bevatten.

C: Dat klopt. Dat is de wijsheid die schuilt in het gebruik van liefde als les omdat het zo'n moeilijke les is.

D: Was dit niet wat Jezus probeerde te onderwijzen toen hij op aarde kwam?

C: Dat is een onbetwist feit. Zijn incarnatie was de personificatie van onvoorwaardelijke liefde. Velen stemmen zich nu hier op af en worden zich bewust van de subtiliteiten in zijn leringen. Er zijn meer lessen in de subtiliteit te vinden dan ooit in de grofstoffelijke dimensie kan worden gehoopt.

D: Is er nog een andere les?

C: We zouden willen zeggen dat tolerantie en geduld als tweelingen zijn, in de zin dat ze elkaar aanvullen. Want zonder de een kan de ander er niet zijn.

D: Zijn dit enkele van de lessen die we op aarde moeten leren?

C: Ja. Een complete en volledige persoonlijkheid kent geen gebrek aan deze kwaliteiten.

C: We willen spreken tot degenen die wellicht het gevoel hebben dat het leven meer zou moeten zijn dan ze totnogtoe ervaren hebben. Je verlangt meer en toch schijn je de deur niet te kunnen vinden waar je wellicht doorheen moet om het te ervaren. Die deur, als je die analogie wilt gebruiken, is eenvoudigweg je eigen geest. Niets meer en niets minder. Het uiteindelijke doel op aarde is jezelf te leren kennen. Je krijgt vele lessen aangeboden die je zullen uitdagen jezelf te leren kennen. En vaak zullen deze pijnlijk zijn. Onderzoek de roos en zie dat er in schoonheid altijd een element van pijn zit. Want om echt van de roos te genieten, moet ze geplukt worden. En dan is het mogelijk dat je door de doornen geprikt wordt. Dit kan als analogie worden gebruikt voor het leven op aarde. Herinner je in tijden van verdriet dat je jezelf deze ervaringen geeft. Je kiest zelf je ervaringen, zodat je de lessen kunt leren die je nodig hebt. Door deze pijnlijke ervaringen zul je inderdaad jezelf leren kennen. En als je iets van deze ervaringen leert, zijn ze niet voor niets geweest. Je bent waarlijk meester over je eigen lot en bestemming. Je hebt zelf volledige controle over je leven. Jij bent degenen die de beslissingen neemt over wat, waar en hoe. Vanuit ons gezichtspunt kunnen we alle opties zien die voor je liggen. Maar jij neemt de uiteindelijke beslissingen. Je kunt ook niet anders dan anderen beïnvloeden als je in deze dimensie leeft. Je beïnvloedt voortdurend anderen.

D: *Ik dacht dat het niet de bedoeling was om anderen te beïnvloeden?*

C: Domineren is één ding, maar beïnvloeden is iets heel anders. Want hoe zou je anders les kunnen geven, als je een ander niet moet beïnvloeden? Invloed is niet slecht. Want iedereen heeft het vermogen om onderscheid te maken tussen wat goed en niet goed is. *Je geeft gewoon je eigen mening en laat anderen hun eigen keuze maken.*er is altijd zoveel tumult op aarde. Dit is vanzelfsprekend in de cyclische aard van gebeurtenissen die voorbestemd zijn voor deze planeet. Vanuit jullie perspectief is het echter zeer onnatuurlijk, want jullie lijken de voorkeur te geven aan tijden waarin alles, bij wijze van spreken, is zoals het zou moeten zijn. Als alles echter zou blijven, zoals het zou moeten zijn, zou er nooit iets veranderen. Het zou voor eeuwig zijn zoals het moet zijn. Dat is niet het doel van de aarde. Want de aarde is een testgebied, een slagveld, een speeltuin en vele andere mogelijke beelden. Om dus tegemoet te komen aan deze verschillende ervaringsmanifestaties – bij gebrek aan een betere terminologie – is het nodig om af en toe de werkelijkheid te veranderen, zodat de nadruk minder op het een en meer op het ander komt te liggen. Soms zal het minder op een speeltuin lijken en meer op een slagveld enzovoorts. De prioriteiten worden gewoon waar nodig, gewijzigd. En wat je waarneemt als een catastrofe, is in feite louter de fysieke manifestatie van het verschuiven van prioriteiten. Jullie moeten op aarde je eigen intuïtie volgen. Dat is het beste. Want wat voor de een zeer wenselijk is, is voor de ander wellicht zeer onwenselijk. De werkelijkheid ligt niet vast. Er is geen absolute waarheid, want alles is in feite relatief. Je moet dus voorzichtig zijn om waarheid en werkelijkheidswaarde aan iets toe te schrijven, zodat jouw realiteit en jouw waarheid geen inbreuk maken op die van een ander. Bij het scheppen van realiteiten is het dus belangrijk altijd een voorbehoud in te bouwen, dat alleen het meest passende zich zal manifesteren. Je kunt zeggen dat zich zal manifesteren, wat nodig is.

D: *Het is heel moeilijk voor ons hier op aarde om het lijden, het hartzeer en de pijn van anderen te zien en te erkennen als evolutie.*

C: Dat is waar vanuit het perspectief van de sterfelijke ervaring. We hebben het gevoel dat dit wellicht een gebied is dat door velen in jullie dimensie nog niet wordt begrepen. Het zou niet goed zijn de fase waarin jullie in deze evolutie op aarde nu zijn, te benoemen. Want als we zouden zeggen dat het een beginfase was, zou men zich wellicht bezwaard voelen en dat is niet nodig. En als we zouden zeggen dat het een eindfase was, zou men gespannen uitkijken naar iets wat nog in de toekomst ligt. Het is dus het meest gepast om eenvoudigweg te accepteren dat we omwentelingen en onrust doormaken in de fase waarin we nu zitten. En om te werken in de periode waarin we nu zitten en het wiel van de tijd zijn gang te laten gaan. De belangrijkste periode om aan te werken is het heden. En of jullie realiteit nu voorwas, hoofdwas of centrifugeren is, doet niet ter zake. Want de was wordt toch wel gedaan.

D: *(lacht) Maar we weten niet in welke fase van het wasprogramma we zitten.*

C: De zielen die besluiten af te dalen en nog een levenscyclus in jullie tijd willen, zijn ofwel onbezonnen ofwel dapper, afhankelijk van hun gezichtspunt. Sommigen doen het gewoon uit plichtsbesef, omdat ze weten dat ze een aantal levens moeten leiden om zich tot een bepaald niveau te kunnen ontwikkelen. De meesten ervan zijn nogal saai en ijverig en conventioneel in jullie wereld. Andere meer gevorderde zielen stappen er in met open ogen, in de wetenschap dat het moeilijk zal worden. Maar ze weten dat ze vooruit zullen gaan in hun karma, omdat ze een ontwikkeld leven binnenstappen en weten dat ze de groei van twee of drie levens in één leven kunnen bereiken. Dit is mogelijk door nu naar de aarde te gaan, in een tijd waarin het moeilijk is om je geestelijk te ontwikkelen binnen het materialisme van jullie wereld. Deze verder ontwikkelde zielen zijn in staat contact te blijven houden en afgestemd te blijven. En ze groeien spiritueel geweldig door het werk dat ze eraan hebben besteed. Door de weerstand van de algemene trend in de wereld, worden ze zoveel sterker, dat ze het equivalent van twee of drie levens groei bereiken. Wanneer ze weer overgaan naar deze zijde, zijn ze extreem vergevorderd en worden meestal gevraagd een tijdje aan deze zijde te blijven om de mensen die terug willen gaan te helpen bij hun voorbereiding. Na een tijdje zeggen ze dan: 'We zouden wel weer terugwillen om nog verder te groeien.' En dat doen ze dan. Zo gaan die dingen. We zouden tegen jullie, in deze kamer verzameld, zeggen dat elk van jullie op je eigen manier en in een bepaalde vorm, zicht heeft op de reis die voor je ligt. In feite komt het er eenvoudigweg op neer dat iedereen op deze planeet dezelfde reis maakt. Sommigen zijn zich hier echter meer bewust van dan anderen.

D: *We bevinden ons allemaal op dezelfde weg, maar we gaan alleen andere richtingen uit.*

C: Ja, maar alle paden komen uiteindelijk samen op één plek.

D: *Soms hebben paden gewoon wat kronkels en bochten.*

C: Dat klopt.

Het is verbazingwekkend dat alle informatie in dit boek bestaat uit verslagen van veel verschillende mensen die elkaar niet kenden. Ze hadden verschillende geloofsovertuigingen en verschillende beroepen. En toch was de informatie die ze in diepe trance gaven, ondanks hun verschillen, niet tegenstrijdig, maar vulden ze elkaar aan. Vaak passen de ervaringen zo goed in elkaar, dat het bijna lijkt alsof ze van één persoon kwamen. Dit is op zichzelf een verbazingwekkend fenomeen, dat alle informatie samen een grondig boek oplevert met samenhangende informatie. Voor mij toont dat aan dat mijn cliënten gelijksoortige beelden zagen toen ze teruggebracht werden naar de zogenoemde 'toestand van dood'. Als ze allemaal dezelfde dingen zien, dan geloof ik dat het hiernamaals een echte, herkenbare plaats moet zijn met bepaalde regels en een hiërarchie die alles in goede orde laat verlopen.

Ik pretendeer niet alle antwoorden te hebben. De vragen over onderwerpen als leven na de dood zijn daarvoor veel te diep en te complex. De lezer kan vast veel vragen bedenken die hij graag gesteld zou hebben en waar ik niet aan heb gedacht. Maar zo gaat het nu eenmaal, wanneer je de deur naar kennis opent en naar antwoorden zoekt op vragen waarvan de meeste mensen doen alsof ze niet bestaan. De informatie die ik in mijn werk heb ontvangen is waarschijnlijk slechts een piepklein topje van de ijsberg. Het biedt ons echter een glimp van de andere wereld waar we allemaal vroeg of laat heengaan. Het kan geen toeval zijn dat vele proefpersonen in diepe trance gelijksoortige informatie gaven. Om dingen te beschrijven die zoveel lijken op wat anderen hebben gezegd, moeten ze zich wel dezelfde plaatsen en omstandigheden voor de geest gehad hebben. Het is niet altijd gemakkelijk de manier van denken van een ander aan te nemen die deels of volledig het beeld verwoest van wat we vanaf onze jeugd voorgeschoteld hebben gekregen. Maar als het een glimp van waarheid bevat, dan is het de moeite waard om het in overweging te nemen en te verkennen. Nogmaals, ik heb deze informatie alleen van horen zeggen en we zullen het nooit zeker weten, totdat we zelf de reis gaan maken. Maar als we zoveel informatie kunnen vergaren van hen die de reis al gemaakt hebben en de herinneringen in hun ziel dragen, dan zijn we in elk geval een stap dichterbij het begrip van het vreeswekkende rijk van het onbekende. Ik geloof dat we deze herinneringen allemaal met ons meedragen en dat ze wellicht zullen ontwaken op momenten dat we ze het hardst nodig hebben.

Ik denk dat mijn onderzoek te vergelijken is met het lezen van een aardrijkskundeboek over een vreemd en exotisch land dat ver overzee ligt. Het is een echte plek, waarvan we weten dat het bestaat, omdat erover geschreven wordt en we de plaatjes ervan zien en omdat het boek ons vertelt wat de inwoners doen. Maar totdat we er zelf heengaan, blijft de informatie beperkt tot woorden en plaatjes in een boek. Wellicht heeft de schrijver overdreven of geminimaliseerd. Misschien beschreef hij de dingen alleen vanuit zijn eigen gezichtspunt, terwijl een ander aardrijkskundeboek de feiten anders voorgesteld zou hebben. Telkens als we naar een ander land gaan, zien we het door eigen ogen en zien we wellicht iets dat een ander nog niet had opgemerkt. Alles wat ons overkomt, wordt gekleurd door onze eigen gedachten en ervaringen.

We zullen het daarom nooit echt weten, totdat we ons lichaam verlaten en naar het grote licht reizen dat de grens vormt tussen deze wereld en de volgende. Zelfs met de kennis die ik in mijn werk heb vergaard, kijk ik niet uit naar die reis. Nog niet, ten minste. Ik voel dat ik in deze dimensie nog veel te doen heb. Want in mijn studie van de dood, heb ik het feest van het leven gevonden.

Maar ik denk, dat wanneer de tijd is aangebroken, de reis niet zo beangstigend zal zijn als het vroeger geweest zou zijn. Omdat ik weet dat ik niet naar een vreemd, donker, onheilspellend onbekende ga. Ik ga enkel terug naar huis en er zullen net zoveel bekende mensen en dingen zijn in die dimensies als in deze. Wellicht kon de informatie die ik heb vergaard de sluier een stukje oplichten, zodat we een glimp van de schaduwen door het glas konden opvangen en is wat we zagen niet zo donker als het voorheen was. Het is het ontwaken van lang geleden begraven herinneringen. En de herinneringen zijn echt prachtig, omdat wat we zien schitterend is om te aanschouwen.

Ik ben dankbaar voor de gesprekken die ik mocht voeren. Wat mijn cliënten me hebben verteld, stimuleert het loslaten van angst en twijfel en brengt het besef dat wat achter de grens ligt, slechts een vreugdevol 'thuiskomen' is.

Over de auteur

Dolores Cannon, die bekend staat als een "regressie" hypnosetherapeute, en bovennatuurlijke onderzoeker die "verloren kennis" opgraaft, is geboren in 1931, Missouri, St Louis. Ze is geboren en getogen in Missouri, waar ze ook onderwijs genoot, tot haar huwelijk in 1951, met een hoogstaande man in legerdienst. De komende jaren bracht ze al rondreizend door, een typisch leven voor de vrouw van een man in legerdienst, zo bracht ze ook haar kinderen groot.

In 1968 werd ze voor het eerst geconfronteerd met reïncarnatie, tijdens een hypnosesessie die werd uitgevoerd door haar man, met als cliënte een vrouw met gewichtsproblemen. Haar man had dit absoluut niet verwacht, het "vorige leven" concept was nogal ongewoon in die tijdsgeest, slechts enkelingen experimenteerden op dat vlak. Haar interesse was gewekt, maar het vooralsnog op de lange baan geschoven, het familiale leven en alles wat er bij kwam kijken kreeg voorrang.

In 1970 werd haar echtgenoot uit het leger ontslaan als een invalide veteraan, en ze trokken zich terug in de heuvels van Arkansas. Dat was het moment waarop ze begon aan haar schrijverscarriere en haar artikelen verkocht aan diverse magazines en nieuwsbladen. Toen haar kinderen het huis uit waren, werd haar interesse in reïncarnatie en hypnose opnieuw aangewakkerd. Ze ging aan de slag en bestudeerde de diverse methodes in hypnose, op basis waarvan ze haar eigen techniek ontwikkelde, welke als doel heeft de meest efficiente deelzaamheid van informatie te bewerkstelligen in haar cliënten. Sinds 1970 heeft ze honderden gevallen in regressie ondervraagd en informatie gecatalogiseerd. In 1986 breidde ze haar onderzoek uit naar het gebied van OVO. Zo heeft ze onderzoek gedaan op sites waar vermoedelijke landingen zijn gebeurd, en bezocht ze de graancirkels in Engeland. Het merendeel van haar werk hierin bestaat uit de opstapeling aan informatie die ze verkreeg van subjecten die vermoedelijk ontvoerd waren.

Verschillende van haar boeken zijn ter beschikking in meerdere talen.

Other Books by Ozark Mountain Publishing, Inc.

Other Books by Ozark Mountain Publishing, Inc.

The Anne Dialogues
The Curators
Psycho Spiritual Healing
James Nussbaumer
And Then I Knew My Abundance
The Master of Everything
Mastering Your Own Spiritual
    Freedom
Living Your Dram, Not Someone Else's
Sherry O'Brian
Peaks and Valley's
Gabrielle Orr
Akashic Records: One True Love
Let Miracles Happen
Nikki Pattillo
Children of the Stars
A Golden Compass
Victoria Pendragon
Sleep Magic
The Sleeping Phoenix
Being In A Body
Alexander Quinn
Starseeds What's It All About
Charmian Redwood
A New Earth Rising
Coming Home to Lemuria
Richard Rowe
Imagining the Unimaginable
Exploring the Divine Library
Garnet Schulhauser
Dancing on a Stamp
Dancing Forever with Spirit
Dance of Heavenly Bliss
Dance of Eternal Rapture
Dancing with Angels in Heaven
Manuella Stoerzer
Headless Chicken
Annie Stillwater Gray
Education of a Guardian Angel
The Dawn Book
Work of a Guardian Angel

Joys of a Guardian Angel
Blair Styra
Don't Change the Channel
Who Catharted
Natalie Sudman
Application of Impossible Things
L.R. Sumpter
Judy's Story
The Old is New
We Are the Creators
Artur Tradevosyan
Croton
Croton II
Jim Thomas
Tales from the Trance
Jolene and Jason Tierney
A Quest of Transcendence
Paul Travers
Dancing with the Mountains
Nicholas Vesey
Living the Life-Force
Dennis Wheatley/ Maria Wheatley
The Essential Dowsing Guide
Maria Wheatley
Druidic Soul Star Astrology
Sherry Wilde
The Forgotten Promise
Lyn Willmott
A Small Book of Comfort
Beyond all Boundaries Book 1
Beyond all Boundaries Book 2
Beyond all Boundaries Book 3
Stuart Wilson & Joanna Prentis
Atlantis and the New Consciousness
Beyond Limitations
The Essenes -Children of the Light
The Magdalene Version
Power of the Magdalene
Sally Wolf
Life of a Military Psychologist

For more information about any of the above titles, soon to be released titles,
or other items in our catalog, write, phone or visit our website:
PO Box 754, Huntsville, AR 72740|479-738-2348/800-935-0045|www.ozarkmt.com

www.ingramcontent.com/pod-product-compliance
Lightning Source LLC
Chambersburg PA
CBHW071416090426
42737CB00011B/1485